U0451608

商务印书馆语言学出版基金
《中国语言学文库》第三辑

汉语形容词重叠形式的历史发展

石 锓 著

商务印书馆
2020年·北京

图书在版编目(CIP)数据

汉语形容词重叠形式的历史发展/石锓著. —北京:商务印书馆,2010(2020.5 重印)
(中国语言学文库. 第 3 辑)
ISBN 978-7-100-07098-0

Ⅰ.①汉… Ⅱ.①石… Ⅲ.①汉语－形容词－重叠(语言学)－研究 Ⅳ.①H146.2

中国版本图书馆 CIP 数据核字(2010)第 068068 号

权利保留,侵权必究。

HÀNYǓ XÍNGRÓNGCÍ CHÓNGDIÉXÍNGSHÌ DE LÌSHǏFĀZHǍN
汉语形容词重叠形式的历史发展
石　锓著

商　务　印　书　馆　出　版
(北京王府井大街 36 号　邮政编码 100710)
商　务　印　书　馆　发　行
北京艺辉伊航图文有限公司印刷
ISBN 978-7-100-07098-0

2010 年 6 月第 1 版　　开本 880×1230　1/32
2020 年 5 月北京第 2 次印刷　印张 11⅜
定价:35.00 元

该成果得到了国家社科基金的资助
（项目批准号:04BYY020）

目　　录

第一章　绪言 …………………………………………………………… 1
　第一节　重叠与形容词的重叠形式 ………………………………… 1
　　一、什么叫重叠？ ………………………………………………… 1
　　二、重叠的类型 …………………………………………………… 3
　　三、汉语形容词的重叠形式 ……………………………………… 4
　第二节　研究汉语形容词重叠形式历史发展的意义 ……………… 5
　　一、重叠研究在类型学上的意义 ………………………………… 5
　　二、对形容词重叠形式的研究实际上是对状态形容词的研究 ………… 6
　　三、形容词重叠形式历时研究的必要性 ………………………… 8
　第三节　汉语形容词重叠的研究现状 ……………………………… 9
　　一、关于"重言"的研究 ………………………………………… 9
　　二、关于形容词重叠的研究 ……………………………………… 12
　　三、汉语形容词重叠研究中存在的不足 ………………………… 24
　第四节　本书研究内容、研究方法、语料选用和拟音体系 ……… 26
　　一、研究内容与研究方法 ………………………………………… 26
　　二、语料的选用 …………………………………………………… 29
　　三、本书所用的拟音体系 ………………………………………… 30

第二章　形容词的类、重叠和状态 …………………………………… 31
　第一节　形容词的类与形容词的重叠 ……………………………… 31
　　一、汉语形容词的再分类 ………………………………………… 32
　　二、两类不同的形容词与两种不同的重叠 ……………………… 34
　　三、区分两类形容词的标准 ……………………………………… 34

第二节　形容词的重叠与状态表示法 ……………………… 38
　　　一、表现汉语生动态的方式 …………………………………… 38
　　　二、重叠表状态是一种跨词类的现象 ………………………… 42
　　第三节　状态的种类与变化 ……………………………………… 44
　　　一、具象状态与泛化状态 ……………………………………… 45
　　　二、单一状态与二元状态 ……………………………………… 46
　　　三、状态的变化与形容词重叠形式的发展 …………………… 47
　　第四节　语音重叠、语素重叠和词的重叠 ……………………… 48
　　　一、"词重叠"说的不合理性 …………………………………… 49
　　　二、"语音重叠"说值得怀疑 …………………………………… 50

第三章　形容词AA式重叠的历史发展 ……………………… 53
　第一节　先秦AA式重言的概貌 ………………………………… 53
　　　一、形容词重叠出现的动因 …………………………………… 53
　　　二、重言与单音状态形容词的AA式重叠 …………………… 57
　　　三、先秦AA式重言的结构 …………………………………… 60
　　　四、先秦AA式重言的语法功能 ……………………………… 63
　　　五、先秦AA式重言的意义 …………………………………… 66
　　　六、先秦AA式重言的音变 …………………………………… 72
　第二节　两汉魏晋AA式重言的发展 …………………………… 75
　　　一、两汉魏晋单音状态形容词的发展 ………………………… 75
　　　二、两汉魏晋AA式重言结构的发展 ………………………… 77
　　　三、两汉魏晋AA式重言功能的发展 ………………………… 81
　　　四、从先秦到两汉魏晋AA式重言的消长 …………………… 83
　第三节　唐宋时期两种AA式重叠的历时替换 ………………… 84
　　　一、AA式重言生成性的衰弱及其动因 ……………………… 84

二、AA 式重言的使用频率与 AA 式重言描写性的弱化 ………… 90
　　三、AA 式重言结构与功能的新发展 ……………………………… 95
　　四、AA 式重叠的出现及其动因 …………………………………… 99
　　五、AA 式重叠对 AA 式重言的继承与发展 …………………… 103
第四节　元明清 AA 式重叠的发展 ……………………………………… 110
　　一、元明清时期两类 AA 式重叠形式的消长 ………………… 110
　　二、AA 式重叠在结构上的发展 ………………………………… 116
　　三、AA 式重叠在语法功能上的发展 …………………………… 119
　　四、AA 式重叠语用功能的弱化 ………………………………… 120
第五节　结论 ……………………………………………………………… 124

第四章　形容词 AABB 重叠形式的历史发展 …………………………… 126
第一节　唐以前的 AABB …………………………………………………… 128
　　一、AABB 的结构 …………………………………………………… 128
　　二、AABB 内部结构的特点 ……………………………………… 133
　　三、AABB 的功能 …………………………………………………… 135
　　四、AABB 的意义 …………………………………………………… 137
第二节　唐宋的 AABB ……………………………………………………… 138
　　一、唐宋 AABB 的类型 …………………………………………… 139
　　二、重新分析与 AABB 准重叠式的出现 ……………………… 140
　　三、类推与 AABB 重叠式的形成 ………………………………… 144
　　四、重叠式 AABB 产生的动因 …………………………………… 150
　　五、叠加式 AABB 的发展 ………………………………………… 151
　　六、唐宋 AABB 的结构 …………………………………………… 155
　　七、唐宋 AABB 的功能 …………………………………………… 156
　　八、唐宋 AABB 的意义及其发展 ………………………………… 158

第三节　元明清的 AABB ·········· 162
一、元明清各类 AABB 的发展概况 ·········· 163
二、元明清 AABB 结构的发展 ·········· 167
三、元明清 AABB 功能的发展 ·········· 174
四、元明清 AABB 意义的发展 ·········· 176
五、元明清 AABB 使用的变化 ·········· 181
第四节　结论 ·········· 183

第五章　形容词 ABB 式重叠的历史发展 ·········· 185
第一节　唐以前的 ABB ·········· 185
一、ABB 的结构类型 ·········· 186
二、ABB 的功能 ·········· 195
三、ABB 的意义 ·········· 196
第二节　唐五代的 ABB ·········· 196
一、词汇替换与 ABB 中"A"的变化 ·········· 197
二、ABB 结构关系与结构类型的变化 ·········· 198
三、BB 语义指向的变化与 ABB 附加式形容词的产生 ·········· 202
四、唐五代 ABB 的外部结构 ·········· 210
第三节　宋代的 ABB 式形容词 ·········· 210
一、ABB 式形容词句法功能的变化 ·········· 211
二、语义淡化与 BB 的音缀化 ·········· 213
三、主谓式 ABB 短语的词汇化 ·········· 219
四、名词性重叠结构进入 ABB 式形容词 ·········· 221
五、ABB 的外部结构 ·········· 221
第四节　元明清的 ABB 式形容词及其发展 ·········· 222
一、重叠式 ABB 形容词的形成 ·········· 222

二、音缀式 ABB 的音变 ································ 226
　　三、ABB 式形容词句法功能和外部结构的变化 ············ 238
　　四、ABB 语法意义的发展 ····························· 241
　　五、元明清 ABB 使用的变化 ·························· 246
　第五节　结论 ·· 247

第六章　形容词 A 里 AB 式重叠的来源与发展 ················ 249
　第一节　金元曲文中的变形重叠四字格 ··················· 249
　　一、变形重叠、变声重叠、变韵重叠与多次变形重叠 ······ 250
　　二、金元曲文中的四字格变形重叠式举例 ··············· 251
　　三、金元曲文中的四字格变形重叠式音变分析 ··········· 262
　　四、变形重叠四字格基式的结构 ······················· 266
　第二节　从"A'B'AB"到"A 里 AB" ······················· 269
　　一、语料说明 ······································· 270
　　二、从"A'B'AB"到"A'里 AB" ························ 270
　　三、从"A'B'AB"到"A 里 AB" ························ 275
　　四、A 里 AB 基式的特征 ····························· 277
　　五、现代汉语中 A 里 AB 式的发展 ···················· 278
　　六、小结 ··· 279
　第三节　形容词 A 里 AB 重叠式语法意义的来源 ··········· 279
　　一、A 里 AB 重叠式的语法意义 ······················ 279
　　二、形容词与主观性 ································· 280
　　三、A 里 AB 的意义发展与主观化 ···················· 282
　第四节　结论 ·· 284

第七章　形容词 ABAB 式重叠的兴起 ·················· 285
第一节　明代双音性质形容词 ABAB 式重叠的出现 ········· 285
一、双音性质形容词 ABAB 式重叠及其特点 ············ 285
二、双音性质形容词 ABAB 重叠式的来源 ············· 288
第二节　清末双音状态形容词 ABAB 式重叠的兴起 ········· 289
一、双音状态形容词 ABAB 式重叠的出现与使用状况 ······ 289
二、ABAB 式重叠的结构 ························ 290
三、ABAB 式重叠的句法功能 ···················· 293
四、ABAB 式重叠的语法意义 ···················· 294
第三节　双音状态形容词 ABAB 式重叠产生的动因与影响 ··· 296
一、形容词 ABAB 式重叠形成的内因 ················ 296
二、形容词 ABAB 式重叠形成的外因 ················ 306
三、双音状态形容词 ABAB 式重叠的影响 ············· 307
第四节　结论 ································ 308

第八章　结语
——汉语形容词重叠形式演变的规律 ·············· 310
一、汉语形容词重叠形式历史发展的动因 ············· 310
二、汉语形容词重叠形式历史发展的机制 ············· 314
三、汉语形容词重叠形式的发展趋势 ················ 318
四、有待进一步研究的课题 ······················ 321

引书目录及参考文献 ································ 323
后记 ·· 352
专家评审意见 ···························· 刘丹青 355
专家评审意见 ···························· 孙景涛 359

第一章 绪 言

第一节 重叠与形容词的重叠形式

一、什么叫重叠?

重叠(reduplication)是使某一语言形式连续重复出现的语言手段。如形容词"大"是一个语言形式,其连续重复形式是表程度的"大大"。被重叠的基础形式叫基式;重叠出的新形式叫重叠式。上例中,"大"是基式,"大大"是重叠式。

就现代汉语而言,音素、音节、语素、词、短语、句子等语言形式都有可能被连续重复。例如:

(1)啪啦　劈啪　蜘蛛

(2)猩猩　蛐蛐　飕飕　飒飒

(3)蒙蒙　霏霏　堂堂　茫茫

(4)红红的　干干净净　通红通红

(5)看看　张张　人人

(6)萤火虫在黑暗中一闪一闪的。

(7)说着说着,他就笑起来了。

(8)我不停地写,不停地写……忘了白天和黑夜。

(9)二诸葛……一遍一遍看:"大黑怎么还不回来?大黑怎么还不回来?"(赵树理《小二黑结婚》)

例1是音素的重叠,"啪"与"啦"重叠的是韵母[a];"劈"与"啪"重叠的是声母[p']；"蜘"与"蛛"重叠的是声母[tʂ]（参见朱德熙1982）。例2重叠的是音节，两个音节构成一个词，单个音节无义，这叫叠音。例3重叠的是语素，"蒙""霏""堂""茫"作为形容语素已没有词的独立性了，重叠后构成词，这是构词重叠。例4重叠的是词，"红""干净""通红"都是形容词。前两个是性质形容词，后一个是状态形容词。重叠后构成新的状态形容词，这也是构词重叠。例5重叠的还是词，"看"是动词，"张"是量词，"人"是名词，重叠后构成了一个词的新的形式，这是构形重叠。例6、例7重叠的是短语，"一闪"和"说着"都是动词短语，重叠后更不可能是词，这也是构形重叠。例8重复的是动词短语"不停地写"。这种重复的基式大于三个音节，而且重复也不限于三次，可以是无数次的；另外，重复的各成分之间有明显的语气停顿，所以是重复，不是重叠。例9重复的是一个句子，也应是重复，不可能是重叠。重叠与重复不同，是一种构词构形手段，其基式不能被无限制地重复。可以说，重叠是一种语法现象，而重复是一种语用现象。

重叠是连续的重复，不连续的重复不算重叠。例如：

(10) 他想了一想，还是去了。

(11) 他把这玩具摸了又摸，看了又看。

(12) 好言好语、大起大落、爬来爬去。

(13) 一元是一元，十元是十元，分开放。

(14) 走就走，你以为我不敢？

例10的两个"想"不是连续的重复，构成的是动补关系；例11的"摸"与"看"也不是连续的重复，构成的是连动关系；例12的"好""大""爬"重复也不连续。"好""大"分别与其后的成分构成偏正关系，然后是两个偏正关系的并列。"爬"与其后的成分构成动补关系，然后是两个动补关系的并列。例13的两个"一元"不连续，构成的是主谓关系；例14的两个"走"也不连续，构成的是紧缩句。以上各例都不是重叠。构词构形的重叠不形成任何基本的句法结构。

二、重叠的类型

重叠的类型可以从不同的角度来划分。

从基式的词性看,重叠有名词重叠、动词重叠、形容词重叠、数量词重叠、副词重叠。景颇语"重叠不仅用在实词上,也能用在虚词上"(戴庆厦 2000)。除句尾词和语气词外,景颇语的助词、连词等虚词也能重叠。

从重叠的完整性看,重叠又分为完全重叠和不完全重叠。完全重叠是将基式的所有成分都进行重叠的方式。就汉语形容词的重叠而言,完全重叠主要有三种格式:AA 式、AABB 式和 ABAB 式。AA 式是基式为单音节的重叠式,AABB 式和 ABAB 式是基式为双音节的重叠式。不完全重叠是将基式的部分成分进行重叠。基式是双音节词才有不完全重叠,主要有三种格式:ABB 式(痴呆呆)、AAB 式(漆漆黑)和 A 里 AB 式(糊里糊涂)。

从重叠式是否变音来看,重叠又分为变声重叠、变韵重叠和变调重叠。朱德熙(1982)指出:"我们可以把汉语方言里常见的重叠形式区分为两种类型,一种是不变形重叠,另一种是变形重叠。"所谓不变形重叠就是基式与重叠式的语音完全相同。所谓变形重叠就是基式与重叠式的语音不完全相同。在变形重叠里,相对于基式而言,重叠式改变了声母而韵母不变的重叠叫"变声重叠"。如:拟声词"啪"重叠出"啪啦"。"啪"是基式,"啦"是重叠式。基式与重叠式韵母相同,都是[a],声母不同,基式的声母[pʻ]变成了重叠式的声母[l]。重叠式改变了韵母而声母不变的重叠叫"变韵重叠"。如:拟声词"啪"重叠出"劈啪"。"啪"是基式,"劈"是重叠式。基式与重叠式声母相同,都是[pʻ],韵母不同。基式的韵母[a]变成了重叠式的韵母[i]。重叠式改变了声调而声母、韵母不变的重叠叫"变调重叠"。如:形容词"好"重叠为"好好儿的"。

重叠式(第二个"好")由曲折调变为了高平调。

从重叠的结果看,有构词重叠和构形重叠。"构词法和构形法同是形态学(词法)的研究内容,构词法研究词素构成词的方法,而构形法则研究词形的变化。""构形法主要研究词的重迭、增添辅助词(大部分是助词)、嵌音等方式所表示的语法意义。"(张寿康 1985:58)按张寿康的意见,所有的重叠都应是构形重叠。石毓智(1996)认为:"我们有充分的理由确定汉语中有两类性质完全不同的重叠:一是构词重叠,叠前和叠后意义和功能都一样,'妈妈、姐姐'等属于此类;二是句法重叠,基式和叠式的意义和功能都有明确的差异,'看看、个个'等属于此类。"重叠是一种构词构形现象,不形成任何的句法关系,因此"句法重叠"的提法值得商榷。马庆株(2000)谈到"语素的重叠"时也区分"构词现象"和"构形现象",亲属称谓"爸爸"等、状态形容词"绵绵"等、拟声词"哈哈"等、副词"早早"等都属构词重叠;动词"看看"等属构形重叠。

三、汉语形容词的重叠形式

现代汉语普通话里,形容词的重叠形式主要有 AA、ABB、AABB、A 里 AB、ABAB 等几种格式。例如:

(15)彤彤　绵绵|红红的　长长儿的

(16)红彤彤　假惺惺|孤单单　平坦坦

(17)慌慌张张　干干净净|滔滔滚滚　高高瘦瘦

(18)糊里糊涂　傻里傻气

(19)笔直笔直　雪白雪白|轻松轻松　安静安静

例 15 中的 AA 式重叠分为两类:"彤彤""绵绵"为一类,它们是古代常用的老式状态形容词,是单音状态形容词"彤"与"绵"的重叠,又称为"重言"[①]。

---

① "重言"最先是宋人用来称呼叠字的术语,我们借它表示单音状态形容词的重叠。

"红红的""长长儿的"为一类,它们是现代常用的新式状态形容词,是单音性质形容词"红"与"长"的重叠。例16中的ABB式形容词也分为两类:"红彤彤、假惺惺"为一类,它们是"A+BB"式,是重叠式的附加,"红"与"假"是单音性质形容词,"彤彤"与"惺惺"是老式状态形容词。"孤单单""平坦坦"为一类,它们是"AB"双音形容词重叠为ABB的不完全重叠式,"孤单""平坦"都是双音性质形容词。例17中的"AABB"式重叠也分为两类:"干干净净""慌慌张张"为一类,它们是双音性质形容词"干净""慌张"的重叠。"滔滔滚滚""高高瘦瘦"为一类,它们是"滔滔"与"滚滚"的叠加、"高高"与"瘦瘦"的叠加。"滔滚""高瘦"作为基式并不存在,因此它们不是重叠式,是叠加式。"滔滔滚滚"是老式状态形容词"滔滔"与"滚滚"的叠加;"高高瘦瘦"是新式状态形容词"高高"与"瘦瘦"的叠加。例18中的"糊里糊涂""傻里傻气"是贬义形容词"糊涂""傻气"的不完全重叠式。例19中的"ABAB"式重叠也分为两类:"笔直笔直""雪白雪白"为一类,它们是双音状态形容词"笔直""雪白"的重叠。"轻松轻松""安静安静"为一类,它们是双音性质形容词"轻松""安静"的重叠。

如果仅从现代汉语平面上考虑,"A+BB"的附加式与"AA+BB"的叠加式都不符合重叠的定义。但在历史上,它们都曾是重叠形式的连用。追溯形容词重叠的历史发展,不能撇开它们。因此,本书把形容词的重叠、重叠式的附加和叠加统称之为形容词的重叠形式。

第二节　研究汉语形容词重叠形式历史发展的意义

一、重叠研究在类型学上的意义

作为一种能产的语法手段,重叠极为广泛地分布在世界上大多数语系的诸多语言中。它不仅出现在汉藏语系诸语言里,也出现在与汉语无系属关系的邻近语言如阿尔泰语系、南亚语系诸语言及日语里,还出现在远离中国的达罗毗荼语系(Drividian)、南岛语系、乌拉尔语系(Uralic)、闪含语系(Hamito-Semitic)、霍坎语系(Hokan)、尼日尔-科尔多凡语系(Niger-Kordofanian)、尼罗-撒哈拉语系(Nilo-Saharan)、美洲印第安语,甚至印欧语里(如印度-雅利安语族各语言、拉丁语、希腊语、古英语等)(张敏 1997)。对这样广泛存在的语言现象进行研究,无疑是很有意义的。汉语的重叠现象丰富多彩,在世界语言中颇具特色,研究汉语的重叠问题具有语言类型学上的重要意义(李宇明 2000)。

重叠是许多语言所共有的一种形态化过程(morphological process)(P.H.Mathews 2000:134),汉语也具有这种重要形态变化。虽然从印欧语的角度看,汉语缺少严格意义的形态变化,但作为一种形态,汉语的重叠具有其独特的语音形式。非汉藏语系的其他语言多是通过重叠某一音素来表示不同意义的。比如,马绍尔语重叠辅音就可以构成新的词形,Líw(骂)→LĹiw(愤怒的)。重叠式与基式相比,词首的辅音 L 重复了一次(Edith, A. Moravcsik, 1978)。汉语的重叠主要是通过重叠整个音节的办法来表现不同的意义。汉语没有辅音丛,独立出现的语音单位只能是音节,所以汉语的形态只能用整个音节(或音节的变音)来表示。弄清楚音节式重叠的规律,会对世界语言重叠的共性提供一个很好的样例。

二、对形容词重叠形式的研究实际上是对状态形容词的研究

形容词重叠是构词重叠还是构形重叠呢?李宇明(2000)认为:"绵绵、茫茫"等是"构词层面的重叠",也就是构词重叠;"弯弯曲曲""实践

第二节　研究汉语形容词重叠形式历史发展的意义

实践"等属于"句法层面的复叠",也就是构形重叠。石毓智(1996)甚至认为:"'笔直'等采用 ABAB 式时仍是形容词,从语义上看,这类词的叠前和叠后都表示一个极高量,程度上没有什么差异,因此这类现象宜看作是修辞重复,意在加强表达效果,也就是说,它们跟句法重叠的性质不一样。"如果把例子换掉,再总结一下李、石二人的看法,就是:"彤彤"是构词重叠;"红红的"是构形重叠;而"彤红彤红"是重复。我们不同意上述看法,我们认为形容词的重叠都是构词重叠。上述看法太看重现代汉语平面而忽略了历史发展的因素。"彤"在现代汉语平面上是黏着语素,不能单用,"彤彤"是一个词,因此是构词重叠。可在上古汉语中,"彤"是自由语素,可以单用。如《诗经·邶风·静女》:"静女其娈,贻我彤管。"郑玄笺:"彤管,笔赤管也。"秦汉时,"彤"重叠为"彤彤"在实质上与今天的"红"重叠为"红红"没有什么两样,都是把单音的形容词变成了叠音的状态形容词。只不过,"彤彤"是早期的状态形容词,"红红的"是晚出的状态形容词。再说,"红"重叠为"红红的"并不是简单的词形变化,而是构成了一个新的词类——状态形容词。"红红的"与"红"是不同小类的词,前者是状态形容词,后者是性质形容词。两者在语义、功能、语音等方面都很不一样。在语义方面,"红"等未重叠形式表属性,"红红的"等重叠形式表示描写性;在功能方面,"红"等不能自由地作谓语,而"红红的"则不受限制;在语音方面,AA 式重叠的第二个音节大多变阴平,AABB 的第二个音节是轻声;等等。因此,朱德熙(1982:26—28)等学者把形容词的重叠形式归入状态形容词。至于 ABAB,它出现得最晚,词的特征最弱。我们对它还有进一步研究的必要。"彤彤""红红的""彤红彤红"都是状态形容词,它们之间的区别不是构词重叠、构形重叠与重复的区别,而是形成时间早晚与词汇化程度不同的区别。

朱德熙(1982:73)把状态形容词归为五类:①小小儿的;②干干净

净(的);③煞白、冰凉;④绿油油、脏里呱唧、灰不溜秋;⑤挺好的。除第⑤类外,其他几类都与重叠有关。郭锐(2002:199)把重叠式拟声词和状态形容词结合为一类,组成一个新的词类——状态词。其主要成员也是形容词与拟声词的重叠形式。因此,研究形容词重叠形式的历史发展也就是在研究状态形容词或状态词的历史发展。

从语言类型学上看,状态词"是一种'东方式'词类",西方语言中缺乏状态词。状态词的分布范围从日本、中国东北到西藏、尼泊尔,从蒙古人民共和国到印尼及太平洋岛屿,从印度阿萨姆、缅甸到菲律宾以东岛屿(刘丹青1991)。但许多远东语言都不像汉语有如此丰富的历史文献,因此都无法弄清他们现在的状态词是如何形成的。我们的研究能给那些语言的研究提供一些有用的参考。

三、形容词重叠形式历时研究的必要性

现代汉语形容词的重叠形式 AA、ABB、AABB、A 里 AB、ABAB 不是自古就有的。郑刚(1996)调查了西周金文和战国石鼓文等古文字资料,向熹(1980)、曹先擢(1980)对《诗经》"重言"做了研究,都发现:上古汉语的重言形式还只有"AA"和"AA+BB"两种。陈鸿迈(1988)、李海霞(1991)发现:《楚辞》里已有形容词性的 ABB 式词组。太田辰夫(1987:161)指出:"A 里 AB 型的形容词最早只能上溯到清初。"形容词 ABAB 式重叠何时出现,至今还无人提及。

先秦的 AA、AABB、ABB 形式与现代汉语的形容词 AA 式重叠、AABB 式重叠以及 ABB 式重叠有没有关系呢?现代汉语形容词的重叠形式是怎么形成的?这些问题都还没有人回答。

上古汉语的词汇以单音节为主;近现代汉语的词汇以双音节为主,也存在单音节词。从理论上讲,以单音节为主的上古汉语,形容词的重叠形式只能有 AA 式一种;近现代汉语既有双音形容词,也有单音形容

词,其重叠形式只能有 AA 式和 ABAB 式两种。那么,不合逻辑的 ABB、AABB 和 A 里 AB 式重叠是怎么形成的呢?这个问题也还没有人谈及。

从先秦的 AA 式重言到现代汉语中的形容词 AA 式重叠、从先秦的"AA+BB"到现代汉语的 AB 重叠为 AABB、从《楚辞》的 ABB 式词组到现代汉语的 ABB 式形容词、A 里 AB 和 ABAB 从无到有等等,这一系列现象都表明:汉语形容词的重叠形式有一个历时演变的过程,那么这种演变过程是如何进行的?演变背后的机制是什么?制约这种演变的因素有哪些?这些都需要研究者作出回答。

迄今为止,汉语语法史的研究已取得了相当大的成就,但研究的领域多偏重于虚词的语法化和句式的演变研究,对实词的历史发展变化还研究得很不够。从这个意义上说,本课题的研究也是很有价值的。

第三节 汉语形容词重叠的研究现状

研究汉语重叠现象的成果很多。2000 年 1 月还在武汉华中师范大学语言与语言教育研究中心举行了汉语重叠问题国际研讨会。据不完全统计,截至 1999 年,研究现代汉语、古代汉语、近代汉语、方言和民族语言中重叠的文章达 350 篇左右(刘云 2000)。"其中,动词重叠与形容词重叠是研究的重点"(吴吟 2000)。

本书立足于历时的考察,就不能只关心现代汉语层面上形容词重叠形式的研究,还必须注意历史上"重言"形式的研究。

一、关于"重言"的研究

(一)古代学者对"重言"的研究

"重言"又称"迭字""迭音词""重语""重文"等,实际上就是古代的重叠。对"重言"的研究,肇始于《尔雅》。《尔雅·释训》共收"重言"75条,每条把意义相同的重言归为一类。如:"肃肃、翼翼,恭也。"其后,三国·魏·张揖的《广雅》、明·杨慎的《古音复字》、明·朱谋㙔的《骈雅》、明·方以智的《通雅》、清·吴玉搢的《别雅》、清·洪亮吉的《比雅》、清·王筠的《毛诗重言》、清·陈奂的《诗毛氏传疏》、清·史梦兰的《叠雅》、清·程先甲的《选雅》等都对"重言"有不同程度的研究。其中,专门研究"重言"的有明·杨慎《古音复字》五卷、明·方以智《通雅·释诂·重言》两卷、清·史梦兰《叠雅》十三卷。《叠雅》的收罗最为宏富,多达 553 条。不仅收了各家都收的"重言",而且还收录了宋代以前出现的部分性质形容词的重叠和动词的重叠。如《叠雅》卷九:"好好,正好也";"小小,小也";"送送,送也";"行行,行也"。

　　就研究方法而言,雅学群书的"重言"研究都还停留在《尔雅》的水平上,只有语义解释,没有语法的研究。不同只在于"重言"的条目越来越多和收录的范围越来越广。《尔雅》只收以《诗经》为主的先秦典籍中的"重言";《广雅》的"重言"则扩大到《楚辞》与汉赋,明·杨慎的《古音复字》则把"重言"的收录范围扩大到了唐诗。

　　如果说还有一点理论探讨的话,那应是清代学者王念孙和王筠对"重言"的研究。以前的研究,是把 AA 和 AABB 式"重言"作为一个词处理的,只释义,不分析其内部的结构。在《广雅疏证》中,王念孙已经意识到:AA 式重言是 A 的重叠;AABB 式重言,有的是双音节词 AB 的重叠。例如:在"浑浑、汪汪、颖颖、诩诩、旷旷、大也"一条中,王氏疏证:"晋语:汪是土也。韦昭注云:'汪,大貌。'重言之则曰汪汪。"王念孙认为"汪汪"是"汪"的重叠,并举例证明了基式"汪"的独用。又例如:在"呕呕喻喻、吗吗、欣欣、恳恳、欵欵、言言、语语、蛰蛰,喜也"一条中,王氏疏证:"《文选·圣主得贤臣颂》:'是以呕喻受之。'李善引应劭注云:'呕喻,和悦貌。'重言之则曰呕呕喻喻。"王念孙已经意识到,"呕喻"可以重叠为"呕呕喻喻"。在《毛诗重言》中,王筠则注意到了"重言"的对等形式。如与"霏霏"对等的"其霏",与"坎坎"对等的"坎其",与"萋萋"对等的"有萋",与"皇皇"对等的"斯皇",与"赫赫"对等的"赫如",等等。这一发现对研究重言的发展有相当大的意义。

(二)现代学者对"重言"的研究

现代学者对"重言"的研究可分为两类:一类是语义研究;另一类是语法研究。

承历代学者之传统,继续研究"重言"意义的有朱起凤的《辞通》、符定一的《联绵字典》、汪维懋的《汉语重言词词典》等。其中,《汉语重言词词典》收录最全,达 7600 余条。

研究"重言"的结构、词性和功能,是现代学者对"重言"研究的新拓展。吕叔湘(1942/1982:8—9)从结构上区分了两类不同的"重言":即"不叠不能用的是一类",如"赳赳""夭夭""孜孜"等;"不叠也能用的又是一类",如"暗暗""缓缓""密密"等。胡行之(1957)、曹先擢(1980)等已注意到:《诗经》等文献中的"重言"词主要是形容词和象声词,也有极少量的名词和动词。向熹(1980)、曹先擢(1980)、赵金铭(1982)考察了《诗经》中重言词的句法功能,发现它们主要是作谓语,其次作状语、定语和补语。杨建国(1979)发现:先秦散文中,AA 式重言词还可以担任宾语。郭锡良(2000)也考察了先秦 AA、AABB 重言式状态形容词的功能。

自古至今,学者们对"重言"的研究多集中于《诗经》等上古传世文献。进入 20 世纪 90 年代后,"重言"研究的领域开始扩大。徐振邦(1998)、郑刚(1996)研究了金文和战国古文字资料中的"重言",周正颖(1995)研究了《尚书》中的重言词,廖晓桦(1993)研究了屈赋中的重言词,程湘清(1985、1992)考察了《论衡》《世说新语》《敦煌变文集》中"重言词"的用法,刘晓农(1992)分析了唐五代词中的重言,崔锡章(2001)

对《素问》《伤寒论》等医学著作中的重言词也进行了研究。

二、关于形容词重叠的研究

形容词的重叠是一个很复杂的问题,因此讨论的文章相当多。下面将从语法研究、语义研究、语音研究和语用研究四个角度来介绍这些研究成果。

(一)形容词重叠的语法研究

朱德熙、吕叔湘为形容词重叠研究奠定了基础。朱德熙(1956)的研究主要集中在三个方面:(Ⅰ)归纳了形容词重叠的基本形式及其读音基本规律;(Ⅱ)探讨了形容词重叠式的语法意义和感情色彩;(Ⅲ)揭示了"汉语的形容词重叠式和原式的主要区别"。

吕叔湘对形容词重叠的研究体现在微观和宏观两个方面。微观上,吕叔湘(1965)对杨朔《海市》里实际出现的形容词重叠形式进行了分析,(Ⅰ)发现了形容词重叠 AA 式、ABB 式、AABB 式都有两类不同的存在形式。AA 式中,"一种是单音形容词重叠",如"小小的""高高的";"一种是重叠后方才成为形容词",如"茫茫""漠漠"。ABB 中,一种是"AB 成词的",如"机灵灵""冷淡淡";另一种是"AB 不成词的",如"笑嘻嘻""羞答答"。AABB 中,"AB 成词的"为一类,如"冷冷静静""清清楚楚";"AB 不成词的"为另一类,如"轰轰烈烈""影影绰绰"。这种细致入微的观察给了我们很大的启发。(Ⅱ)考察了形容词重叠式作定语、状语、补语、谓语的具体情况。宏观上,吕叔湘(1980:637-659)全面分析了形容词生动形式的构成与功能,并对 AA、ABB、ABC、AXYZ、AABB、A 里 AB、BABA 等各式重叠格式和生动格式一一列表,分析它们的结构和读音。

此后,对汉语形容词重叠结构的语法形式和语法功能的研究便全面展开。

第三节 汉语形容词重叠的研究现状

1. 形容词重叠语法形式的研究

对形容词重叠的各种格式进行全面讨论的有杨建国(1982)、赵建功(1982)、李大星(1989)、沈荣森(1991)、程湘清(1992)、刘晓农(1992)、杨振兰(1995)、石定栩(2000)、汪大昌(2000)、崔雪梅(2006)、张家合(2007)、杨俊芳(2008)等。杨建国(元曲)、赵建功(元杂剧)、沈荣森(敦煌变文)、程湘清(敦煌变文)、刘晓农(唐五代词)、李大星(《水浒传》)、崔雪梅(《型世言》)、张家合(元杂剧),考察的是历史文献中形容词的各种重叠格式;杨振兰、石定栩、汪大昌考察的是现代汉语里形容词的各种重叠格式;杨俊芳考察的是现代汉语方言里形容词的各种重叠格式。石定栩的观点值得注意,他论证了"形容词重叠式与非重叠式的句法结构形式不同,前者是短语,而后者是词,因而具有不同的句法特性"。

更多的文章只分析了形容词重叠的某一个格式。

第一,ABB式。

对ABB重叠格式进行讨论的有马克前(1957)、顾静如(1980)、邢公畹(1982)、陈鸿迈(1988)、辛尚奎、周成(1989)、邵敬敏(1990)、李海霞(1991)、曹瑞芳(1995)、潘攀(1997、1998)、张美兰(1999)、徐浩(1998)、戴莉(1999)、胡斌彬(2005)、李劲荣(2008)等。陈鸿迈(《楚辞》)、李海霞(《楚辞》)、潘攀(元杂剧、《金瓶梅词话》)、张美兰(近代汉语)、胡斌彬(宋代)考察的是历史文献中的形容词ABB格式;马克前、顾静如、辛尚奎、周成、戴莉、曹瑞芳、邵敬敏、李劲荣分析的是现代汉语ABB式形容词;邢公畹考证了某些ABB中"BB"的来源,徐浩在分析现代汉语ABB形容词的同时简述了ABB词的历史演变。值得注意的是陈鸿迈、邵敬敏的研究。陈鸿迈指出:《楚辞》中的ABB(烂昭昭)是一种A+BB式的三字词组,不是现代汉语中的ABB式形容词。邵敬敏采用了动态分析法,发现了ABB式形容词在现代汉语中的四种发展趋向:①语素虚化趋向;②ABB功能扩大趋向;③ABB类化趋向;④ABB书面化趋向。

第二,AABB式。

对AABB格式进行讨论的有陆志韦(1956)、郑远志(1982)、董树人(1982)、卞觉非(1985、1988)、郭志良(1987)、蒋绍愚(1990)、王明华(1992、1999)、邢福义(1993)、崔建新(1995)、储泽祥(1996)、陈光(1997)、潘攀(1997)、谢瑛(1998)、禹和平(1998)、任海波(2001)、伍宗文(2001)、王为民(2003)、王红梅(2003)、李劲荣(2004)等。伍宗文(先秦)、蒋绍愚(唐代)、潘攀(《金瓶梅词话》)、王明华(《金瓶梅》)、王红梅("三言""二拍")、王为民(《绿野仙踪》)考察了历史文献中AABB格式的使用情况;陆志韦、郑远志、董树人、卞觉非、郭志良、邢福义、崔建新、储泽祥、陈光、任海波、李劲荣讨论的是现代汉语AABB式形容词。从格式的角度看,陆志韦、邢福义、储泽祥对AABB形容词的观察有新发现。陆志韦注意到:"干干净净"和"大大小小"是两类不同的形容词并立四字格。"干干净净"是"干净"的重叠;"大大小小"不是"大小"的重叠,是"大大+小小"。"大大小小"不是重叠式,是叠加式,又分为两类:一类是前AA与后BB意义相反的,如"大大小小";另一类是前AA与后BB意义相关的,如"香香甜甜"。邢福义等着重讨论了"大大小小"等形容词的反义叠结现象,分析了这种现象的结构组织、语义关系和句法功能。储泽祥则分析了"香香甜甜"等单音形容词的AABB差义叠结现象,探讨了AABB差义叠结的语用价值。

第三,ABAB式。

双音节状态形容词可以构成ABAB式重叠,如"雪白雪白";双音节性质形容词也可以构成ABAB式重叠,如"暖和暖和"。王素梅(1998)、黄斌(2001)讨论了现代汉语中双音节状态形容词的ABAB式重叠。李宇明(1996b)、陈光(1997)讨论了现代汉语中双音节性质形容词的 ABAB 式重叠。李宇明认为:(Ⅰ)双音性质形容词的重叠都具有"致使性",大多出现在"让/使/叫＋某人＋ABAB"的句法格式中;(Ⅱ)这种 ABAB 式重叠可以看作是形容词动态化的一种;(Ⅲ)双音节性质形容词的 ABAB 重叠与 AABB 重叠有很大不同:前者是动态的,后者是静态的;前者只能作谓语,后者可作定语、状语、补语、谓语;前者是临时重叠,后者是常规重叠。

第四,A 里 AB 式。

对形容词 A 里 AB 重叠形式进行讨论的有王力(1943)、力山(1952)、徐仁甫(1953)、蒋明(1957)、赵元任(1979)、张寿康(1985)、太田辰夫(1987)、黎良军(1994)、祝克懿(1994)、刘叔新(1996)等。王力首先注意到了"糊里糊涂"中的"糊里"是赘语。赵元任把 A 里 AB 列为"生动重叠形式"的模式之一,并认为"里"是中缀。

2.形容词重叠语法功能的研究

形容词重叠可以作谓语、补语、定语、状语,许多语法专著和论文都已谈到,无须一一评说,这里只介绍一些比较深入的研究。赵元任(1979/2005:111)注意到,形容词重叠式(Ⅰ)一般不受程度副词修饰,如不说"很亮晶晶的";(Ⅱ)不能直接用"不"否定,如不说"不绿油油的";(Ⅲ)没有比较级,如不说"这个比那个大大儿的"。吕叔湘(1980:640-641)从形容词重叠式与结构助词的搭配情况来论述它们的语法功能:(Ⅰ)修饰名词性成分,无论哪种格式一般都必须带"的",如"清清的水、水汪汪的大眼睛、干干净净的床单";(Ⅱ)修饰动词短语,一般都带"地",如"随随便便地说";(Ⅲ)作谓语,一般都带"的",如"眼睛大大的";(Ⅳ)在"得"字后作补语,AABB 式可省"的",其他格式不能省。如"烫得平平的、收拾得整整齐齐[的]";(Ⅴ)前面加上指数量短语或数量短语后可作主语和宾语,必带"的"。如"那个胖乎乎的走过来了、买了一个结结实实的"。

形容词重叠式带有明显的描写性(朱德熙 1982:73),最适合作谓语和补语。那么,定语和状语位置上的形容词重叠式的功能会有什么变化?朱德熙(1993)用十种方言材料证明:定语位置上的重叠式形容词"一律要名词化"。名词化的方式有两种:一种是在"的$_2$"后头加"的$_3$",组成"形容词重叠式+的$_2$+的$_3$+名词"的结构。如,广西平南县白话:"一只旧旧哋嘅面盆冇见开(一个旧脸盆不见了)。""哋"相当于"的$_2$",是状态形容词词尾;"嘅"相当于"的$_3$",是结构助词,可使谓词性成分体词化。另一种是把"的$_2$"换成"的$_3$",组成"形容词重叠式+的$_3$+名词"。比如广西平南白话:"一叠厚厚嘅报纸淋湿了(厚厚的一沓报纸淋湿了)。"谓语位置上的形容词重叠式是谓词性成分,语法意义是表示陈述;定语位置上的形容词重叠式是体词性成分,语法意义是表示指称,与其后的名词构成"同位性偏正结构"。张爱民(1996)比较了形容词重叠式作状语与作定语、补语、谓语的不同,发现"形容词重叠式处在不同语法位置上所产生的结构意义,使其作状语与作其他成分的区别呈现出错综复杂的情况"。

龚继华(1981)、朱德熙(1982)发现:形容词的基式(性质形容词)和重叠式(状态形容词)在语法功能上有很大的区别,基式的使用远不如重叠式自由。朱先生(1982:73—75;104;135)指出:(Ⅰ)作定语、状语。基式要受限制,如可以说"薄纸、慢走",但不能说"薄灰尘、慢游";而重叠式就不受什么限制,如"薄薄的灰尘、慢慢地游"。(Ⅱ)作谓语。基式单独作谓语含有比较或对照的意思,因此往往是两件事对比着说,如"人小心不小";而重叠式没有比较和对照的意思,可单独出现,如"年纪小小的"。(Ⅲ)作补语。由重叠式构成的格式可以受"已经、连忙、马上"等时间副词的修饰,可以跟"把、被、给"等介词连用,还可以作补语。由基式构成的格式就不能。如可以说"马上忘得干干净净""两只手给捆得紧紧的""洗得干干净净地收着",但不能说"马上忘得干净""两只手给捆得紧""洗得干净地收着"。

(二)形容词重叠的语义研究

谈形容词重叠的意义应考虑两个方面:一是基式的语义特征;二是重叠结构的语法意义。

1.基式的语义特征

哪些形容词能进入哪一种重叠格式,这往往取决于其基式的语义特征。在谈到双音性质形容词的重叠时,陈光(1997)认为:(Ⅰ)不能进入 ABAB 式而只能进入 AABB 式的形容词"马虎、歪斜"等有[-可控+属性+静态]的语义特征;(Ⅱ)只能进入 ABAB 式而不能进入 AABB 式的形容词"活跃、稳定"等有[+可控+使动+带使动宾语]的语义特征;(Ⅲ)既可以进入 ABAB 式也常进入 AABB 式的形容词"热闹、轻松"等有[±可控+使变/+属性±动态-带宾]的语义特征。

2.重叠结构的语法意义

关于形容词重叠结构的语法意义,大家看法还不一致。大致有如下几种说法:①表程度;②表状态;③表强调;④表主观估价;⑤表"类同物复现"。

第一,"表程度"说。

黎锦熙、刘世儒(1959:245)认为,形容词"重叠后可以产生特定的附加意义(表示'量'的范畴)"。俞敏(1987)认为:"形容词的重叠式表示'全量'。大致说,凡是重叠以后就加上一个'很'的意思,'红红'='很红','大大'='很大'。"朱德熙(1956)认为:"一般来说,完全重叠式在状语和补语两种位置上往往带有加重、强调的意味","在定语和谓语两种位置上的时候,完全重叠式不但没有加重、强调的意味,反而表示一种轻微的程度('小称意义')"。李宇明(1996)指出:"词语重叠的主要表义功能是'调量',使基式所表达的物量、数量、动量、度量向加大或减小两个维度上发生变化","表达度量的重叠以形容词重叠为主"。石毓智(1996)谈道:重叠式的语法意义"是使基式定量化,而不同数量特征的基式其定量结果可能会有或大或小的差异","对于形容词,重叠式确立一个程度"。

第二,"表状态"说。

刘丹青(1986)认为:"作为状态形容词的各种重叠式主要用来再现事物的状态,给事物以主观的描写。"具体表现在三个方面:(Ⅰ)可变性。重叠式一般是再现某一时刻所处的某种状态,如"白醮醮葛面孔"。(Ⅱ)形象性。重叠式都带有明显的形象色彩,能直接诉诸听话人的形象思维,唤起视、听、味、触等方面的印象(所以是"再现")。(Ⅲ)主观性。重叠式带有明显的说话人主观色彩,包括对程度的估价肯定和感情色彩。

第三,"表强调"说。

谢自立、刘丹青(1995)认为:"就重叠而言,它新增加的内容还是强调,由此也可以进一步证明重叠的主要作用确是强调,而不是程度。"形容词重叠跟未变化的原来形式相比,"它既保留了原形的基本语义,又增添了形象描摹、主观态度等新的语义要素"。

第四,"表主观估价"说。

这一说法特指某一类重叠的意义。冯成麟(1954)在分析 A 里 AB 重叠式的语法意义时说:"象'糊糊涂涂'跟'糊里糊涂'固然都表示'很糊涂'的意思,可是第二重叠式(糊里糊涂)另外还带着憎恶的感情。"朱德熙(1956)认为:"形容词重叠式跟原式的词汇意义是一样的,区别在于原式单纯表示属性,重叠式同时还表示说话的人对于这种属性的主观估价。换句话说,它包含着说话人的感情在内。"

第五,"类同物复现"说。

张敏(2001)认为:"汉语方言里体词(主要是量词)和谓词(形容词、

动词)重叠式的各种基本意义类型,如周遍、逐指、增量、减量、相似、延续、反复等,都可以从'类同物复现'的高层模式推导出来。""形容词重叠式在原式基础上增加的意义起码有三类:一、原式表达的事物的性质在重叠式里有所增减,这是性质的程度量的变化;二、性质的程度在重叠式里没有增减,但说话人对这种性质的强调的量有所增减;三、跟原式相比,重叠式可多出某种感情色彩。"

(三)形容词重叠的语音研究

形容词在重叠的过程中总会产生一些音变现象,形成一定的节律。这些音变现象包括变声、变韵和变调。

1.变声变韵重叠研究

在现代汉语普通话中,形容词重叠变声变韵的现象未见有学者研究。古代汉语、近代汉语和现代方言中,形容词重叠变声变韵的现象引起了一定的关注。

在古代汉语里,向熹(1980)分析了"猗猗"变"猗傩"、"勉勉"变"黾勉"等变声变韵现象。严承钧(1987)分析了"匆匆"与"密勿"的音转字变现象。严廷德(1989)分析了"迟迟"变"峙踌"、"卒卒"变"造次"的声韵变化。李国正(1990)考察了从"便便"到"便蕃"的变化。刘又辛(1993)分析了"拘拘—拘挛""团团—团挛""蒙蒙—鸿蒙"等重叠的变音现象。Sun(1999)全面研究了上古汉语联绵词的内部结构,把它们的变声变韵现象归纳为三种重叠模式:(Ⅰ)顺向变声重叠。如:"逍"重叠为"逍遥"[*sàw làw],韵母没有变化,声母由[*s]变为了[*l],方向是从前往后重叠。(Ⅱ)逆向变韵重叠。如"岖"重叠为"崎岖"[*kia kua],声母没有变,韵母由[*ua]变为了[*ia],方向是从后往前重叠。(Ⅲ)无向裂变式重叠。如,"挶"[*kàkʰ]分裂为"鞠录[*kàу ràkʰ]。"鞠"重叠了"挶"的声母[*k],"录"重叠了"挶"的韵母[*àkʰ]。

在近代汉语里,江蓝生(2004、2008)研究了单音词的多次变形重叠,发现:某些单音节动词、形容词、名词和拟声词有多次变形重叠的现象。例如:动词"蹀"顺向变声重叠构成为"蹀躞";"躞"与"蹀"韵母相同,声母不同;"蹀"向后重叠为"躞"的过程中声母由定母变成了心母。这是第一次变形重叠。元代,"蹀躞"逆向变韵重叠构成为"滴羞蹀躞";"蹀"变为"滴",两字声母相同,"蹀"向前重叠为"滴"时韵母变了;"躞"变为"羞"两字声母相同,逆向重叠时韵母也变了。这是第二次变形重叠。另外,形容词"团"变为"团圞","团圞"再变为"剔留团栾";名词"毂"变为"轱辘/骨碌","骨碌"再变为"急留骨碌";拟声词"刷"变为"疏剌","疏剌"再变为"失留疏剌"。这些都是多次变形重叠。石锓(2004a、2005a)分析了元曲中的双音状态形容词的变音重叠,认为"乞留曲律"[kʻi liəu kʻiu liu]是"曲律"的逆向变韵重叠。"曲"逆向重叠出"乞";"律"逆向重叠出"留"。"曲"变"乞",声母不变,韵母由[iu]变为了[i];"律"变"留",声母不变,韵母由[iu]变成了[iəu]。

在现代汉语方言里,陈亚川、郑懿德(1990)分析了福州话形容词重叠式的音变方式。(Ⅰ)顺向变声重叠的,如"干焦"[kaŋ na]重叠为"干焦焦"[kaŋ na la]。第二个"焦"韵母未变,声母变为了[l]。(Ⅱ)逆向变韵重叠的如"奇怪"[ki kuɑi]重叠为"奇怪怪"[ki kuɑi kuɑi]。第一个"怪"声母未变,韵母由[uɑi]变为了[uai]。邓玉荣(1995)也分析了广西藤县话单音节形容词的变形重叠。(Ⅰ)逆向变韵重叠的,如"短"[dun]重叠为[dəŋ dun]。(Ⅱ)顺向变声重叠的,如"歪"[mai]重叠为[mai hai],声母由[m]变[h]。

2.变调重叠研究

现代汉语中,形容词 AA 式、ABB 式、AABB 式、A 里 AB 式重叠都有变调的现象,这引起了许多学者的注意。

第一,AA 的变调

赵元任(1979/2005:109)观察到单音节形容词 A 重叠成 AA 后,第二个 A 的声调变阴平。朱德熙(1982/2000:26)也认为:"不管基式原来是什么字调,重叠以后第二个音节一律读阴平。例如'小小ᕁ的'、'好好ᕁ的'。"俞敏(1987:47)对此还作了比较形象的说明:"单音节的形容词重叠以后第二音节有重音,改用阴平调。比方:'好好'='好蒿','慢慢'='慢妈ᕁ','快快'='快宽'……。"

但也有不同看法。吕叔湘主编(1980:642—644)的《现代汉语八百词》,表一所列的 133 个可以重叠成 AA 式的单音节词中,有 113 个重叠后第二个 A 的声调变阴平。看来,并不是所有的单音形容词重叠为 AA 式后都变调。王启龙(2003:142)运用统计的方法得出的结论是:"许多单音节形容词重叠后,第二个音节儿化变阴平,但并不是所有的单音节形容词重叠式都如此。"例如:"惨"重叠为"惨惨的"就不变调。重叠后第二音节儿化变阴平的约占 77%;重叠后第二音节一般不儿化变阴平的约占 23%。"从字面语义上看,重叠后第二个音节不能儿化变阴平的单音节形容词中的'坏字眼'相对多一些;而可以儿化变阴平的单音节形容词中的'好字眼'相对多一些。"

第二,ABB 式形容词的叠音后缀 BB 的读音

黄伯荣、廖序东《现代汉语》(1997:上 104):"单音节形容词的叠音后缀,不管原来是什么声调的字,也都念成 55 调值。"例如:"白生生、软绵绵、直挺挺、沉甸甸。"1978 年版的《现代汉语词典》也把许多本音为非阴平的字注为阴平。如"白茫茫""黑洞洞"等。林廉(1992)、李志江(1998)、李小梅(2000)对此提出了不同的看法。李志江认为:(Ⅰ)BB 的读音,一般读这个字的本调,而且多数声调为阴平,如"干巴巴"的"巴巴"。(Ⅱ)也有相当数量的 BB,声调本读阳平、上声或去声,但语言习惯常常将它们改读为阴平,如"绿油油"的"油油"、"直挺挺"的"挺挺"、"沉甸甸"的"甸甸"。作者还通过对比《现代汉语词典》1978 年原版与

1994 年修订版对 ABB 的不同标音,参考作者本人的实地调查,得出结论:ABB 的叠音后缀逐渐从 BB 改读阴平向不改读阴平的方向变化。即"油油""挺挺""甸甸"已不读阴平,而读本调了。

第三,AABB 的变调

吕叔湘等《现代汉语八百词》(1980:640)认为:"在口语中 BB 常读阴平调,第二个 A 读轻声,第二个 B 常儿化。"如"慢慢腾腾的 màn·mantēngtēng·de 和干干净净儿的 gān·ganjīngjīngr·de"。表三列出了 232 个双音节形容词,其中 229 个可以按 AABB 式重叠,107 个重叠后 BB 变阴平,其余重叠后 BB 不变调。朱德熙(1982:27)认为:"基式是双音节形容词,重叠式有'AABB'和'A 里 AB'两种。"无论是哪一种,重音都在第一个音节上,第二个音节读轻声。例如:"大大方方、古里古怪。"卞觉非(1988)注意到可按 AABB 式重叠的双音节形容词分两种情况:一种没有 AB 原形,如"轰轰烈烈(*轰烈)";另一种有 AB 原形,如"干干净净(干净)"。只有在有 AB 原形的重叠式里 BB 才读阴平调。胡明扬(1992)发现:口语和书面语等语体对双音节形容词重叠式 AABB 的语音模式有影响。(Ⅰ)北京话双音节形容词重叠后的语音模式是 AA$\overline{BB}$,也就是后两个音节读带重音的阴平,如"热热闹闹、高高兴兴"等。(Ⅱ)普通话,特别是书面语双音节形容词重叠后的语音模式是́AA╱BB,也就是第一个音节读重音,第二个音节轻声,第三个音节读次重音,第四个音节读轻声,如"平平凡凡"。蒋平(1999)着重考察了《现代汉语八百词》表三中双音节形容词的重叠变调现象,发现:"AABB 重叠式中 BB 是否变阴平调与 AB 原型中 B 是否读轻声有关。"

第四,ABAB 与 A 里 AB 的变调

吕叔湘(1980:640)、朱德熙(1982:27)都认为:在 BABA(笔直笔直)四个音节中,重音常落在第一个音节 B 上。王启龙(2003:162)认为:A 里 AB"基本上是 A 都念本调,'里'念轻声,多数 B 念阴平"。

3.形容词重叠的节律

李宇明(1996a)分析河南泌阳话性质形容词的重叠时,根据音强、音长和音高等超音段成分总结出了甲乙两种节律模式。以 AA 式重叠为例,(Ⅰ)甲种节律:音强为"中重";音长为"中中";第一音节读本调,第二音节不管本调如何全读阴平。如"大大ㄦ哩"。(Ⅱ)乙种节律:音强为"中轻";音长为"中中";第一音节读本调,第二音节都读阴平。如"懒懒ㄦ哩"。

(四)形容词重叠的语用研究

语言单位有形式(语音、结构)和意义,也有句法功能,同时也应有表达功能。各家对语用的认识还不一致,我们认为语用是与语法、语音、语义并列的语言单位的表达功能。形容词的各种重叠形式应有共同的语用功能,每一种重叠方式应有自己的语用价值。同时,并不是所有的形容词都有重叠形式,重叠与否有语用的限制。

1.语用功能

王力(1943/1985:296—303)称拟声词和形容词的重叠为"拟声法和绘景法"。这也就间接地指出,拟声词和形容词重叠的语用功能是"拟声"与"绘景"。顾静如(1980)把 ABB 式形容词的语用功能归纳为:①描绘景物的色彩;②描绘人、事的声音;③描绘事物的情状;④描绘人物的形象。蔺璜(2002)对形容词重叠的语用功能进行了高度概括,指出:"从词的语用功能来看,性质形容词具有区别性,状态形容词具有描写性。"

2.语用价值

判断某一重叠格式的出现是否有其必然性,最好看其有无语用价值。与形容词差义叠加式 AABB 相关的表达格式有:①"ABAB"式;②"AA 的,BB 的"式;③"又 A 又 B"式。通过用法的比较,储泽祥(1996)认为:"形容词 AABB 差义叠结式,是一种'兼容强调'式,无论'又 A 又

B'‘ABAB’,还是‘AA 的,BB 的’,都代替不了它,它确实具有特定的表意作用。"如 AABB 与"又 A 又 B"这两种结构意思很相近,都表示"性状兼容"。但 AABB 还有描写作用,可以构成"AABB 的"格式,"又 A 又 B"却没有明显的描写作用,一般不能构成"又 A 又 B 的"形式。对比"又细又长"与"长长细细"就可以看到这种区别。例如,萧逸《游子引》上册:"那盏灯的灯焰,原本在纱罩里,只是圆圆的一团,此刻却变得又细又长,高耸的火苗,甚至于已经超出了灯罩的表面,看过去长长细细的,就象是一根针那般的细,黄闪闪的悬在空中。"不能说"变得又细又长的",却可以说"变得长长细细的",也可以说"看过去长长细细的"。这说明"又 A 又 B"不能代替 AABB。

3.语用限制

朱德熙(1956)说:"现代汉语的形容词不是全部都有重叠式的。拿单音形容词来说,有两类是不能重叠或很少重叠的。"一类是"绝对的性质形容词",如"错、假、横、竖";另一类是所谓的"坏字眼",如"坏、丑、臭、穷"。李大忠(1984)从构词方式、语体和语音三个方面对不能重叠的双音节形容词进行了考察,认为:(Ⅰ)联合式双音节形容词,不能重叠的占五分之四,能重叠的不到四分之一;动宾式、偏正式和主谓式能重叠的比例更小。(Ⅱ)相当大一部分双音节形容词不能重叠,非口语化是一个重要原因。(Ⅲ)双音节形容词能不能重叠,跟第二音节是否读轻声很有些关系。崔建新(1995)讨论了可重叠为 AABB 式的形容词的范围,认为:"一般来说,并列式形容词、带词缀如'气''然'的形容词、联绵形容词(如'慷慨、尴尬、荒唐、鲁莽、缠绵'等)、音译形容词(如'幽默'等)都容易重叠。"

三、汉语形容词重叠研究中存在的不足

汉语形容词重叠形式的研究到目前为止,在语法、语义、语音、语用

等各个层面上已很深入,研究方法和观察的角度也在不断地更新。但是,综观以往的研究,一个严重的不足是未能注意汉语形容词重叠形式的历史演变。具体表现在如下几个方面:

(一)忽视了对形容词重叠现象历史发展的研究

迄今为止还没有人对汉语重叠(尤其是形容词重叠)的历史发展进行全面系统的考察和研究。大家对上古或近代的某一专书中出现的重叠现象进行了不厌其细的描写,但很少发现不同时期的重叠到底有何不同。也很少有人去讨论现代汉语各类形容词重叠的格式是何时出现的?是怎么出现的?截至目前,我们只看到徐浩(1998)、卢卓群(2000)、王继红(2003)对形容词重叠某一种格式的历史发展问题进行过一些初步的探讨。

出现这种局面的原因是汉语形容词重叠现象十分复杂,对它进行共时描写尚且不易,更不用说进行全面的历时研究了。那么,形容词重叠研究的难点在哪里呢?第一,在于形容词重叠形式的易变性。形容词重叠的结果是状态形容词。状态形容词是汉语历史上一个发展变化最快、最不稳定的词类。而白话文献对它变化的轨迹记录得并不完善。用有限的语料去研究无限发展着的客体,其困难可想而知。第二,在于它变化的隐蔽性。不管形容词重叠如何变化,它的外在形式基本上是不变的。这使得我们不易发现它的变化。比如说,单音形容词的重叠式都是AA,从先秦的AA(彤彤)到现在的AA(红红)是怎么变化的,从表面上真还看不出来,因此这是个富于挑战性的课题。

(二)忽视了"重言"与形容词重叠的历史继承关系

《诗经》等先秦文献中的"重言"现象引起了历史上无数学人的兴趣和注意,以至于历代的"雅学群书"都要设立专门的一类去收录和解释它。"重言"是不是重叠呢?《史记·乐书》记载了子夏回答魏文侯的一段话:"《诗》曰:'肃雍和鸣,先祖是听。'夫肃肃,敬也;雍雍,和也。夫敬以和,何事不行?"从此段话即可看出,子夏认为"肃"可重叠为"肃肃",是"敬"的意思;"雍"可重叠为"雍雍",是"和"的意思。秦汉人已有重叠的观念。"肃""雍"都是形容词,"肃肃""雍雍"是形容词的重叠。至少可以说,"重言"中有一部分就是形容词的重叠。我们的研究发现:大部分的"重言"是单音状态形容词的重叠。以前的研究没有注意到"重言"与形容词重叠的关系。

(三)忽视了汉语形容词重叠形式历史发展规律的研究

历史上对"重言"的研究是一种训诂式的研究,所有的兴趣在于了解和解释它的意义,没有对其进行语法研究(分析其结构、描写其功能)。当代学者对现代汉语形容词重叠的研究应该说是相当深入的,从语法、语义、语音、语用等多个角度进行了全方位的研究。这些成果为我们研究其历史发展提供了有益的参考。但学者们把形容词重叠看成为一种过程,描写的都是这种重叠过程中的问题,忽略了重叠结果的进一步发展。为了表现描写性,形容词需要重叠。重叠形式使用时间长久之后会有什么变化?这些变化有何规律性?具体地说,重言式的AA(如"彤彤")发展到单音形容词的重叠(如"红红的"),ABB式词组(如"浩茫茫")发展为ABB式形容词(如"白茫茫"),重言式的"AA+BB"(穆穆皇皇)发展为AB重叠为AABB(干干净净)等,这些演变都有什么规律呢?以前的研究均未涉及。

第四节 本书研究内容、研究方法、语料选用和拟音体系

一、研究内容与研究方法

本书主要目的是想弄清楚形容词重叠形式演变的过程及其规

律。内容包括两方面：（Ⅰ）形容词重叠形式 AA、AABB、ABB、A 里 AB、ABAB 的演变过程；（Ⅱ）形容词重叠形式发展演变的规律。

全书章节安排如下：

第一章　　绪言

第二章　　形容词的类、重叠和状态

第三章　　形容词 AA 式重叠的历史发展

第四章　　形容词 AABB 重叠形式的历史发展

第五章　　形容词 ABB 式重叠的历史发展

第六章　　形容词 A 里 AB 式重叠的来源与发展

第七章　　形容词 ABAB 式重叠的兴起

第八章　　结语——汉语形容词重叠形式演变的规律

就目前而言，大多数学者对汉语形容词重叠的研究采用的是结构主义的方法，描写其结构格式、语法功能、语法意义、语音特征等等。近年来也出现了用一些新的方法研究汉语形容词重叠的喜人现象。主要有语料库语言学的方法、韵律构词学的方法和类型学与认知语法的方法。

语料库语言学的方法是以计算语言学为背景而产生的。邢红兵（2000）以 600 万字的标注词性的语料库为基础，对可以重叠的各类词的主要重叠形式进行了统计，结论是："汉语重叠结构大部分是由一个词通过不同的重叠方式重叠而成的，但也有相当数量的重叠结构没有基式。""汉语的各类实词几乎都有重叠结构，其中的动词和形容词的重叠结构最为常见。"任海波（2001）用语料库语言学的方法，在一亿字真实文本的范围内统计分析 AABB 重叠式词的构成基础。他发现："AABB 式词越是常用，其 AB 为词的可能性越大"；"AABB 式词是能产的，表现在：随着语料字数的增加，AABB 式词也就不断增加；偶发性的词大量存在"。

McCarthy 和 Prince 于 1986 年提出了"韵律构词学"理论（Prosodic Morphology)。1993年,Prince和Smolensky又由此发展成为名声大噪的"优选论"(Optimality Theory)。从该理论产生之日起,重叠的语音变化便成为韵律构词学最关注的问题之一。孙景涛(1998、1999)运用韵律构词学的理论探讨了上古汉语中的变声变韵重叠现象,并解释了"一音一义原则"和"响度顺序原则"对上古汉语变形重叠的影响。蒋平(1999)也从韵律音系学的角度考察了词汇重音和语流重音对声调的影响,并通过"重音校准"和"显著吸引"限制的相互作用对有些双音节形容词重叠后变阴平调、有些不变调的现象作了合理的解释。

语言类型学相信跨语言的研究比单一语言的研究更能发现人类语言的共性。李如龙(1984)为了准确地分析闽方言单音动词的一种特式重叠,即双声定韵的重叠式,把闽方言的动词特式重叠与苗、壮、傣、藏诸语言中的动词特式重叠相比较,发现了它们在结构和意义上的一些共性。刘丹青(1988)根据所接触到的汉藏语系各种语言和方言的材料,对重叠的形式提出了一套综合性分析模式。张敏(1997、2001)在重叠的研究中引入跨语言的类型学视界及认知语言学的观念,探讨了重叠的像似性,并归纳汉语方言里各类重叠形式所表达的意义的类型,提供了一个统一的语义模式——"类同形式在一定认知域内的毗邻复现"。

本书在研究方法上以归纳考察为主,兼顾演绎分析;在研究平面上,以历时为主,兼顾共时;在研究的定位上,立足于本体;在理论上以描写语言学、历史语言学和认知语言学为指导。首先,本书将对形容词重叠形式演变中基式和重叠式的结构、语义和功能进行较为充分的描写。这里的结构包括基式和重叠式的语法结构,也包括重叠式的语音结构。这里的语义包括基式的语义特征和重叠结构的语法意义。毕竟,我们对这种"东方式"词类还了解不多,西方的理论对此也没有针对性,对它进行解释还缺乏一个最基本的平台,因此,详尽的描写是目前最重要的工作。其次,本书将尽可能地对演变的动因和演变的机制作

第四节 本书研究内容、研究方法、语料选用和拟音体系

出一些解释。语法演变的动因有三类：语用推理（隐喻、转喻）、语言习得和语言接触。语法演变的机制包括三个方面：重新分析、类推和借用。汉语形容词重叠的历史发展与它们的关系只有通过分析和研究才能有一个清楚的认识。让事实去检验理论，不能用理论去约束事实，这才是我们的宗旨。

二、语料的选用

本书研究的对象时间跨度较大，从上古直到现代，因此涉及的语料很多。限于时间和精力，我们不可能对所有语料都进行调查。根据研究对象的特点和本书的任务，我们在语料的选用上确立了两条原则：第一，韵散结合；第二，点面结合。所谓"韵散结合"就是所选语料必须兼顾韵文和散文两种不同风格。形容词的重叠形式在韵文中出现得最多，结构格式最全，但若要全面了解它的语法功能仅据韵文就极不全面了。韵文的特有格律和句式对形容词重叠形式的句法功能会有影响。因此，我们在调查每一个时期的语料时都照顾到了韵文和散文两种不同风格的语料。所谓"点面结合"就是所调查的语料既要有重点，并对重点语料进行穷尽性统计，又要尽可能多地掌握材料。尽量避免因语料的片面而影响结论的可靠性。除遵守以上两条原则外，我们还考虑到语料的口语化程度，尽量选用口语性强的语料。例如：《红楼梦》一直被视为明清的经典语料，但它的诗词等仿古性材料太多，对考察形容词重叠形式的发展不一定合适。在调查明清形容词重叠形式的使用情况时，我们就没有用它作为重点语料，而是选用了它之前的《醒世姻缘传》和它之后的《七侠五义》[①]。这两部著作在文学性上比不上《红楼梦》，

---

① 《红楼梦》最早而且比较完整的版本是 1760 年庚辰抄本；《醒世姻缘传》完成于 1628 年；《七侠五义》完成于 1871 年。

但口语性比《红楼梦》强。

三、本书所用的拟音体系

形容词的重叠形式在各个历史时期都存在变音现象。对这些变音现象的分析离不开语音构拟。上古音和中古音的构拟,我们采用郭锡良(1986)《汉字古音手册》的拟音体系;元明北方话的语音构拟,我们采用杨耐思(1981)《中原音韵音系》的拟音体系。

第二章 形容词的类、重叠和状态

现代汉语现有的形容词重叠形式是历史发展的结果。为了更好地讲清这种演变过程,有必要对本书的一些重要概念进行系统介绍。本章分为四个部分:第一节,形容词的类与形容词的重叠;第二节,形容词的重叠与状态表示法;第三节,单一状态与二元状态;第四节,语音重叠、语素重叠和词重叠。

第一节 形容词的类与形容词的重叠

形容词"白"可以重叠为"白白的","红"可以重叠为"红红的"。同样,与"白""红"意义相近的"皑"和"彤"也可以重叠为"皑皑"和"彤彤"。从现代汉语层面上看,"皑"与"彤"已不能独用了,它们不是词,是词素。从汉语史角度看,它们曾是可以独用的,也是词。例如:

(1)皑如山上雪,皎若云间月。(先秦汉魏晋南北朝诗·汉·相和歌辞·白头吟)

(2)静女其娈,贻我彤管。(诗经·邶风·静女)

既然"白"与"皑"、"红"与"彤"意义相近,都是形容词,又都可以重叠,为什么重叠之后的形式一类被称之为重言(皑皑、彤彤),另一类被称之为重叠(白白的、红红的)呢? 除了出现时间的早晚外,两者的根本区别在哪里? 我们认为,两者的根本区别在于它们属于形容词的两个不同小类。因类不同,基式的语义特征不同,重叠的语法意义也不一样。看来,形容词的类与形容词的重叠有着密切的关系。在讨论形容词重叠之前,我们有必要先讨论形容词的分类。

一、汉语形容词的再分类

(一)汉语形容词的词类地位

汉语的形容词是个有争议的词类,是否具有词类地位,语法学家的观点并不一致。从语言类型学上看,对于一个没有明确的形容词词类的语言,根据形容词意义的表达方式,可以分为两种类型:(Ⅰ)形-名语言,形容词的意义基本靠名词表达;(Ⅱ)形-动语言,形容词的意义基本靠动词表达。Schachter(1985)、McCawley(1992)认为汉语属于典型的形-动语言,赵元任(1979/2005)也持相似的观点,把形容词当成动词的一个次类。而马建忠(1898)、黎锦熙(1924)、吕叔湘(1942/1982)、王力(1943)、朱德熙(1956)等国内多数语法学家尽管在形容词的次范畴分类上不尽相同,但他们都认为汉语形容词是一个独立的词类(张国宪2000)。笔者认为汉语形容词有其独立的词类地位,与动词不同,它的作用是表述人或事物的性质、状态和变化。而且,不管是从现代汉语的层面上看,还是从汉语史的层面上看,汉语形容词都存在自己的次范畴。我们下面就讨论汉语形容词的分类。

(二)现代汉语形容词的分类

在现代汉语平面上,学者们都认为汉语形容词有次类,但到具体分类时,大家的看法还不一致。朱德熙(1956、1982)凭借语言单位的外在形式将形容词分为简单形式(性质形容词)和复杂形式(状态形容词)两类,并归纳它们的特点为:"从语法意义上看,性质形容词单纯表示属性,状态形容词带有明显的描写性。从语法功能上看,这两类形容词也有很大的区别。"它们始终表现出互相对立的倾向。

吕叔湘、饶长溶(1981)发现"男、女、雌、雄、小型、慢性"等词"既不具备名词的主要特征(作主语,作宾语),又不具备谓词即动词和一般形容词的主要特征(作谓语)"。他们称此类形容词为"非谓形容词"。

叶长荫(1984)把"妥、完、行、心切、并重"等只能作谓语而不能作定语的形容词叫"唯谓形容词"。杨宽仁(1985)又称之为"非定形容词"。张伯江、方梅(1996:224)把性质形容词又分为"本质属性词"和"附加属性词"两类。"本质属性词"以单音节的为主,能自由地作定语,也能作谓语;"附加属性词"以多音节的为主,只能作定语,不能作谓语。他们还把"安静""充实""匆忙"等不能自由地作定语的词归入了不及物动词的范畴。胡明扬(2001)又把"多、少、早、晚、及时、突然、远、近、偶然"等一部分性质形容词称之为"情状形容词",发现它们既能作定语,又能作谓语,还能直接作状语。这类形容词不表示性质而表示数量、时间、处所、频度、范围、方式、情状等。同时,胡明扬还把"滔滔、皑皑、腾腾"等归为"文言复杂形容词或状态形容词"。看来,形容词的再分类越来越细了。

我们认为:现代汉语层面上的形容词以分为性质形容词、状态形容词和非谓形容词三类为宜。状态形容词只有描写性,没有区别性。非谓形容词只有区别性,没有描写性。性质形容词是形容词的典型形式(沈家煊1999:310),可以派生状态形容词和非谓形容词,既有描写性,又有区别性。当其位于谓语位置时凸显其描写性;当其位于定语位置时凸显其区别性。其中,状态形容词是一个变动的词类,从古到今产生了一系列的变化。要更准确地了解今天的状态形容词,有必要了解历史上状态形容词的存在方式。

(三)上古汉语形容词的分类

上古汉语里已有了性质形容词和状态形容词的对立。郭锡良(2000)的研究发现:"甲骨文中只有十几个单音的性质形容词","到了周代,不但性质形容词有了大量增加,而且产生了一类新的状态形容词"。

从西周到春秋战国,既增加了大量意义比较抽象的单音性质形容词,又产生了大量的双音性质形容词。例如:

(3)巧笑倩兮,美目盼兮。(诗经·卫风·硕人)

(4)形容枯槁,面目犂黑。(战国策·秦策一)

状态形容词大多是由音变构词所产生的重言词和双声叠韵联绵词。例如:

(5)是故无冥冥之志者,无昭昭之明。(荀子·劝学)

(6)窈窕淑女,君子好逑。(诗经·周南·关雎)

也有的是单音词或带词尾的复音词。例如:

(7)野有蔓草,零露漙兮。(诗经·郑风·野有蔓草)

(8)天油然作云,沛然下雨。(孟子·梁惠王上)

看来,上古汉语的状态形容词并不都是复杂形式,性质形容词有单音的,状态形容词也有单音的。表状态的方式并不都是重叠,单音状态形容词带词尾也是表状态的方式之一。

二、两类不同的形容词与两种不同的重叠

既然已知道上古汉语有单音状态形容词的存在,那么我们现在就可以回答本节前面提出的问题了。"红红的""白白的"与"彤彤""皑皑"的区别就是:前者是单音性质形容词的重叠;后者是单音状态形容词的重叠。由此可知,先秦的所谓重言实际上有许多是单音状态形容词的重叠。"重言"与重叠的区别就在于基式的小类不一样。

既然形容词的不同小类能形成不同的重叠,那么区分两类不同的形容词也就十分重要了。

三、区分两类形容词的标准

上古汉语里,性质形容词有单音的,也有双音的;状态形容词有单

音的,也有双音的。像朱德熙(1956、1982)那样,仅从音节形式上已无法区分两类形容词了。该确立什么标准区分两类形容词呢?

杨建国(1979)曾提出了区分先秦两类形容词的三条标准:①是否可以受时间副词和程度副词修饰;②是否能用于比较句;③是否有"使动""意动"用法。我们在杨先生的基础上再提出区分两类不同形容词的四条标准,即:①词法结构标准;②句法功能标准;③语义特征标准;④语用功能标准。

(一)词法结构标准

从词法结构上说,单音状态形容词、重言式状态形容词和联绵式状态形容词都可以带词尾"然、如、若、尔、焉"等。例如:

(9)若楹轻於秋,其於意也洋然。(墨子·经说下)

(10)今王室实蠢蠢焉,吾小国惧矣。(左传·昭公二十四年)

(11)君在,踧踖如也。(论语·乡党)

"洋""蠢蠢""踧踖"都是状态形容词,可以带词尾"然""焉""如"。性质形容词"大""美""黧黑"等不能带词尾。

(二)句法功能标准

从句法功能上说,性质形容词可以用于比较句。例如:

(12)天下之水,莫大于海。(庄子·秋水)

状态形容词都不能用于比较句。

性质形容词有"使动""意动"用法。例如:

(13)故天将降大任于斯人也,必先苦其心志,劳其筋骨。(孟子·告子下)

(14)且夫我尝闻少仲尼之闻而轻伯夷之义者,始吾弗信。(庄子·秋水)

状态形容词不能以任何方式带宾语,因此不可能有"使动""意动"用法。

性质形容词可以受时间副词和程度副词的修饰。例如:

(15) 既富矣，又何加焉？（论语·子路）

(16) 臣之罪甚多矣。（左传·僖公二十四年）

状态形容词描写性没有弱化时一般不能受时间副词和程度副词的修饰。

(三) 语义特征标准

状态形容词的意义比较具体，一般只用来描写有限的一类或几类事物，结合面窄。例如：同样是形容"白"的状态，状态形容词随对象之不同会有不同的词。章太炎《訄言·订文附正名杂义》："鸟白曰雈，霜雪白曰皑，玉石白曰皦，色举则类，形举则殊。"还有，月光之白曰皎皎、脸色苍白曰皵皵，头发之白曰皤皤，水光之白曰滈滈，云彩之白曰英英。例如：

(17) 麀鹿濯濯，白鸟翯翯。（诗经·大雅·灵台/朱熹《诗集传》："翯翯，洁白貌。"）

(18) 凉风吹沙砾，霜气何皑皑。（先秦汉魏晋南北朝诗·魏·刘桢·赠五官中郎将诗/《说文》曰："皑皑，霜雪白之貌也。"）

(19) 扬之水，白石皓皓。（诗经·唐风·扬之水/毛传："皓皓，洁白也。"）

(20) 皎皎明月，煌煌列星。（先秦汉魏晋南北朝诗·汉·秦嘉·赠妇诗）

(21) 皵，面白皵皵也。（玉篇·面部）

(22) 营平皤皤，立功立论。（汉书·叙传/颜师古注："皤皤，白发貌也。"）

(23) 安翔徐回，翯乎滈滈。（文选·司马相如·上林赋/郭璞注："翯乎滈滈，水白光貌也。"）

(24) 英英白云，露彼菅茅。（诗经·小雅·白华/毛传："英英，白云貌。"）

"皠""皑""皦""皎""皭""皤"等都可以独用,也都能叠用,但不管是独用还是叠用,在表示"白色"时都含有所描写对象的形象在内(如看到"皑"则想到"霜雪"),因而描写的对象都只限于一类或几类事物。相比之下,性质形容词的意义抽象,结合面广,"白"修饰或描写的对象是非常多的,不会限于哪一种或几种事物。

正因为单音性质形容词描写的对象多,对象之间可以比较,所以单音性质形容词可以用于比较句;正因为单音性质形容词修饰的对象可以比较,自然就产生了等级,也就产生了程度,所以单音性质形容词可以受不同等级的程度副词修饰。不仅如此,单音性质形容词的描写对象还可以构成一个意义等级的连续体,因而有反义词。如"远"的连续体可以由"很远""比较远""有点远""不远"和"近"构成。因此,"远"与"近"构成反义。而"遥""辽""邈"描写的对象有限,不能用于比较句,不能受程度副词修饰,因而也就没有反义词。同理,"大"与"小"可以构成反义,与"大"同义的单音状态形容词"浩""庞"等和与"小"同义的单音状态形容词"藐""蕞"等却不构成反义。单音性质形容词大多有反义词,单音状态形容词却没有反义词。能否用于比较句,能否受程度副词修饰,能否有反义词等,这些都是受语义特征制约的。

状态形容词语义范围狭窄,没有明显的"量",重叠只是为了强调基式的描写性,增强生动性和主观性。性质形容词语义范围宽泛,有明显的"量",重叠除产生描写性外,也随之产生了"调量"的作用。

(四)语用功能标准

状态形容词不管其意义有多么具体、多么纷繁复杂,它们都有一个共同的语义功能——描摹事物的某种状态。古代的学者早就注意到了这一点,凡解释状态形容词多用"××貌"的术语。既然是描摹,自然未必完全如实。分析起来,它们的义域中既含有事物状态的客观因素,也含有人们感受的主观因素(杨建国 1979)。性质形容词表现的是恒久性,因此它的语用功能不是描摹状态,而是区别属性。

第二节　形容词的重叠与状态表示法

重叠只是一种语法手段,其存在的合理性是它本身具有的作用。形容词为什么要重叠?形容词重叠的作用是什么?

赵元任(1979/2005:109)称形容词重叠的结果为"生动重叠",吕叔湘(1980:12)称形容词重叠的结果为"形容词的生动化形式",朱德熙(1982/2000:73)称形容词重叠的结果为"状态形容词",郭锐(2002:200)称形容词重叠的结果为"状态词"。这些称呼都间接地回答了形容词重叠的作用是什么的问题。也就是说,形容词重叠主要是为了表现生动性和描写性,是为了表现某种状态。为了更全面地了解汉语形容词重叠的作用,我们有必要了解汉语生动态的表示法。

一、表现汉语生动态的方式

在汉语里,表现生动态,重叠不是唯一的方式。不了解这一点,将不利于我们对重叠现象的认识。汉语表现生动态的方式有词汇手段、语法手段和语音手段三类。

(一)表现生动态的词汇手段

所谓词汇手段就是直接利用词汇成员表状态。某些状态词本身就是表状态的,不需要凭借其他手段。例如:

(1)月出皎兮,佼人僚兮。(诗经·陈风·月出)

(2)大雨滂沱。

(3)南方酷热。

(4)她的脸通红的。

以上四例中"皎""滂沱""酷热""通红"都是状态形容词,它们不需要使用任何语法和语音手段,本身就是表状态的。"皎"表现的是"月光白而亮的样子";"滂沱"指的是"雨很大的样子";"酷热"是形容"很热的样子";"通红"描写的是"红"的某一种状态。

(二)表现生动态的语法手段

表现生动态的语法手段有词法手段和句法手段。词法手段主要是"重叠法"和"加缀法"。"重叠法"是本书讨论的对象,也是最重要和大家最熟悉的手段,此处略而不论。

"加缀法"表状态是一种弱式方式,主要有两种情形:一是上古的词头"有""其""斯""思",词尾"然""如""若""尔""焉"等协助上古单音状态词表状态;二是现代的词尾"的"协助双音或多音状态形容词表状态。

清代学者王筠、现代学者王显(1956)、向熹(1980)、赵金铭(1982)发现:《诗经》中的单音状态形容词多与"有、其、斯、思"等字联合在一起表状态,功能上相当于一个重言词。例如:

(5)有皇上帝(诗经·小雅·正月)

(6)皇皇后帝(诗经·鲁颂·閟宫)

(7)雨雪其雱(诗经·邶风·北风)

(8)雨雪霏霏(诗经·小雅·采薇)

(9)如跂斯翼(诗经·小雅·斯干)

(10)商邑翼翼(诗经·商颂·殷武)

例5、6说明:单音状态形容词"皇"既可重叠为"皇皇"表状态,也可以与"有"构成"有皇"表状态。例7、8说明:单音状态形容词"雱"既可以重叠为"霏霏"表状态,也可以与"其"构成"其雱"表状态。同样,例9、10的"翼翼""斯翼"都是表状态的。

杨建国(1979)、张博(2000)发现:先秦单音状态形容词可以带词尾"然、如、若、尔、焉"表状态。例如:

(11) 君子正其衣冠,尊其瞻视,俨然人望而畏之。(论语·尧曰)

(12) 桑之未落,其叶沃若。(诗经·卫风·氓)

(13) 贲如、皤如,白马翰如。(周易·贲·六四)

(14) 既竭吾才,如有所立,卓尔。(论语·子罕)

(15) 诸侯其谁不欣焉望楚而归之。(左传·昭公元年)

"俨然""沃若""贲如""皤如""翰如""卓尔""欣焉"都是单音状态形容词与各种词尾的结合①。单音状态形容词加词尾与单音状态形容词重叠的功用一样。如例12的"沃"不仅可以与"若"构成"沃若",也可以重叠为"沃沃",两者都表现描写性。例如:

(16) 天之沃沃。(诗经·桧风·隰有苌楚)

朱德熙(1961、1982)发现:现代汉语普通话层面上的"的"有三个:副词词尾"的$_1$"、状态形容词词尾"的$_2$"和名词化标记"的$_3$"。其中,"的$_2$"现在在状态形容词词干(红红、干干净净、红通通)之后构成状态形容词(朱德熙1993)。在历史上主要写作"地"。我们认为,"的$_2$"从结构上说是状态形容词的词尾,从语用功能上讲是协助词干增强描写性的。因此,加词尾"的$_2$"也是表状态的一种方式。

表现生动性的句法手段主要指如下两种情形:一是指两个状态形容词的连用,如"高高瘦瘦";一是指程度副词与性质形容词的组合,如"挺好"。说AABB式形容词表状态,有描写性,大家不会反对。要说"高高瘦瘦"是句法上的连用可能没有人能接受。"高高瘦瘦"不是"高瘦"的重叠(因为"高瘦"根本不是一个词),而是"高高"与"瘦瘦"的连用。从现代汉语层面上看,"高高瘦瘦"受AABB格式的限制,肯定是

---

① 就现代汉语而言,上古带"然"尾的单音状态形容词已经语法化了,不再表状态。一部分变为了副词,如"忽然";另一部分变为了性质形容词,可以受程度副词的修饰,如"很突然""很偶然"等。

一个词,而不是一个句法结构。现代汉语的 AABB 是由历史上的 AABB 发展而来的,是"AA＋BB"句法结构词汇化的结果。历史上,"AABB"还是一种具有并列关系的句法结构,"AA"与"BB"之间还能被连词"之"隔开。例如:

(17)登石峦以远望兮,路眇眇之默默。(楚辞·九章·悲回风)

在《楚辞》的时代,"眇眇默默"还不是一个词,而是一个并列短语,AA 与 BB 两者联合,描写路遥远而静寂的情景。因此,我们认为,先秦的 AABB 是两个状态形容词的连用,它们表现描写性采用的是句法手段,而不是构词手段。

朱德熙(1982/2000:73)在分析状态形容词时把"挺好的、很小的、怪可怜的"一类也算为状态形容词。在分析程度副词时又说:"'很、挺、怪'三个副词情形不同,'很/挺/怪＋形容词＋的'可以作谓语、状语、补语……其中的'的'不是助词,而是状态形容词的后缀。"这说明,朱先生已感觉到,有些程度副词与形容词组合是表状态的。单独的程度词没有描写性,单独的形容词也没有描写性,两者结合产生了描写性,这种描写性来自于两者的组合,有时还得到状态形容词词尾"的$_2$"的强化。看来,"挺好的""很小的""怪可怜的",这三者的描写性来自于两个方面:一是"挺""很""怪"与"好""小""可怜"的组合;一是词尾"的$_2$"的协助。

(三)表现生动态的语音手段

所谓通过语音手段表现生动性就是指词语重叠后为了更生动而变声、变韵和变调的现象。

形容词重叠后,为追求生动的效果,往往采用变音的方式增加其生动性。状态形容词的重叠采用变声变韵的方式;性质形容词的重叠采用变调的方式。

向熹(1980)在研究《诗经》的复音词时发现:上古词汇以单音词为

主,有时单音词不能满足写景或抒情的需要,就产生了重言词;重言词中一个音节的声母或韵母起了变化,就成了双声叠韵的联绵词。例如,"猗"有"美盛"的意思(《周颂·潜》"猗与漆沮",毛传:"猗与,叹美之言也");重言之则为"猗猗"(《卫风·淇奥》"绿竹猗猗",毛传:"猗猗,美盛貌");"猗猗"第二个音节的声母由影母变成泥母,就成了叠韵联绵词"猗傩"(《桧风·隰有苌楚》"猗傩其枝","猗傩"也是美盛的意思)。又如,"发"有"风寒"的意思(《桧风·匪风》"匪风发兮",毛传:"发发,飘风");重言之则为"发发"(《小雅·蓼莪》"飘风发发",郑笺:"飘风发发然,寒且疾也");"发发"前一个音节的元音起了变化,就成了双声联绵词"觱发"(《豳风·七月》"一之日觱发"),而它们的词汇意义都是一样的,只不过变音形式更生动。"猗""发"都是单音状态形容词,重叠后,再通过变声变韵来表现生动性。

赵元任(1979/2005)、吕叔湘(1980)、朱德熙(1982/2000)、俞敏(1987)等都观察到:单音节性质形容词重叠后,第二个音节的声调大多变阴平。如"小小的""好好儿的"。双音节性质形容词重叠为 AABB 后,第二音节读轻声。如"大大方方""干干净净"。

"好""小""大方""干净"都是性质形容词,重叠后通过变调的方式来增强生动性。

二、重叠表状态是一种跨词类的现象

表状态的方式有多种,重叠无疑是最主要的方式。不仅形容词重叠表状态,而且拟声词、动词、名词的重叠都有表状态的现象。

(一)拟声词的重叠与状态

拟声词是模拟客观事物的各种声音的,大都不能加"不"或"没"否定,语义范围比较窄(石毓智 2001),是定量性的。因此,它们的重叠形式都不可能表现量的变化,所描写的都是确定的状态。

拟声词有多种重叠形式。如：AA（当当）、ABB（丁当当）、AABB（丁丁当当）、ABAB（丁当丁当）、A'B'AB（丁零当啷）、A'里AB（稀里哗啦）。不同状态的声音用不同的重叠形式来表达。

(二)动词的重叠与状态

提到动词的重叠，我们最先想到的是表"短时""尝试"的那一类。我们不应忘记一个事实：唐以前的动词重叠都是表状态的。就是现代汉语中的动词重叠也还有表状态的用法。

动词的重叠形式有如下几种：

　　AA：飘飘　闪闪|说说　走走
　　AABB：说说笑笑　哭哭啼啼　摇摇摆摆
　　ABAB：商量商量　研究研究　学习学习

其中，AA式的"说说、走走"与ABAB式（商量商量）重叠是一类，重叠的语法意义是表短时、尝试等；AA式的"飘飘、闪闪"与AABB式（说说笑笑）是另一类，重叠的意义是表状态的连续。

范方莲(1964)认为：AA式（"走走"）和ABAB式（"研究研究"）重叠之所以表短时，是因为它们都是从同形动补结构变来的。如"走走"来源于"走一走"，"研究研究"来源于"研究一研究"。这种变化开始于宋代。

AA式的"飘飘""闪闪"出现得较早，汉代已见，是不及物动词的重叠。不及物动词不涉及动作的对象与结果，因此重叠后表动作本身的状态。AABB式在先秦已见，也是不及物动词的重叠，如"战战兢兢"。后来，及物动词也可以这样重叠表状态，如"说说笑笑"。

"说说"与"说说笑笑"中的"说说"意义是不一样的。前者表短时，是"说一说"的意思；后者强调的是动作的连续，是一种不停地"说"和"笑"的状态。看来，对于现代汉语的动词而言，AABB就是一个表状态的格式。

(三)名词的重叠与状态

提到名词的重叠,我们最先想到的是表"逐指"的那一类。其实,名词的重叠也有表状态的。

名词的重叠主要有两种格式:

AA:茵茵　霭霭|家家　桌桌

AABB:婆婆妈妈　风风火火|家家户户　年年岁岁

其中,"家家、桌桌、家家户户、年年岁岁"表示的是"逐指",有"每一个"的意思;"茵茵、霭霭、婆婆妈妈、风风火火"表示的是状态。表"逐指"义的名词重叠,它们的基式都可以充当临时的量词,如"一桌菜""一家人"等。表"状态"义的名词重叠,它们的基式都是具体名词,有一定的形象性,重叠的过程中转喻的机制又发生了作用。如:"茵"指"成片的嫩草"①,"茵茵"即指"像有很多嫩草的样子"。"风"与"火"都有"迅猛""不易控制"等特性,"风"与"火"再一搭配而且重叠,就产生了"很活跃"或"急急忙忙、冒冒失失"的意思。能重叠的都是具体名词,抽象名词不能重叠。

名词、动词、形容词和拟声词重叠都能表状态,但形容词重叠表状态使用范围最广、重叠的词语最多,在语言使用者心目中的显著度最高。

第三节　状态的种类与变化

状态形容词有先秦至魏晋产生的老资格状态形容词(如"悠悠")和现在正在广泛使用的新生的状态形容词(如"好好的")。我们都明显感觉到,两者虽同表状态,但有很大的不同。因为两者基式的语义特征不

---

① 《说文》:"茵,车重席。""茵"的本义可能是指车垫子。但此义的"茵"未见重叠形式。"茵"还有一义,指"成片的嫩草",例如,唐段成式《和徐商贺卢员外赐绯》:"莫辞倒载吟归去,看欲东山又吐茵。"此义的"茵"可重叠为"茵茵"。

同,所以它们表示的状态意义也有差别。前者表示的是具象状态,后者表示的是泛化状态。

一、具象状态与泛化状态

具象状态产生于先秦。那时的单音状态形容词多描写具体而特定的事物,重叠后有形象生动的特点。如单音状态形容词"依"就只描写树木的茂盛。《诗经·小雅·车辖》:"依彼平林。"毛传:"依,茂木貌。"重叠后的"依依"在先秦就只用来描写"杨柳"等树木了。要描写草的茂盛,则由"萋萋"等其他的词去完成。

到了唐代,形象而具体的单音状态形容词作为一个词类已不复存在[①]。单音性质形容词开始接替其功能进行重叠。因为单音性质形容词语义范围宽泛,描写的对象不限某一类或几类事物,因此,其重叠后形成的状态,虽有生动的特点,其形象性随着具体性的减弱而减弱,成为了一种泛化状态。

两种状态的不同不仅表现在描摹的范围大小不同上,而且意义的明晰性也有不同。因为重言词的具象状态只能适用于某一种具体事物或某一种具体的情景,所以对这种情貌意义的理解也要受上下文所设定的语境制约。随着古代文化或情景的变迁,我们现在对某些具象状态词的意义也难以理解了。如,《诗经·郑风·清人》:"清人在彭,驷介旁旁。""旁旁"是何义?陆德明《经典释文》引王肃说:"旁旁,强也。"那么,"驷介旁旁"当是指马强壮有力的样子。马瑞辰的《毛诗传笺通释》却认为:"《广雅》:'彭彭、旁旁,盛也。'""驷介旁旁"的意思却是马队声势浩大的意思。这说明了"旁旁"的意义在此是不明确的。汉代的学者距离先秦还不久,然而已经看不太懂这些所谓重言词了,于是在《尔雅》中专

---

① 参见本书第三章第三节第一部分"AA式重言生成性的衰弱及其动因"的分析。

立"释训"一类去解释它们。性质形容词重叠的意义非常明晰,不管是先秦产生的"高高"还是唐代出现的"红红",不管时代多么久远,都没有给我们的理解造成障碍。到目前为止,还没有哪一部词典觉得这些词的意义还需要引证古注去解释。

二、单一状态与二元状态

所谓单一状态指一个重叠结构中,基式只有一个词,意义只有一项的状态。如"干干净净",基式只有"干净"一个词,意义只有"很洁净"一项。所谓二元状态指一个重叠结构中,基式有两个词,意义成分有两项的状态。如"高高大大",既表示"高高"的状态,又表示"大大"的状态。AABB 中既有"高"的意义,又有"大"的意义。"高高大大"不是指"很高"和"很大",而是指"又高又大"。

现代汉语形容词的重叠式中,AA 式和 A 里 AB 式重叠都是表示单一状态的。如:"红红的"只表示"红"的状态;"糊里糊涂"只表示"糊涂"的状态。但 ABB、AABB、ABAB 式重叠中却有两种情形:一种情形只表单一状态;另一种情形表示二元状态。请看下面的例子:

A 组	B 组
活泼泼	急慌慌
斯斯文文	细细长长
通红通红	细长细长

A 组中的 ABB、AABB、ABAB,它们的基式只有一个词"活泼""斯文""通红",因此它们表示的是单一状态。B 组中的 ABB、AABB、ABAB 的基式中都有两个词,它们表示的是两种状态。"急慌慌"中有"急"和"慌"两个词,表示"着急"和"慌张"两种状态。"细细长长"中有"细""长"两个形容词,则表示"又细又长"两种状态。同样,"细长细长"也表示"很细"和"很长"两种状态。

二元状态的重叠中,既有重叠关系,又有组合关系。有的是重叠以后再组合,如 ABB(急慌慌)和 AABB(细细长长);有的是组合以后再重叠,如 ABAB(细长细长)。可以说,单一状态是重叠形成的状态,二元状态主要是组合形成的状态。

在《楚辞》和两汉魏晋赋中,状态形容词通过重叠或不重叠的方式组合,可以构成多元状态。例如:

(1)纡长袖而屡舞,翩跹跹以裔裔。(文选·左思·蜀都赋)

(2)汩硙硙以璀璨,赫燁燁而燭坤。(文选·王延寿·鲁灵光殿赋)

(3)杳蔼蓊郁於谷底,森尊尊而刺天。(文选·张衡·南都赋)

(4)蔼蔼萋萋,馥馥芬芬。(文选·何晏·景福殿赋)

例 1 中,"翩"是单音状态形容词,"跹跹"与"裔裔"是重言式状态形容词。三者组合构成三元状态。例 2 中,李善注曰:"汩,净貌。硙硙,高貌。璀璨,众材饰貌。""汩"是单音状态形容词,"硙硙"是重言式状态形容词,"璀璨"是联绵式状态形容词。三者组合也构成三元状态。例 3 中,"杳""蔼""蓊""郁"是四个单音状态形容词①,四者组合构成四元状态。例 4 中,"蔼蔼""萋萋""馥馥""芬芬"是四个重言词的连用,四者也构成四元状态。不过,这种三元、四元状态是词组,还没有形成为词,它们是文人为了赋的铺排而笔下生造的,未必是口语中存在的。魏晋的赋,文体沿用旧有形式,有意堆砌,使得它的语言已经脱离了口语。不过,它给我们的提示是状态连用现象的存在。

三、状态的变化与形容词重叠形式的发展

形容词重叠形式的发展与状态的变化有密切的关系。重言式 AA

---

① 在别的语境中,它们可以分别重叠为"杳杳""蔼蔼""蓊蓊""郁郁"。

向重叠式 AA 的发展是在单一状态的框架内进行的。随着形容词的发展,具象状态解体而泛化状态产生。因基式的语义宽泛,泛化状态进一步由状态而向程度(量变)发展。

ABB 和 AABB 在其形成之初都是二元状态。后来的发展总趋势是二元状态向单一状态的转化。因条件的不同,这种转化形成了一系列不同的结果,造成了现代汉语平面上形容词重叠纷繁复杂的局面。

第四节 语音重叠、语素重叠和词的重叠

许多学者都有一种共同的看法,以音节为单位的形容词的重叠形式有语音重叠[①]、语素重叠和词的重叠。从现代汉语的角度看,这种分类有一定的道理。从汉语历史发展的角度看,这种看法还值得商榷。

目前,大家对一些具体的以音节为单位的重叠形式是语音重叠、语素重叠还是词重叠还有不同的看法。请看下面的例子。

(1)翩翩 潇潇 霏霏 纷纷

(2)高高的 细细的 大大的

太田辰夫(1987:159)认为:例1"在古代汉语中非常发达,但几乎都应该说是两个音节的象声词或拟态词,因此,单独一个字是不用的,不能说是真正的重叠形式"。换句话说,太田辰夫认为例1中的重叠都是语音重叠。例2太田辰夫认为是"两个普通的形容词重叠",也就是词的重叠。李宇明(2000)认为:例1是语素重叠[②];例2是形容词的重叠。而"(黑)乎乎""(湿)漉漉""(慢)腾腾"才是语音重叠[③]。从汉语史的角度看,我们认为形容词的重叠都是语素重叠。

---

① 所谓"以音节为单位的重叠形式"不包括变声重叠和变韵重叠。
② 李先生称之为"语素叠合"。
③ 李先生称之为"音节叠合"。

一、"词重叠"说的不合理性

"词重叠"说是否合理就在于如何看待形容词重叠结构的性质。"高"是形容词,"高高的"是词?是短语?还是什么别的结构?

石定栩(2000)认为:"形容词重叠式与非重叠式的句法结构形式不同,前者是短语,而后者是词。"也就是说,"高"是词,"高高的"是短语。他立论的根据是形容词和形容词重叠形式在作定语时的功能是不一样的,形容词作定语时后面可加"的",也可以不加"的"。例如:

(3)干净床单(放床上)

(4)干净的床单(放床上)

而形容词的重叠形式在充当定语时,则必须加"的"。例如:

(5)干干净净的床单

*(6)干干净净床单

接着又论证:"定语的带'的'形式是短语,而无'的'形式是词。"我们认为:石先生在此忽视了两个事实:第一,形容词之后的"的"与形容词重叠形式之后的"的"不是同一语法单位。前者是名词化标记($的_3$),后者是状态形容词词尾($的_2$)(朱德熙 1956、1982、1993)。第二,定语位置上的形容词重叠形式"一律要名词化",是体词性成分,语法意义是表示指称(朱德熙 1993),与其后的名词构成"同位性偏正结构";而定语位置上的形容词,是谓词性成分,语法意义是表示区别。两者没有可比性,不能仅凭是否加"的"而判定是词还是短语。

朱德熙(1982/2000)等许多学者都认为形容词的重叠形式是状态形容词,这是很有道理的。既然重叠形式是一个词,构成该词的成员——基式应该是语素,这种重叠过程也应是语素的重叠。

"词重叠"说带来的另一个弊端是:注重基式,忽视重叠形式;注重重叠的过程,忽视重叠的结果及其变化。这将不利于形容词重叠的深入研究。

二、"语音重叠"说值得怀疑

所谓"语音重叠"指重叠的基式是没有词汇意义的音节。

徐通锵(1997:349—350)认为:"重言的结构格式是 AA,两个字的语音形式一样,而每一个字独立出来之后本身是没有意义的。这种结构格式随着语言的发展扩大了它的编码功能,具体的表现就是实义字进入这种 AA 的结构框架,构成真正重叠的、每个字都有自己意义的复音辞。""AA 本来是一种语音结构格式,有理据性的实义字进入这种结构,就使同音的重言转化为同音同义的重叠,这是汉语理据性编码机制从非线性向线性转移的一种标志,也是音义相互转化的一种表现形式。两汉是这种转移、转化的一个关键时期。"

徐先生给我们最大的启发是,从重言到重叠有一个发展过程。同时,留给我们最大的疑惑是:如果重叠来源于叠音的重言,那么在以单音节为主的上古汉语里叠音的重言又是怎么形成的?有实义的词又是怎么进入这种没有实义的叠音结构的?说两汉是重言到重叠的关键时期,是否意味着先秦的重言都是叠音词?

许惟贤(1988)把先秦的重言区分为性质不同的两个小类。"一类叠音词之意义与其单字义绝然无关,如属象声词之丁丁、关关、许许,属形容词副词之采采(形容茂盛)、蛊蛊(形容敦厚)、振振(形容众盛)、丸丸(形容高大挺直)、营营(状往来飞动)、汕汕(状鱼游水),皆见于《诗经》。此类性质当为单纯词。""一类叠音词之意义即由其单字义生成,其结构关系如同等义并列复合词。"如"惕惕",《诗经·陈风·防有鹊巢》:"心焉惕惕。"为忧惧之状。而《周易·乾》:"夕惕若厉。"《释文》引郑注:"惧也。"

看来,先秦的重言中,有一部分就已经被学者们证明是单音状态形

容词的重叠。被太田辰夫认为是叠音词的"翩翩""濛濛"等,基式也是可独用的。例如:

(7)翩彼飞鸮,集于泮林。(诗经·鲁颂·泮水)
(8)我来自东,零雨其濛。(诗经·豳风·东山)

"翩"与"翩翩"都是"疾飞之貌";"濛"与"濛濛"都是"雨貌"。

而那一类"叠音词之意义与其单字义绝然无关"的重言词也很难说就是语音重叠。我们怀疑的理由有如下几点:

第一,上古找不到基式的 AA 式重叠的确很多。以《诗经》为例,基式有独用例的 AA 式重言只有 95 例,而基式没有独用例的 AA 式重言有 258 例。但基式见不到独用例并不能证明它就是无意义的音节。状态形容词与拟声词不同,是有词汇意义的。如果是叠音,那么基式与重叠式就都是音节,都没有词汇意义。两个没有意义的音节又怎么会产生出词汇意义?

第二,上古既然存在单音状态形容词,叠音状态形容词就应该是单音的强化形式。先有单音状态形容词,然后有单音词加词尾的形式和重叠形式,这应是历史发展的一种先后顺序。AA 式叠音词的出现与这种发展趋势不相符合,而且也说不清它是如何形成的。

第三,AA 式重言词出现时间较早,因方言语音的影响、意义的模糊等原因,读音和字形都极易发生变化。根据现见的字形,很难找到原有的基式。例如,《诗经·大雅·板》:"老夫灌灌。""灌灌"在此的意义是很诚恳的样子。"灌"本是水名,与"诚恳"之义了不相涉。仅从"灌灌"的字形上看,易判定为语音重叠。毛传:"灌灌犹款款也。"原来,"灌灌"的本字是"款款",而"款"是可以独用的。《广雅·释诂》:"款,诚也。"这种情形提醒我们,有许多所谓叠音词实际应是单音状态形容词的重叠。它们的字形极易变化,这也是我们误认它们为叠音词的原因之一。

第四,越早的单音状态形容词描写的对象越具体,使用的面越窄,它们的独用例越不容易保留下来。金守拙（Kennedy 1959）就发现：在《诗经》里，"用在叠音形式中的汉字通常是最不常见的，用在《诗经》中的 360 个汉字中，就有 139 个汉字除了出现在叠音形式中不出现于他处。他们好像是为这个特别的组织而造出来的"。（参见周法高 1962：102）对此，一种合理的解释是：描写的对象越专，字形也就越偏。又专又偏的词，它的用例肯定不容易保留下来。

第五，从历史发展的角度看，《诗经》中基式独用的重言词，后代使用的频率越来越高。基式不独用的重言词，多数只保留在《诗经》中，与它的独有的描写对象一起成为了历史。这说明语义范围较宽的单音状态形容词，大多都能找到独用的例子，而且容易流传后世；语义范围较窄的单音状态形容词，只见叠用例，难以见到独用例，而且不易流传后世。

总之，所谓语音重叠、语素重叠、词重叠，表面上是有的基式是音节、有的基式是语素、有的基式是词的问题，实际上是基式语义范围宽窄的问题。语义范围越宽，基式的独立性越强；语义范围越窄，基式的独立性越弱。单音性质形容词的语义范围最宽，不能独用的单音状态形容词的语义范围最窄。因此，那些不能独用的单音状态形容词最容易被处理为叠音词。拟声词有语音重叠，是因为它的基式本就是无意义的音节；说形容词有语音重叠，这还需要进一步研究。

第三章 形容词 AA 式重叠的历史发展

　　形容词 AA 式重叠有两类：一类是单音状态形容词的重叠，如"彤彤"；一类是单音性质形容词的重叠，如"红红的"。前者又叫"重言"，先秦已大量出现；后者到唐宋才成系统地出现。为了称说的方便，单音状态形容词的重叠我们称之为 AA 式重言；单音性质形容词的重叠我们称之为 AA 式重叠。本章的目的是考察并论证 AA 式重言向 AA 式重叠的演化过程；同时，弄清 AA 重叠形式在结构、功能和语法意义等方面的发展。全章分五节：第一节，先秦 AA 式重言的概貌；第二节，两汉魏晋 AA 式重言的发展；第三节，唐宋两种 AA 式重叠的历时替换；第四节，元明清 AA 式重叠的发展；第五节，结论。

第一节　先秦 AA 式重言的概貌

　　本节首先探讨形容词重叠的起源问题，然后分析重言与单音状态形容词重叠的关系，重点弄清先秦 AA 式重言在结构、功能、意义和语音变化方面的特点。

一、形容词重叠出现的动因

　　AA 式重言是形容词所有重叠格式中出现得最早的重叠形式。早期的 ABB 格式和 AABB 格式都是由 AA 式重言派生的。探讨 AA 式重言出现的动因也就是探讨形容词重叠出现的动因。

　　可能受文体的影响，甲骨文文献中没有见到任何词类的重言形式

(张玉金 2001:100)。西周金文中已能见到"赳赳""穆穆"等为数不多的几个重言词了(徐振邦 1998:4)。《诗经》是韵文作品,重言形式已特别发达,共有 AA 式重言词 353 个(向熹 1980)。我们将以《诗经》《楚辞》等先秦作品为基础探索 AA 式重言出现的动因。

AA 式重言的出现可能与单音状态形容词的功能弱化有关,因此有必要对单音状态形容词的使用情况进行考察。

(一)先秦单音状态形容词的独用

杨建国(1979)、郭锡良(2000)发现,先秦的单音状态形容词可以独用。例如:

(1)有美一人,清扬婉兮。(诗经·郑风·野有蔓草)
(2)子之丰兮,俟我乎巷兮。(诗经·郑风·丰)
(3)溯洄从之,道阻且跻。(诗经·秦风·蒹葭)
(4)猗嗟昌兮,顾而长兮。(诗经·齐风·猗嗟)
(5)出涕沱若,戚嗟若。(周易·离·六五)
(6)恭而无礼则劳,慎而无礼则葸。(论语·泰伯)
(7)胸中不正,则眸子眊焉。(孟子·离娄上)
(8)华而睆,大夫之箦与?(礼记·檀弓上)

以上各例中的"婉、丰、跻、顾、沱、葸、眊、睆"等都是单音状态形容词,都可以单独充当句子成分。

(二)先秦单音状态形容词独用的语用功能

先秦的单音状态形容词的语用功能是描写情貌,这可以从古人的解释和今人的分析两方面得到证明。

古代学者对先秦单音状态词的解释大多冠以"貌"字或"然"字。例如:

(9)裳裳者华,其叶湑兮。(诗经·小雅·裳裳者华/毛传:"湑,盛貌。")
(10)北风其喈,雨雪其霏。(诗经·邶风·北风/毛传:"霏,甚貌。")

(11)蓼彼萧斯,零露湑兮。(诗经·小雅·蓼萧/毛传:"蓼,长大貌。")

(12)赫如渥赭,公言锡爵。(诗经·邶风·简兮/毛传:"赫,赤貌。")

(13)驿驿其达,有厌其杰。(诗经·周颂·载芟/毛传:"有厌其杰,言杰苗厌然特美也。")

"湑、霏、蓼、赫、厌"等单音状态形容词,毛传都用"××貌"或"××然"来解释。这表明:在古代学者看来,单音状态形容词就是表情貌、表描写性的。

现代学者同样认为单音状态形容词是描写情貌的。杨建国(1979)认为:"从意念上看,状态词或者绘景,或者拟声,总之,都是用来描摹事物的某种状态。"

(三)先秦单音状态形容词使用的受限性与重言的产生

对《诗经》和《论语》中单音状态形容词的使用情况全面考察后我们发现:它们在先秦的使用已受到很大限制,纯粹单用的较少,重言用的最多,其次有带词尾或加衬字使用的。

1. 单音状态形容词的重言

单音状态形容词在先秦的一种主要的使用方式就是重言。如例9至14的"湑、霏、蓼、赫、厌、翩"等又都可以构成重言。例如:

(14)有杕之杜,其叶湑湑。(诗经·唐风·杕杜)

(15)今我来思,雨雪霏霏。(诗经·小雅·采薇)

(16)蓼蓼者莪,匪莪伊蒿。(诗经·小雅·蓼莪)

(17)赫赫炎炎,云我无所。(诗经·大雅·云汉)

(18)厌厌其苗,绵绵其麃。(诗经·周颂·载芟)

(19)翩翩者鵻,载飞载下。(诗经·小雅·四牡)

2. 单音状态形容词带词尾

除重言外,先秦的单音状态形容词还可以带表状态的词尾"然、若、如、尔、而、焉"等。例如:

(20)则人臣莫敢妄言矣,又不敢默然矣。(韩非子·南面)
(21)巽在床下,用史巫纷若。吉,无咎。(周易·巽)
(22)君召使摈,色勃如也。(论语·乡党)
(23)夫子莞尔而笑。(论语·阳货)
(24)猗嗟昌兮,颀而长兮。(诗经·齐风·猗嗟)
(25)诸侯其谁不欣焉望楚而归之。(左传·昭公元年)

3. 单音状态形容词配衬字使用

在《诗经》中,单音状态形容词还常与"有、其、斯、思"等衬字联合使用,以增强描写性。例如:

(26)子兴视夜,明星有烂。(诗经·郑风·女曰鸡鸣)
(27)兄弟不知,咥其笑矣。(诗经·卫风·氓)
(28)朱芾斯皇,室家君王。(诗经·小雅·斯干)
(29)思媚其妇,有依其士。(诗经·周颂·载芟)

不管是加衬字、加词尾或是重言,都说明了一个问题:先秦的单音状态形容词独用性已很差,表情貌的功能弱化,需要其他的手段来支持其描写性。

在强化单音状态形容词描写性的各种方式中,哪一种方式最具有优势呢?我们对《诗经》《论语》和《楚辞》的单音状态形容词的使用情况进行了穷尽性的调查,得出如下统计数据:

	诗经	论语	楚辞
单音状态词独用	304	13	93
单音状态词带词尾	10	20	13
单音状态词配衬字	99		
单音状态词重言	353	32	224

从上表可以发现如下几个问题：

第一，协助单音状态形容词增强其描写性的各种方式中，重言的用例最多，是最重要的方式。

第二，从《诗经》到《楚辞》，单音状态形容词独用的越来越少，《楚辞》中独用的单音状态形容词不到《诗经》的三分之一。

第三，从《诗经》到《楚辞》，单音状态形容词带词尾的用例有增多的趋势。

第四，从《论语》与《诗经》《楚辞》的比较看，散文使用各类状态形容词比韵文少得多，单音状态形容词在散文中的独用就更少。

上面的调查至少说明了一点：在单音状态形容词描写性减弱的过程中，有多种方式都试图配合单音状态词增强其描写性，而重言是最重要的一种方式。因此，我们认为汉语形容词 AA 式重言产生的动因是先秦单音状态形容词语用功能的弱化。

二、重言与单音状态形容词的 AA 式重叠

重言是一个很笼统的概念。在先秦，单音状态形容词的重叠叫重言，单音动词、名词、拟声词的重叠也叫重言。基式有独用例的叫重言，基式找不到独用例的也叫重言。

就先秦而言，基式找不到独用的重言多，基式有独用例的重言少。在基式独用的重言中，形容词的重叠多，动词、拟声词、名词的重叠少。

为了准确了解先秦重言中基式独用的情况，我们对《诗经》中的 353 个重言词的 421 次用例进行了详尽的分析。在分析中，做到了如下几点：第一，确定某重言词的基式是否独用，以《诗经》中出现的单用例为准，其他文献的单用例一律不参考。因为《诗经》是较早的作品，用比它晚的文献证明，得出的结论不一定可靠。这就是曹先擢（1980）提

出的"以本书证本书"的方法①。第二,确定某重言词的基式是否独用,以基式和重言词的意义相同相近为准。仅仅是字形相同而意义上没有联系的,不是重叠关系。第三,基式和重言词的意义以历代的注解为准,其中毛传、郑笺是主要参考②。

分析发现:《诗经》353 个重言词,有 95 个词的基式在《诗经》中可以独用。其中,单音状态形容词 73 例,单音动词 14 例,单音名词 4 例,单音拟声词 4 例。现举例说明如下:

(一)单音状态形容词的重叠

(30)葛之覃兮,施于中谷,维叶萋萋。(诗经·周南·葛覃/毛传:"萋萋,茂盛貌。")

卉木萋止,女心悲止。(诗经·小雅·杕杜/清·陈奂《毛诗传疏》:"萋,犹萋萋也。")

(31)未见君子,忧心忡忡。(诗经·召南·草虫/毛传:"忡忡,犹衝衝也。")

不我以归,忧心有忡。(诗经·邶风·击鼓/毛传:"忧心忡忡然。")

(32)秩秩斯干,幽幽南山。(诗经·小雅·斯干/毛传:"幽幽,深远也。")

---

① 曹先擢在《〈诗经〉叠字》一文中讨论"叠字在意义上与单字的派生关系"时,肯定了邵晋涵和王筠注意到了"叠字"(如"丕丕")和"单字"(如"丕")在意义上的派生关系,把叠字分为两类:一类是"叠字与单字的意义基本相同",如"丕丕"与"丕"都有"大"义;另一类是"叠字与单字意义不相涉",如"居居"与"居"。前者有"喜"义,后者无"喜"义。在判定某些具体的叠字与单字在意义上是否有派生关系时,王筠的方法有两个:一、直观法。如"灼灼其华",他凭直观认定"灼灼"是"灼"的重叠。二、根据古代字书,主要是《说文》。曹先生对这两种做法提出了批评,指出:"在研究诗经叠字与单字在意义上派生关系问题时,比较稳妥的办法是以本书证本书,即对诗经中叠字与单字的使用情况进行考察,凡叠字的单字在诗经中能独立运用,而叠字的意义与单字的意义或相同,或基本相同,或相关,那么就认为这个叠字与单字有派生关系。"笔者以为,曹先生所指的这种派生关系,就是我们要讨论的重叠关系。

② 在处理此类问题时,我们主要参考了向熹的《诗经词典》。

第一节 先秦 AA 式重言的概貌

出于幽谷,迁于乔木。(诗经·小雅·伐木/毛传:"幽,深也。")

(33)此令兄弟,绰绰有裕。(诗经·小雅·角弓/毛传:"绰绰,宽也。")

宽兮绰兮,猗重较兮。(诗经·卫风·淇奥/毛传:"绰,缓也。")

(二)动词的重叠

(34)二子乘舟,汎汎其景。(诗经·邶风·二子乘舟/王先谦《集疏》:"汎,浮貌,重言之曰汎汎。")

汎彼柏舟,亦汎其流。(诗经·邶风·柏舟/毛传:"汎汎,流貌。")

(35)招招舟子,人涉卬否。(诗经·邶风·匏有苦叶/毛传:"招招,号召之貌。"王先谦《集疏》:"《鲁》说曰:以手曰招,以言曰召。")

左执簧,右招我由房。(诗经·王风·君子阳阳/郑笺:"左手持笙,右手招我。")

有些词(如"悠")兼有动词和形容词两种用法,也就有两种不同词性的重叠。例如:

(36)青青子衿,悠悠我心。(诗经·郑风·子衿/毛传:"悠悠,忧也。")

悠哉悠哉,辗转反侧。(诗经·周南·关雎/毛传:"悠,思也。")

(37)悠悠苍天,此何人哉?(诗经·王风·黍离/毛传:"悠悠,远意。")

山川悠远,维其劳矣。(诗经·小雅·渐渐之石/陈奂《传疏》:"悠,亦远也。")

例 36 的"悠"是动词,"思念"的意思;例 37 的"悠"是形容词,"远"

的意思。

（三）名词的重叠

(38) 禾役穟穟,麻麦幪幪。（诗经·大雅·生民/毛传:穟穟,苗好美也。《说文·禾部》:"穟,禾穗之貌。《诗》曰:禾颖穟穟。"）

彼有遗秉,此有滞穗。（诗经·小雅·大田/朱熹《集传》:"此有滞漏之禾穗也。"）

"穗"就是"穟"。

(39) 楚楚者茨,言抽其棘。（诗经·小雅·楚茨/毛传:"楚楚,茨棘貌。"）

翘翘错薪,言刈其楚。（诗经·周南·汉广/孔颖达《正义》:"楚亦木名。"《说文》:"楚,丛木。一名荆也。"）

（四）拟声词的重叠

(40) 伐木丁丁,鸟鸣嘤嘤。（诗经·小雅·伐木/郑笺:"嘤嘤,两鸟声也。"）

嘤其鸣矣,求其友声。（诗经·小雅·伐木/向熹《诗经词典》:"嘤,鸟叫声。"）

(41) 坎坎鼓我,蹲蹲舞我。（诗经·小雅·伐木/郑笺:"为我击鼓坎坎然。"）

坎其击鼓,宛丘之下。（诗经·陈风·宛丘/毛传:"坎坎,击鼓声。"《集传》:"坎,击鼓声。"）

从上述的分析中可以看出:先秦所谓"重言",主要是状态形容词的重叠。以《诗经》中基式独用的重言来看,状态形容词重叠的比例在各类词的重叠中占到 77%。

三、先秦 AA 式重言的结构

（一）基式在结构上的特点

先秦，AA式重言的基式在结构上的一个显著特点就是独立性较差。有许多AA式重言的基式都找不到独用的例子。韵文与散文相比，韵文中AA式重言的基式可独用性比散文的差。就基式的可独用性，我们作了一个调查。韵文的调查以《诗经》为例，散文的调查以《孟子》为例。具体情形如下表：

	《诗经》	《孟子》
重言词总数	353	38
基式独用的重言词数	95	21
基式独用词的百分比	26.9%	55.2%

《诗经》中，基式可独用的AA式词只占到整个重言词的26.9%；《孟子》中，基式可独用的比例达到了55.2%。

有些可重叠的单音状态形容词，不重叠时多带词尾。例如：

(42) 如神龙变化，斐斐文章。（韩诗外传·卷五）

吾党之小子狂简，斐然成章，不知所以裁之。（论语·公冶长）

(43) 欲少留此灵琐兮，日忽忽其将暮。（楚辞·离骚）

桀纣罪人，其亡也忽焉。（左传·庄公十一年）

"斐"可重叠为"斐斐"，不重叠时带词尾"然"；"忽"可重叠为"忽忽"，不重叠时带词尾"焉"。

有些AA式重言词写成了同音的其他形式，因此基式的独用不易被发现。例如，《诗经·大雅·板》："天之方蹶，无然泄泄。"马瑞辰《毛诗传笺通释》："泄泄，实多言之貌。"可"泄"根本没有多言的意思，于是容易把"泄泄"看作是叠音词。《说文·言部》："詍，多言也。《诗》曰：无然詍詍。"原来，"泄泄"的本来字形应为"詍詍"。查阅其他文献发现，"詍"有"多言"义，而且可以单用。例如，《荀子·解蔽》："辩利非以言是，则谓之詍。"杨倞注："詍，多言也。"

有些AA式重言词甚至写成了音近的字，基式的独用性更不易被发觉。例如,《孟子·万章下》:"与乡人处,由由然不忍去也。"《韩诗外传》引此句为"愉愉然不去也。""愉""愉愉""由由"都指高兴的样子。"愉"可独用。"愉"与"由"同声母不同韵部,是音近字。

(二)重言形式在结构上的特点

先秦,不仅单音状态形容词带词尾,AA式重言词也有带词尾的现象。我们调查了先秦的《诗经》《楚辞》两部韵文作品;又调查了《尚书》《周易》《左传》《论语》《孟子》等五部散文作品,发现:在韵文中,AA式重言都不带词尾①;在散文中,AA式重言多带词尾"焉、乎、然、如、尔"等。例如:

(44)如有一介臣,断断猗无他技;其心休休焉,其如有容。(尚书·秦誓)

(45)周监於二代,郁郁乎文哉!(论语·八佾)

(46)举欣欣然有喜色。(孟子·梁惠王下)

(47)有鄙夫问於我,空空如也。(论语·子罕)

(48)子思以为鼎肉使己仆仆尔亟拜也,非养君子之道也。(孟子·万章下)

各部散文带词尾的情形如下表:

词尾\著作	焉	乎	如	然	尔
《周易》					
《尚书》	1				
《左传》	4	4			
《论语》			6	10	2
《孟子》	3	4	2	13	1

---

① 韵文的句式限制了AA式重言带词尾。

由上表可以发现如下事实：

第一，早期著作《周易》AA式重言都不带词尾，晚期的《孟子》带词尾的数量多，词尾的种类也多。

第二，词尾"然"出现的时间晚，但用例最多。

以上五部著作中，带词尾的AA式重言总计50例。其中作谓语的29例，作状语的19例，作定语的1例，作宾语的1例。这种现象证明了AA式重言在作谓语时描写性易于弱化，需要用词尾加强其描写性。

四、先秦AA式重言的语法功能

（一）基式的语法功能

杨建国(1979)的研究发现："先秦散文中，单音节状态词数量不多，仅出现在谓语位置上。"散文中的单音状态形容词主要作谓语，那么韵文中的单音状态形容词的功能如何呢？

我们调查了《诗经》中可重叠的单音状态形容词的功能，发现它们可以作谓语、状语和定语。

作谓语的如：

(49) 顾瞻周道，中心怛兮。（诗经·桧风·匪风）

(50) 月出皎兮，佼人僚兮。（诗经·陈风·月出）

(51) 舒夭绍兮，劳心惨兮。（诗经·陈风·月出）[1]

作状语的如：

(52) 睠言顾之，潸焉出涕！（诗经·小雅·大东）

---

[1] 此三例的单音状态形容词都是可重叠的。例如，《诗经·齐风·甫田》："无思远人，劳心怛怛。"《诗经·小雅·白驹》："皎皎白驹，食我场苗。"《诗经·小雅·正月》："忧心惨惨，念国之为虐。"

(53) 鸿雁于飞,哀鸣嗸嗸。(诗经·小雅·鸿雁)①

作定语的如:

(54) 振鹭于飞,于彼西雝。(诗经·周颂·振鹭)

(55) 出于幽谷,迁于乔木。(诗经·小雅·伐木)②

通过统计发现:《诗经》中可重叠的单音状态形容词 73 例,使用共 80 次。其中作谓语的 71 次;作状语的 3 次;作定语的 6 次。可见,在韵文中单音状态形容词也主要是作谓语。

(二)重言形式的语法功能

先秦时期,AA 式重言也主要作谓语,例如:

(56) 四牡彭彭,王事傍傍。(诗经·小雅·北山)

(57) 滔滔孟夏兮,草木莽莽。(楚辞·九章·怀沙)

(58) 大隧之中,其乐也融融。(左传·隐公元年)

(59) 子路,行行如也。(论语·先进)

(60) 源泉混混,不舍昼夜。(孟子·离娄下)

曹先擢(1980)在谈到《诗经》AA 式重言的功能时,认为它们有作补语的,如"鸡鸣喈喈""鸟鸣嘤嘤""将其来施施"。此说可商。我们考察了先秦其他典籍和魏晋时的 AA 式重言,只发现战国以后个别的 AA 作补语的用例,为何《诗经》中就有作补语的呢? 我们认为,曹先生所说的补语都还是谓语。不同的是,其他的谓语描写的对象是名词,这种类似补语的谓语描写的对象不是名词,而是有动词构成的主谓结构或谓词性结构所代表的事件。如"鸡鸣喈喈"应是指"鸡的鸣声喈喈"。"喈喈"不是补语,而是谓语。有时整个主语还可以是两个动词连用所表示的情状。例如:

---

① 此两例的单音状态形容词也可以重叠。例如:《诗经·小雅·小明》:"念彼共人,睠睠怀顾。"《诗经·小雅·蓼莪》:"哀哀父母,生我劬劳。"

② "振"也可以重叠。《诗经·鲁颂·有駜》:"振振鹭,鹭于飞。""幽"的重叠例参见例 32。

(61)言笑晏晏,信誓旦旦。(诗经·卫风·氓)

此指"言笑"的情状"晏晏"。

《楚辞》中,AA式重言词还可以与别的状态词联合作谓语。例如:

(62)凤凰翼其承旂兮,高翱翔之翼翼。(楚辞·离骚)

此句中,"凤凰"是主语,"翱翔"和"翼翼"都是用来描写凤凰的,都是谓语。

先秦的AA式重言也可以作状语。例如:

(63)余一人无日忘之,闵闵焉如农夫之望岁,惧以待时。(左传·昭公三十二年)

(64)女嬃之婵媛兮,申申其詈予。(楚辞·离骚)

AA式重言也有作定语的。例如:

(65)谦谦君子,用涉大川,吉。(周易·谦)

(66)敢昭告于皇皇后帝。(论语·尧曰)

先秦,个别的AA式重言可作小句主语。例如:

(67)余固知謇謇之为患兮,忍而不能舍也。(楚辞·离骚)

有极少数的AA式重言还可以用于动词和介词之后作宾语。例如:

(68)夫子言之,於我心有戚戚焉。(孟子·梁惠王上)

(69)祸之所由生也,生自纤纤也。(荀子·大略)

为了较为全面地了解先秦文献中AA式重言的功能,我们调查并统计了《诗经》《楚辞》《尚书》《周易》《左传》《论语》《孟子》等7部著作中AA式重言的用法。AA式重言《诗经》共353词,使用421次;《周易》共23词,使用47次;今文《尚书》共37词,使用45次;《论语》共32词,使用43次;《孟子》共38词,使用60次。《左传》共43词,使用51次,但引用《诗经》21次,引用《尚书》2次。我们实际只讨论《左传》新出现的28次的功能。《楚辞》只统计了先秦作者屈原、宋玉的《离骚》《九歌》

《九辩》《九章》等作品，共 127 词，使用 168 次。

AA 式重言的具体用法如下表：

	《诗经》	《尚书》	《周易》	《左传》	《论语》	《孟子》	《楚辞》
总例数	421	45	47	28	43	60	168
作谓语	332	24	41	21	36	28	123
作定语	59	10	2	3	3	3	27
作状语	30	11	4	4	4	23	16
作主语						1	2
作宾语						5	

从上表可以发现如下事实：

第一，先秦，无论是韵文中还是散文中，AA 式重言主要作谓语，作定语和作状语是其很次要的功能，作主宾语是个别现象。这与其基式的功能正相吻合。

第二，在《孟子》中，AA 式重言作状语的比例明显加大。

五、先秦 AA 式重言的意义

AA 式重言的意义与其基式单音状态形容词的语义特征有关，因此讨论形容词性 AA 式重言的意义之前有必要分析一下单音状态形容词的语义特征。

(一)单音状态形容词的语义特征

单音性质形容词有概括性和抽象性，因此修饰的对象广泛，可以受程度词的修饰。单音状态形容词的语义特征则是形象性和具体性。

1. 形象性

形象性是针对抽象性而言的，指的是具体的形象感。性质形容词中只有抽象的概念，状态形容词中往往包含具体的形象。例如：我们说到"白",想到的是"黑、红、黄"等一些抽象的颜色。可当我们说"皑"时往往想到的是霜雪的形象,说"皓"与"皎"时想到的是月光的形象,说"皤"时想到的是白发的形象。提起"依依"立刻想起杨柳,谈到"灼灼"必然想到桃花。因此,古人在解释"湑、霏、蓼、赫、厌"等词时,都用"貌"去总结它。"貌"就是某种形象。

2. 具体性

与形象性相联系的是具体性。形象感是"具体而微"的,因此具有形象感的状态形容词描写的对象也不可能是一个宽泛的抽象物,一般是比较具体或是有针对性的对象。杨建国(1979)就指出:"先秦状态词意念上是'定象'的,它们各自都有自己一定的描摹对象。"例如:

(70)松桷有梴,旅楹有闲。(诗经·商颂·殷武/毛传:"梴,长貌。")

(71)鱼在在藻,有莘其尾。(诗经·小雅·鱼藻/毛传:"莘,长貌。")

(72)猗嗟昌兮,颀而长兮。(诗经·齐风·猗嗟/毛传:"颀,长貌。")

(73)四牡脩广,其大有颙。(诗经·小雅·六月/毛传:"颙,大貌。")

(74)鱼在在藻,有颁其首。(诗经·小雅·鱼藻/毛传:"颁,大首貌。")

(75)哆兮侈兮,成是南箕。(诗经·小雅·巷伯/毛传:"哆,大貌。")

(76)湛湛露斯,在彼丰草。(诗经·小雅·湛露/毛传:"丰,茂也。")

(77)菀彼桑柔,其下侯旬。(诗经·大雅·桑柔/毛传:"菀,茂貌。")

(78)隰桑有阿,其叶有难。(诗经·小雅·隰桑/毛传:"难然,盛貌。")

以上的"梴、芊、颀、颙、颁、哆、丰、菀、难"9个词都是《诗经》中的单音状态形容词,《毛传》也都用"貌"字释之。其中,"梴、芊、颀"描写的是长貌,"颙、颁、哆"描写的是大貌,"丰、菀、难"描写的是茂盛貌。如果仅据《毛传》的释义,我们已无法发现这些单音状态形容词的形象感和具体描写对象了。可能,在毛亨、毛苌所处的秦汉之际,学者们在释古词时只注意概括性的总结,不太留意揭示这些词的"定象"特征。

好在《诗经》的语句还在,有助于我们对这些词作进一步的分析。通过对《诗经》上下文分析,我们发现这些状态形容词的描写对象都比较具体。描写"长长的"状态,"梴"描写的是木头长的样子(《说文·木部》:"梴,木长貌"),"芊"描写的是鱼尾长的样子,"颀"描写的是人身材修长的样子。描写"大大的"状态,"颙"描写的是马头大的样子(《说文·页部》:"颙,大头也"),"颁"描写的是鱼头大的样子(《广韵·文韵》:"颁,鱼大首"),"哆"描写的是骂人的嘴张得大大的样子。描写"茂盛"的状态,"丰"描写的是草茂盛之状,"菀"描写的是树木茂盛之状,"难"描写的是树叶茂盛之状。"梴、芊、颀、颙、颁、哆、丰、菀、难"与"长、大、茂盛"相比,其描写对象非常有限,也比较具体。它们表状态的意义总是与其描写对象的形象同时存在的。

(二)AA式重言的语法意义

先秦AA式重言的语法意义是否像现代汉语的AA式重叠一样,"表状态"(刘丹青1986),"确立一个程度"(石毓智1996),或表示一种"主观估价"呢?回答此问之前,我们先看看古代学者对AA式重言意义的认识。汉代学者毛亨、毛苌较早就注意到此类语言现象。我们首先分析一下《毛传》对此类词的注解。

(79)北风其喈,雨雪其霏。(诗经·邶风·北风/毛传:"霏,甚貌。")

(80)今我来思,雨雪霏霏。(诗经·小雅·采薇/毛传:"霏霏,甚貌。")

(81)蓼彼萧斯,零露湑兮。(诗经·小雅·蓼萧/毛传:"蓼,长大貌。")

(82)蓼蓼者莪,匪莪伊蒿。(诗经·小雅·蓼莪/毛传:"蓼蓼,长大貌。")

(83)简兮简兮,方将万舞。(诗经·邶风·简兮/毛传:"简,大也。")

(84)降福简简,威严反反。(诗经·周颂·执竞/毛传:"简简,大也。")

以上解释并不是《毛传》的全部。从中我们不难发现,汉代学者主要是解释这些词的词汇意义,并没有分析它们的语法意义。更重要的是,他们往往把单音状态形容词的意义和它们重言形式的意义等同起来,基本没有意识到AA式重言语法意义的存在。如"霏"与"霏霏"都是"甚貌";"蓼"与"蓼蓼"都是"长大貌";"简"与"简简"都是"大也"。

秦汉的学者,不管是《毛传》的作者还是《尔雅》的作者,他们对同义词的看法与现代学者有些出入,在解释这些AA式重言词时,往往用一个简单的性质形容词去解释许多意义并不真正相同的重言词。如:对"莘莘、镳镳、苍苍、耳耳、牂牂、赫赫、菁菁、瀰瀰、莫莫、幪幪、泥泥、芃芃、蓬蓬、萋萋、青青、瀼瀼、啍啍、焞焞、洋洋、夭夭、猗猗、印印、彧彧、蓁蓁"等,统统用一个"盛"字释之;对"僐僐、采采、济济、栗栗、泳泳、祁祁、穰穰、陾陾、诜诜、牲牲、麌麌、噳噳、增增、溱溱"等,统统用一个"众"字释之;对"恟恟、惨惨、忡忡、惙惙、怛怛、切切、京京、烈烈、悄悄、钦钦、惸惸、愽愽、悠悠、殷殷、弈弈"等,统统用一个"忧"字释之。如此释义的后果一是混淆了性质形容词与状态形容词的不同,二是抹杀各重言词之间的区别,淡化它们表义的具象性,让我们无从把握 AA 式重言的语法意义。这种释义方式对后世的影响相当大,因此,历代对 AA 式重言语法意义的探讨也并不多见。

南北朝时期,文学评论家刘勰对重言的语法意义有过中肯的分析。《文心雕龙·物色》谈到《诗经》的状态词时有这样一段话:"是以诗人感物,联类不穷。流连万象之际,沈吟视听之区。写气图貌,既随物以宛转;属采附声,亦与心而徘徊。故灼灼状桃花之鲜,依依尽杨柳之貌;杲杲为日出之容,瀌瀌拟雨雪之状;喈喈逐黄鸟之声,喓喓学草虫之韵。皎日嘒星,一言穷理,参差沃若,两字穷形。并以少总多,情貌无遗矣。"

这段话对于研究状态形容词来说可谓精辟至极。一方面,它指出了状态形容词的种类:有单音状态形容词"皎"和"嘒";有重言式状态形容词"灼灼""依依";有联绵式状态形容词"参差";有带词尾的状态形容词"沃若"。另一方面,它高度概括了状态形容词的语法意义——"情貌"。

用今天的话来说,先秦 AA 式重言词的语法意义是描摹事物的各种状态,也就是所谓的"写气图貌,既随物以宛转"。这就是说,与今天的 AA 式重叠相比,先秦的 AA 式重言虽然也表状态,但表现的是"具象状态",不是泛化状态。"灼灼"必有桃花之鲜,"依依"必具杨柳之貌,"杲杲"必现日出之容,"瀌瀌"必呈雨雪之状,这样才会表现"情貌"。

把刘勰的总结推广开来,我们的确能发现《诗经》中的重言大多含有具体的物象。下面是被《毛传》解释为"盛"义的一组重言词:

(85) 蒹葭苍苍,白露为霜。(诗经·秦风·蒹葭/毛传:"苍苍,盛也。")

(86) 麻麦幪幪,瓜瓞唪唪。(诗经·大雅·生民/毛传:"幪幪然茂盛也。")

(87)芃芃棫朴,薪之槱之。(诗经·大雅·棫朴/毛传:"芃芃,木盛貌。")

(88)瞻彼淇奥,绿竹猗猗。(诗经·卫风·淇奥/毛传:"猗猗,美盛貌。")

(89)疆埸翼翼,黍稷彧彧。(诗经·小雅·信南山/毛传:"彧彧,茂盛貌。")

(90)菶菶萋萋,雝雝喈喈。(诗经·大雅·卷阿/毛传:"梧桐盛矣,凤凰鸣矣。")

上例中的"苍苍、幪幪、芃芃、猗猗、彧彧、菶菶、萋萋"虽然都描写了茂盛的状态,但描写的对象各不相同。"苍苍"描写的是蒹葭的茂盛,"幪幪"描写的是麻麦的茂盛,"芃芃"描写的是树木的茂盛,"猗猗"描写的是绿竹的茂盛,"彧彧"描写的是黍稷的茂盛,"菶菶""萋萋"描写的是梧桐的茂盛。这些 AA 式重言词在表状态的同时都含有各自所描写对象的形象,因此表现的是"具象状态"。

进一步分析,我们又发现:即使是描写植物叶片的茂盛,随各种植物叶片的不同,所使用的重言词也不一样。例:

(91)桃之夭夭,其叶蓁蓁。 (诗经·周南·桃夭/毛传:"蓁蓁,至盛貌。")

(92)有杕之杜,其叶菁菁。 (诗经·唐风·杕杜/毛传:"菁菁,叶盛貌。")

(93)东门之杨,其叶牂牂。 (诗经·陈风·东门之杨/毛传:"牂牂然,盛貌。")

(94)维柞之枝,其叶蓬蓬。 (诗经·小雅·采菽/毛传:"蓬蓬,盛貌。")

(95)敦彼行苇……维叶泥泥。 (诗经·大雅·行苇/郑笺:"草物方茂盛。")

(96) 葛之覃兮……维叶莫莫。(诗经·周南·葛覃/朱熹《集传》:"莫莫,茂密貌。")

由上例可知,《诗经》的作者们描写桃叶的茂盛用"蓁蓁",描写杜叶的茂盛用"菁菁",描写杨叶的茂盛用"牂牂",描写柞叶的茂盛用"蓬蓬",描写芦苇叶的茂盛用"泥泥",描写葛叶的茂盛用"莫莫"。

同样是与人交往和言谈,孔子"与下大夫言,侃侃如;与上大夫言,誾誾如也。君在,踧踖如也,与与如也"。对象不同,用于描摹的重言词也不一样。由于没有具体的话语环境了,我们现在已不清楚"侃侃""誾誾""与与"是一种什么样的情态。

更不清楚的是,在"忧心忉忉、忧心忡忡、忧心惙惙、忧心京京、忧心钦钦、忧心烈烈、忧心悄悄、忧心惸惸、忧心慇慇""劳心草草、劳心怛怛、劳心忉忉、劳心慱慱"等句子中,"忉忉、忡忡、惙惙、京京、钦钦、烈烈、悄悄、惸惸、慇慇、草草、怛怛、忉忉、慱慱"等这些重言词的具体情貌又是怎样的呢?它们又怎一个"忧"字了得?

随着"此情此景"的消逝,虽然有一些重言词的具体情貌已不清楚了,但它们表具象状态(不是泛化状态)的语法意义还是比较清楚的。又因为单音状态形容词描写的对象过于具体,概括性不强,不具有量的特征,因此由它们构成的 AA 式重言也就不表程度,也看不出有"主观估价"的意义。

基式的语义特征决定了重言形式的语法意义。单音状态形容词形象而具体的特征是 AA 式重言表具象状态这一语法意义产生的根据。

六、先秦 AA 式重言的音变

学者们都注意到,先秦的 AA 式重言有变声变韵的现象。如何判定一个复音节词就是 AA 式重言的变形重叠式呢?

孙景涛(1998)提出了区分这类变形重叠形式的三个步骤:(Ⅰ)先

看这个双音形式中是否有一个可以独立运用于他处的音节(语素),如果有,便有可能是派生形式①;(Ⅱ)要看这个音节(语素)跟这个双音形式是否有意义上的联系。如果有并且这种意义联系属于类别性的,并且只有这一个音节(语素)跟它参加构成的双音形式有这种意义联系,那么这个双音形式就是派生形式②;(Ⅲ)要看这两个构成成分之间的语音联系,如果完全相同(表现在文字上即重言),并且符合上述要求,它就是重言词,如果语音上不尽相同,但是其差别可以归入某种类型,即能找到许多平行的例子,这个双音形式仍可确定为重言词③。

根据这些标准,我们也注意到:《诗经》《楚辞》等先秦的单音状态形容词重叠后,少数有变声变韵的现象。变音的动因是为了表现生动性。现举例说明这种变音现象。

(一)AA式重言的变声现象

1. 猗猗→猗傩　　[*ia　na]④

(97)瞻彼淇奥,绿竹猗猗。(诗经·卫风·淇奥)

隰有苌楚,猗傩其枝。(诗经·桧风·隰有苌楚)

2. 崔崔→崔嵬　　[*tsʻuəi　ŋuəi]

(98)南山崔崔,雄狐绥绥。(诗经·齐风·南山)

带长铗之陆离兮,冠切云之崔嵬。(楚辞·涉江)

毛传:"崔崔,高大也。"王逸注:"崔嵬,高貌。""崔崔"与"崔嵬"都有"高"的意义,"崔嵬"是"崔崔"的变音形式。第二音节的声母由清母变为了疑母。

---

① 如:"飉发"的"发"在别处可独用。
② 如:"发"与"飉发"不仅意义上有联系,而且两词意义相同,都是"风寒"的意思。
③ 如:"发"与"飉发"声母相同,而且可以归入"逆向变韵重叠"这一个类型(参见朱德熙1982)。
④ 加"*"号表示此为拟音。一个"[ ]"内加一个"*"表示其中的音都是拟音。下同。

3. 暧暧→暧曃　　[* ɒi　t'ɒi]

(99)时暧暧其将罢兮,结幽兰而延伫。(楚辞·离骚)

(100)时暧曃其曭莽兮,召玄武而奔属。(楚辞·远游)

王逸注:"暧暧,昏昧貌。"洪兴祖补注:"暧曃,暧音爱,曃音逮。暗也。""暧暧"与"暧曃"都是"昏暗的样子","暧曃"是"暧暧"的变音形式。第二音节的声母由影母变为了透母。

(二)AA式重言的变韵现象

1. 发发→觱发　　[* piět　piwǎt]

(101)南山烈烈,飘风发发。(诗经·小雅·蓼莪)

一之日觱发,二之日栗烈。(诗经·豳风·七月)

2. 勉勉→黾勉　　[* meɑŋ　miǎn]

(102)勉勉我王,纲纪四方!(诗经·大雅·棫朴)

黾勉同心,不宜有怒。(诗经·邶风·谷风)

陆德明《经典释文》:"黾勉,犹勉勉。""勉勉"变为"黾勉",第一音节的声母不变,韵母发生了变化,由元部变为了阳部韵。

3. 烈烈→栗烈　　[* liět　lǎt]

(103)冬日烈烈,飘风发发。(诗经·小雅·四月)

一之日觱发,二之日栗烈。(诗经·豳风·七月)

毛传:"栗烈,寒气也。"郑笺:"烈烈,犹栗烈也。""烈烈"变为"栗烈",第一音节的声母不变,韵母的主要元音发生了变化。

AA式重言的变音有较强的规律性,凡变声都发生在第二个音节上;凡变韵都发生在第一个音节上①。

---

① 这可能与AA的轻重音模式有关。凡重音在第一音节者则变韵,凡重音在第二音节者则变声。总之,变音都发生在两字相邻的位置,变音的结果是所变之音比原来的音响度加大。这一点很有进一步研究的必要。

第二节　两汉魏晋 AA 式重言的发展

两汉魏晋时期是 AA 式重言的发展时期。与先秦相比，不仅只是产生了一批新的 AA 式重言词，而且在体系上发生了三方面的变化：第一，构成 AA 式重言的基式——单音状态形容词有了一些新的发展；第二，AA 式重言的结构发生了较大变化；第三，AA 式重言的功能出现了非谓语化现象。为了调查两汉魏晋 AA 式重言的使用情况，我们主要分析了四种文献。散文以《论衡》和《世说新语》为主要对象；韵文以两汉魏晋赋和《陶渊明集》为主要对象。两汉魏晋赋中，我们只对班彪、班固、傅毅、张衡、马融、王延寿、王粲、何晏、曹植、嵇康、张华、左思、潘岳、陆机、郭璞、鲍照、江淹等 17 位文人的 35 种赋中出现的 AA 式重言词进行了穷尽性的分析。

一、两汉魏晋单音状态形容词的发展

两汉魏晋时期，单音状态形容词独用的较少，带词尾的和连用的较为常见。带词尾的单音状态形容词主要出现在散文中；独用的单音状态形容词主要出现在诗赋等韵文中；连用的单音状态形容词在散文和韵文中都较常见。

（一）带词尾的单音状态形容词的发展

带词尾的单音状态形容词的变化体现在两个方面：一是词尾单一化；一是句法位置的变化。

先秦的单音状态形容词可以带"然、如、若、尔、焉"等多个词尾。两汉魏晋以后，单音状态形容词一般只带词尾"然"。例如：

(1) 道路修平，而两边棘刺森然。（南朝·齐·王琰·冥祥记）

《论衡》共有 45 个单音状态形容词带词尾，其中 42 个带"然"。只有"蕞

尔""卓尔""齐如"三个例外。而此三词都引自先秦的文献《左传》与《论语》。

先秦时期带词尾的单音状态形容词主要作谓语。两汉魏晋时期带词尾的单音状态形容词句法位置发生了很大变化，主要作状语，也有作谓语、定语和宾语的。例如：

(2)文王见棺和露，恻然悲恨。（论衡·死伪）

(3)欢然喜乐者，钟鼓之色。（论衡·知实）

(4)古贤之遗文，竹帛之所载粲然，岂徒墙壁之画哉！（论衡·别通）

(5)綝然之气见，宋、卫、陈、郑皆灾。（论衡·治期）

(6)非工伎之人有爱憎也，刀斧之加有偶然也。（论衡·幸偶）

例2、3的"恻然""欢然"作状语；例4的"粲然"作谓语；例5的"綝然"作定语；例6的"偶然"作宾语。《论衡》中，"单音状态形容词＋然"的结构共42个，使用63次。其中，作状语38次，作谓语20次，作定语3次，作宾语2次。作定语时，与中心语之间必加"之"字。

（二）单音状态形容词的独用

两汉魏晋时期，单音状态形容词极少单用，只有此期新出现的、语义较宽泛的单音状态形容词可以单用，例如：

(7)浮梁黝以径度，灵台杰其高峙。（文选·潘岳·闲居赋/李善注："《说文》曰：黝，微青黑色。"）

(8)法鼓琅以振响，众香馥以扬烟。（文选·孙绰·游天台山赋）

(9)麦秀渐兮，黍稷睢睢。（文选·向秀·思旧赋）

(10)清风朗月，辄思玄度。（世说新语·言语）

"黝、馥、渐、朗"等都是两汉魏晋时期新出现的单音状态形容词，同时都可以构成AA式重言。例如：

(11)黝黝桑柘，油油麻纻。（文选·左思·魏都赋）

(12)播芳蕤之馥馥,发青条之森森。(文选•陆机•文赋)

(13)麦渐渐以擢芒,雉鷕鷕而朝雊。(文选•潘岳•射雉赋/李善注:渐渐,含秀之貌也。)

(14)时人目夏侯太初"朗朗如日月之入怀"。(世说新语•容止)

(三)单音状态形容词的连用

在两汉魏晋时期,单音状态形容词往往是两两连用的。例如:

(15)河发昆仑,江起岷山,水力盛多,滂沛之流,浸下益盛。(论衡•效力)

"滂"与"沛"是两个单音状态形容词,它们有时还分开使用。例如:

(16)沛然之雨,功名大矣。(论衡•自然)

有时,它们各自构成重言。例如:

(17)河水沛沛,比夫众川,孰者为大?(论衡•自纪)

(18)河伯捧觞,跪进酒浆,流潦滂滂。(易林•同人之盅)

这种单音状态形容词连用的情形在韵文(特别是赋中)相当普遍。例如:

(19)文章奂以粲烂兮,美纷纭以从风。(文选•张衡•思玄赋)

(20)磷磷烂烂,采色浩汗。(文选•司马相如•上林赋)

"粲烂"就是"粲"与"烂"的连用;"浩汗"就是"浩"与"汗"的连用。

由于它们的意义多相近或相关,现今许多工具书多把它们作为复音词看待。此期的单音状态词的连用有复音化的趋向,但还不稳定。如"浩"可与"汗"连用为"浩汗",也可与"茫""洋""漫""渺"等连用为"浩茫""浩洋""浩漫""浩渺"等。它们是复音化过程中出现的现象,既可看作单音状态词的连用,也可看成是不太定型的复音词。

二、两汉魏晋AA式重言结构的发展

从结构上说,两汉魏晋的AA式重言,可分析性加强,基式能独

立①的越来越多。我们重点调查了《论衡》和两汉魏晋赋中 AA 式重言基式的独立性,得出如下数据:

	赋	《论衡》
重言词总数	174	38
基式可独立的重言词数	130	32
独立的百分比	74.7%	84.2%

从韵文的角度看,《诗经》中可独立的百分比为 26.9%,两汉魏晋赋中可独立的百分比为 74.7%。从先秦到魏晋,韵文中基式可独立的 AA 式重言词增加了 47.8%。从散文的角度看,《孟子》中可独立的百分比为 55.2%,《论衡》中可独立的百分比为 84.2%。从先秦到魏晋,散文中基式可独立的 AA 式重言词增加了 29%。

与先秦相比,两汉魏晋时期的所谓"叠音词"越来越少,而且大部分是先秦留传下来的。《论衡》中总计有所谓叠音词 6 例,全都是先秦产生的。两汉魏晋赋中,有所谓叠音词 44 例,先秦已出现的有 31 例,两汉魏晋新产生的有 13 例。

基式可独立的 AA 式重言词,又分如下几种情况:

第一,基式是两汉魏晋出现的,重言形式也是两汉魏晋出现的。例如:

(21) 飞櫩翼以轩翥,反宇轙以高骧。(文选·何晏·景福殿赋)

四门轙轙,隆厦重起。(文选·左思·魏都赋/薛综《西京赋》注曰:"轙轙,高貌也。")

(22) 苯䔿蓬茸,弥皋被风。(文选·张衡·西京赋/薛综注:"言

---

① "独立"与"独用"是两个不同的概念。"独立"是相对于先秦 AA 式重言基式只见于重叠形式中、没有独立性而言的;"独用"是相对于连用、叠用和带词尾等形式而言的。两汉魏晋的单音状态形容词独用性越来越差,但独立性越来越强。单音状态形容词带词尾、连用等都是独立性加强的一种表现。

草木炽盛,覆被于高泽及山高之上也。")

杳蔼蓊郁於谷底,森藆藆而刺天。(文选·张衡·南都赋/李善注:"皆茂盛貌也。")

(23)森奉璋以阶列,望皇轩而肃震。(文选·潘岳·藉田赋/李善注:"森,盛貌也。")

坟垒垒而接垄,柏森森以攒植。(文选·潘岳·怀旧赋)

以上三例中,"藆""蓊""森"是两汉魏晋时期新产生的单音状态形容词;"藆藆""蓊蓊""森森"是两汉魏晋时期新出现的AA式重言词。

第二,基式是先秦出现的,重言形式是两汉魏晋新产生的。例如:

(24)晔兮如华,温乎如莹。(文选·宋玉·神女赋)

迎隆冬而不凋,常晔晔以猗猗。(文选·左思·蜀都赋)

(25)恭而无礼则劳,慎而无礼则葸。(论语·泰伯/何晏集解:"葸,畏惧之貌。")

魂悚悚其惊斯,心愢愢而发悸。(文选·王延寿·鲁灵光殿赋/吕延济注:"悚悚、愢愢,皆恐惧貌。"李善注:"愢"与"葸"同。)

(26)夫宫室不崇,器无彤镂,俭也。(国语·周语下)

崇崇圆丘,隆隐天兮。(文选·扬雄·甘泉赋/李善注:"崇崇,高貌也。")

(27)静女其姝,贻我彤管。(诗经·邶风·静女)

彤彤灵宫,岿嶵穹崇。(文选·王延寿·鲁灵光殿赋)

以上四例中,"晔""葸""崇""彤"是先秦已出现的单音状态形容词;"晔晔""愢愢""崇崇""彤彤"是两汉魏晋时期新产生的AA式重言词。

第三,重言形式是先秦出现的,基式是两汉魏晋才独用的。例如:

(28)桃之夭夭,灼灼其华。(诗经·周南·桃夭/毛传:"灼灼,华之盛也。")

金沙银砾,符采彪炳,晖丽灼烁。(文选·左思·蜀都赋/李善注:"灼烁,艳色也。")

（29）磬筦将将,降福穰穰。(诗经·周颂·执竞/毛传:"穰穰,众也。")

京兆典京师,长安中浩穰,於三辅尤为剧。(汉书·张敞传/颜师古注:"穰,盛也,言人众之多也。")

（30）大隧之中,其乐也融融。(左传·隐公元年)

每一醉,则大适融然。(晋书·隐逸传·陶潜)

（31）揽茹蕙以掩涕兮,沾余襟之浪浪。(楚辞·屈原·离骚/王逸注:"浪浪,流貌也。")

温泉毖涌而自浪,华清荡邪而难老。（文选·左思·魏都赋）

以上4例中,重言形式"灼灼""穰穰""融融""浪浪"先秦已出现,它们的基式在两汉魏晋时期才见到有独用的。

第四,重言形式的字形变异与基式独用性的模糊化。

AA式重言词因意义的模糊性字形变得很不稳固,容易产生异体形式。例如,左思《魏都赋》:"腜腜坰野,奕奕菑亩。"张载注:"腜腜,美也。"《诗云》:"周原腜腜,堇荼如饴。"翻开《诗经·大雅·緜》会发现,张载引的《诗经》原句为:"周原膴膴,堇荼如饴。"原来,"腜腜"是"膴膴"的异体形式。又如,何晏《景福殿赋》:"羌环玮以壮丽,纷彧彧其难分。"李善注:"《南都赋》曰:纷郁郁其难详。"可见,"彧彧"也是"郁郁"的异体形式。

有些AA式结构因字形变异,看起来像是叠音词,因而也就不能发现其基式的独用例。如能发现其原来的形式,也就能找到独用的基式。例如：

（32）干云雾而上达,状亭亭以苕苕。（文选·张衡·西京赋）

李善注:"亭亭、苕苕,高貌也。""苕"并没有"高貌"这一义项。仅从重言的字形上判断,会误认为此词是所谓叠音词。另一版本里,"苕苕"写作"岩岩"。这才是该重言词的本来形式。曹植《九愁赋》:"践蹊隧之危阻,登岩峣之高岑。"《广韵·萧韵》:"岩峣,山高貌。"《广韵》已把"岩峣"作为一个词处理,但有用例表明,"岩峣"也应该还是两个单音状态形容词的连用。"峣"也是可以重言使用的。《汉书·扬雄传》:"直峣峣以造天兮,厥高庆而不可虖疆度。"颜师古注:"峣峣,高貌。"从上面的分析可知:"岩"重言为"岩岩","苕"是其借字。又如:

(33)含利颬颬,化为仙车。(文选·张衡·西京赋)

李善注:"含利,兽名。"吕延济注:"颬颬,开口貌。"仅从"颬颬"的字形上看,这无疑是一个叠音词。细细研究,则会发现"颬颬"是"呀呀"的异体形式。《广韵·麻韵》中,"颬""呀"在同一小韵,二者同音。《说文·口部》:"呀,张口貌。"从文献中发现,表"张口貌"的"呀"也可以独用。《魏书·崔巨伦传》:"五月五日时,天气已大热。狗便呀欲死,牛复吐出舌。"原来,"颬颬"是"呀"的重言形式。

重言的形式变化直接影响我们对其结构的分析。

与先秦相比,两汉魏晋的 AA 式重言词在结构上还有另一变化:AA 式多不带词尾了。《世说新语》中,AA 式都不带词尾;《论衡》中仅"轩轩然"一例作状语;《陶渊明集》中也仅有"怡怡如"一例作谓语,明显是仿《论语》的。两汉魏晋赋中,有"AA 然"一例,"AA 焉"4 例,"AA 乎"2 例,都作谓语。

三、两汉魏晋 AA 式重言功能的发展

两汉魏晋时期,AA 式重言的功能发生了较大变化,由先秦的主要作谓语发展到大多数作状语或定语。我们称这种现象为非谓语化。

我们全面调查了两汉魏晋赋、《陶渊明集》《论衡》《世说新语》等 4 种文献中的 AA 式重言词的功能。两汉魏晋赋所用 AA 式词 174 例,

使用287次;《论衡》有38例,使用73次;《世说新语》有57例,使用78次;《陶渊明集》有69例,使用100次。它们的具体用法如下表:

	赋	《陶渊明集》	《论衡》	《世说新语》
总例数	287	100	73	78
作谓语	119	8	17	27
作定语	99	64	33	8
作状语	69	27	15	39
作主语			2	2
作宾语		1	6	2

把上表与先秦AA式重言的功能比较,就会发现:AA式重言的功能已向状语、定语转移。在赋中,AA式重言作谓语还占有略微的优势。在《论衡》和《陶渊明集》中,作定语占优势;在《世说新语》中,作状语占优势。

在由主要作谓语向主要作状语、定语的转变过程中,AA式重言词与中心语之间出现了一定的条件限制。

AA式重言作定语时,定语与中心语之间多加结构助词"之"。例如:

(34)且所谓怒者,谁也?天神邪?苍苍之天也?(论衡·雷虚)

(35)夫庸庸之材,无高之知不能及贤。(论衡·答佞)

《论衡》共有33例AA式重言作定语,其中有30例带"之"。另有3例不带"之"的都引自先秦文献。

在两汉魏晋赋中,AA式重言作定语共99例。其中,前置定语52例,后置定语47例。47例后置定语都必须带结构助词"之"。例如:

(36)布绿叶之萋萋,结朱实之离离。(文选·左思·蜀都赋)

(37)仰神宇之寥寥兮,瞻灵衣之披披。(文选·潘岳·寡妇赋)

"萋萋"作"绿叶"的定语、"离离"作"朱实"的定语、"寥寥"作"神宇"的定语、"披披"作"灵衣"的定语等,中间都得加"之"。这种句式在口语化程度高的散文中未见,当是文人在赋中的独创。

AA式重言作状语时,状语和中心语之间多加连词"以""而"和助词"其"。例如:

(38)天泱泱以垂云,泉涓涓而吐溜。(文选·潘岳·射雉赋)

(39)日晻晻其将暮兮,觌牛羊之下来。(文选·班彪·北征赋)

"泱泱"作"垂"的状语中间加"以";"涓涓"作"吐"的状语中间加"而";"晻晻"作"将暮"的状语中间加"其"。

《世说新语》中,AA式重言作状语时,谓语动词多是"如"或"若"。例如:

(40)庾子嵩目和峤:森森如千丈松。(世说新语·赏誉)

(41)昂昂若千里之驹,泛泛若水中之凫。(世说新语·排调)

四、从先秦到两汉魏晋 AA 式重言的消长

先秦与两汉魏晋相比,AA式重言既有旧词的消亡,也有新词的产生。这种消长的背后也存在着一定的规律性。凡基式不能独用的先秦AA式重言词到魏晋时多已不再使用;反之,凡基式能独用的先秦AA式重言词在两汉魏晋时多能继续使用。例如,《诗经》中能出现于"忧心AA"这种结构中的AA式重言词有A、B两组:

A组:忡忡、悄悄、怛怛、惨惨

B组:慇慇、恛恛、悁悁、殷殷、烈烈、弈弈

其中,A组的词基式都可独用,在两汉魏晋继续使用;B组的词基式都不能独用,在两汉魏晋时已基本不见。

从使用频率上看,东汉魏晋赋中使用在5次以上者有"洋洋、峨峨、悠悠、巍巍、翼翼"等5个词。它们都出现于先秦,除"洋洋"外,它们的

基式都能独用。具有"大"义的"洋"在先秦无独用例,但汉代可独用。例如:

(42)大江浩洋,曲江有涛,竟以隘狭也。(论衡•书虚)

再看汉魏新出现的 AA 式重言词的发展。凡基式可独用且描写对象与日常生活关系密切者,后代多能继续使用。如"彤彤、皑皑、黝黝、亭亭、脉脉、迢迢、炯炯"等。凡基式能独用,但描写对象不是人们认识中最明晰、最常见的事物者,后世大多不用了。如"渐渐(麦秀貌)""乙乙""偲偲""蜿蜿""蠍蠍"等。凡基式不能独用的,使用频率也极低,描写对象也极偏,后世基本不用。如"昄昄""裔裔""慆慆""琳琳""汨汨""锷锷""狉狉""踆踆"等。

第三节 唐宋时期两种 AA 式重叠的历时替换

唐宋时期,AA 式重言在生成上是消亡期,在使用上是兴盛期。也就是说,唐宋已不再大规模地产生新的单音状态形容词的重叠形式,但先秦至魏晋产生的 AA 式重言被大量使用,使用频率极高。同时,唐宋是 AA 式重叠生成上的兴盛期,使用上的弱势期。此期产生了一批新的单音性质形容词的重叠形式,但使用频率不高。本节旨在探讨 AA 式重言向 AA 式重叠发展的动因与途径。分五部分论述:一、AA 式重言生成性的衰弱及其动因;二、AA 式重言的使用频率与描写性的弱化;三、AA 式重言结构与功能的新发展;四、AA 式重叠的出现及其动因;五、AA 式重叠对 AA 式重言的继承与发展。

一、AA 式重言生成性的衰弱及其动因

(一)AA 式重言生成性的衰弱

我们调查了《游仙窟》《寒山诗注》《白居易诗集校注》中 AA 式重言

第三节 唐宋时期两种 AA 式重叠的历时替换

的使用情况,发现唐代新产生的 AA 式重言已极少了。《游仙窟》共有 AA 式重言词 17 例,无一例是唐代新出现的。《白居易诗集校注》共有 AA 式重言词 162 个,只有"拨拨、嬉嬉、纭纭、兀兀"4 个词从外形上看是新词。《寒山诗注》共有 AA 式重言词 92 个,只有"兀兀、喷喷、侗侗、惆惆、索索、湍湍、惺惺、恬恬、矽矽、麓麓、腾腾、云云"12 个词从字形上看是新出现的。根据陈秀兰(2002:183)的研究,《敦煌变文集》中,新产生的 AA 式叠音词有 16 个,而 AA 式重言词只有"霓霓、暇暇、觅觅、吶吶、梭梭、炵炵"6 个词①。

除去重复的,四部著作中,总共有所谓新的 AA 式重言词 20 个。仔细考察,这 20 个重言词又有三种情况:

第一,有的是旧词换了新字形,实际还是旧词,如"拨拨、嬉嬉、纭纭、湍湍、矽矽、麓麓、云云、霓霓、暇暇、梭梭"等。例如:

(1)今来净绿水照天,游鱼拨拨莲田田。(白居易诗集校注·昆明春水满)

(2)弄尘复斗草,尽日乐嬉嬉。(白居易诗集校注·观儿戏)

(3)机梭声札札,牛驴走纭纭。(白居易诗集校注·朱陈村)

(4)买肉血湍湍,买鱼跳鲅鲅。(寒山诗注·买肉血湍湍)

(5)远远望何极,矽矽势相迎。(寒山诗注·平野水宽阔)

(6)青萝疏麓麓,碧涧响联联。(寒山诗注·隐士遁人间)

(7)湾深曲岛间,渺渺水云云。(寒山诗注·故林又斩新)

(8)今日总须摽贼首,斯须雾合已霓霓。(敦煌变文集·张义潮变文)

(9)眉郁翠如青山之两崇,口暇暇犹江海之广阔。(敦煌变文集·降魔变文)

---

① "炵炵"已见于南北朝卫元嵩的《元包经》,不能算新词。

（10）双眉郁郁入敷鬓,两耳梭梭垂埵轮。(敦煌变文集补编·双恩记)

"拨拨",《诗经·卫风·硕人》写作"鳣鲔发发",《韩诗》写作"鲅鲅",《说文》写作"鲅鲅",鱼游貌①;"嬉嬉"原写作"嘻嘻";"纭纭"原写作"伝伝",行不休止貌;"湉湉"原写作"活活"(guōguō),淋漓貌;"矹矹"原写作"兀兀",高耸貌;"麓麓"原写作"录录",意为"一一可数";"云云"原写作"沄沄",水势盛大貌;"霓霓"原写作"沈沈",天色阴沉貌;"唙唙"原写作"颴颴",张口貌;"梭梭"原写作"襄襄",下垂貌。以上 10 词的原形都已在唐以前出现,并不是真正的新词。

第二,有几例 AA 式重言可能是唐代出现的,但它们的基式在唐以前已经存在,如"侗侗、惆惆、兀兀、恬恬"等。例如:

（11）见罢头兀兀,看时身侗侗。(寒山诗注·或有衒行人)

江蓝生、曹广顺《唐五代语言词典》:"侗侗,肥大一团貌。""侗侗"的基式"侗"已见于东汉。例如,《论衡·气寿》:"太平之时,人民侗长。"《说文·人部》:"侗,大貌。从人,同声。"

（12）时催鬓飒飒,岁尽老惆惆。(寒山诗注·独坐常忽忽)

汪维懋《汉语重言词典》:"惆惆,伤感失意貌。""惆惆"的基式已见于先秦。例如,《荀子·礼论》:"案屈然已,则其於至意之情者惆然不嗛。"杨倞注:"惆然,怅然也。"

（13）所以刘阮辈,终年醉兀兀。(白居易诗集校注·对酒)

"兀兀"的基式"兀"已见于晋。例如,晋·刘伶《酒德颂》:"兀然而醉,豁然而醒。"

（14）至今静恬恬,众人皆讚说。(寒山诗注·我有六兄弟)

"恬恬"的基式"恬"已见于汉。例如,《东观汉记·闵贡传》:"闵贡字仲

---

① 《诗经·卫风·硕人》:"鳣鲔发发",《韩诗》作"鲅鲅",《说文》也引作"鲅鲅"。

叔,太原人也。恬静养神,弗役於物。"

第三,有几例 AA 式重言可能是方言中单音状态形容词的重叠,也可能是古代重言的变形异体,现已无法索解,如"喷喷、索索、腾腾、惺惺、觅觅、呐呐"等。例如:

(15)喷喷买鱼肉,担归喂妻子。(寒山诗注・喷喷买鱼肉)

(16)房房虚索索,东壁打西壁。(寒山诗注・寒山有一宅)

(17)腾腾且安乐,悠悠自清闲。(寒山诗注・隐士遁人间)

(18)漫行行,徒历历,舞蝶休飞蜂觅觅。(敦煌变文集・维摩诘经讲经文)

(19)但自心无事,何处不惺惺。(寒山诗注・一生慵懒作)

(20)从今已后,别解祗承,人前并地,更莫呐呐。(敦煌变文集・燕子赋)

我们全面检索了《全唐诗》和《全宋词》,发现唐宋时期新出现的 AA 式重言也并不多,有"曲曲、悾悾"等少量重言词,而且使用频率极低。

从以上分析中,我们发现:唐宋是 AA 式重言构成新成员的衰弱期。

(二)AA 式重言生成性衰弱的动因

唐代,AA 式重言的新成员锐减与单音状态形容词体系的消亡有关。

我们调查了《游仙窟》《神会语录》《寒山诗注》和《白居易诗集校注》等文献中单音状态形容词的使用情况,发现:单音状态形容词在唐代几乎处于灭绝状态。《神会语录》等说理性文献不见一例。散文、诗歌多描写性语句,也只有极少的用例,而且使用受到了一定的限制:要么作定语与名词构成一个类似于复合词的单位;要么靠语气词的支持作谓语;要么用于上下文对举的语境中。例如:

(21)新藤垂缭绕,古石竖巉岩。(寒山诗注・家住绿岩下)

(22)赐以金笼贮,扃哉损羽衣。(寒山诗注•鹦鹉宅西国)

(23)日晚途遥,马瘦人乏。(近代汉语语法资料汇编•唐•游仙窟)

例21中,"巉"是单音状态形容词,作"岩"的定语,"巉岩"已成为一个复音词。例22中,"扃"带语气词"哉"作谓语。例23中,"晚"与"遥"对举,"遥"方能单用。

可以说,唐代的单音状态形容词作为一个词类系统已经瓦解。一是不再产生新的成员,也不能构成新的AA式重言词;二是旧有的单音状态形容词正沿着三个方向分化。第一,像先秦至魏晋时期一样,继续带词尾"然"而存在;第二,像两汉魏晋一样,两个单音状态形容词词汇化为一个双音状态形容词;第三,与意义范畴相同的单音性质形容词结合,构成双音性质形容词。

单音状态形容词带的词尾仍然只有"然","A然"作状语和谓语。例如:

(24)神气卓然异,精彩超众群。(寒山诗注•世有聪明士)[①]

(25)下官瞿然,破愁成笑。(近代汉语语法资料汇编•唐•游仙窟)

两个单音状态形容词只要意义相近或相关,一般可以构成一个复音状态形容词。例如:

(26)苍茫蒹葭水,中有浔阳路。(白居易诗集校注•寄微之三首)

(27)顾瞻不见,恻怆而去。(近代汉语语法资料汇编•唐•游仙窟)

"苍茫"就是单音状态形容词"苍"与"茫"的连用;"恻怆"也是"恻"与

[①] 《寒山诗注》共有"A然"16例,13例作状语,3例作谓语。

"怆"的连用。

两个单音状态形容词构成一个复合状态形容词后,描写的功能也可能弱化,受程度副词修饰,变为双音性质形容词。例如:

(28)手笔大纵横,身材极魁伟。(寒山诗注·手笔大纵横)

"魁伟"已变为性质形容词,受程度副词"极"修饰。

唐代,许多的单音状态形容词,意义范围扩大,开始与单音性质形容词组合,由表描写向表属性转化。例如:

(29)每岁秋夏时,浩大吞七泽。(白居易诗集校注·自蜀江至洞庭湖口)

(30)寂静夜深坐,安稳日高眠。(白居易诗集校注·赠韦直)

(31)凡为大官人,年禄多高崇。(白居易诗集校注·凶宅)

(32)幽咽新芦管,凄凉古竹枝。(白居易诗集校注·听芦管)

(33)蟪蛄蒙恩,深愧短促。(全唐诗·李白·来日大难)

(34)亲宾纵谈谑,喧闹慰衰老。(全唐诗·杜甫·雨过苏端)

(35)山川岂遥远,行人自不返。(全唐诗·张籍·离怨)

(36)归来殒涕掩关卧,心之纷乱谁能删。(全唐诗·韩愈·雪后寄崔二十六丞公)

(37)羸骨不胜纤细物,欲将文服却还君。(全唐诗·元稹·酬乐天寄生衣)

"浩大""寂静""高崇""凄凉""短促""喧闹""遥远""纷乱""纤细"等复音形容词中,"浩""寂""崇""凄""促""喧""遥""纷""纤"等原是单音状态形容词;"大""静""高""凉""短""闹""远""乱""细"等原是单音性质形容词。二者结合后,词义稍有变化,带有书面语色彩,也有描写性。因此,朱德熙(1956)发现:"单音节形容词是典型的形容词,双音节形容词则带有状态形容词的性质。"这是因为双音性质形容词中多含有单音状态形容语素。这种结合过程对汉语词汇语法系统的发展产生了很大影

响,还有许多问题值得深入研究。不过,这一过程并不是唐代才开始的,先秦已现端倪。例如:

(38)楚师辽远,粮食将尽,必将速归,何患焉?(左传·襄公八年)

"辽"是状态形容词;"远"是性质形容词。

总起来说,唐代 AA 式重言生成性衰弱的根本原因是单音状态形容词体系的消失。

二、AA 式重言的使用频率与 AA 式重言描写性的弱化

唐代虽没有大规模地产生新的 AA 式重言词,可先秦至魏晋产生的 AA 式重言词在唐代的使用达到了空前绝后的规模。无论是口语性强的诗作还是文人们的仿古之作,这些 AA 式词的使用频率都极高。与唐代相比,宋代 AA 式重言的使用频率要低一些。

为了了解唐宋时期 AA 式重言词的使用情况,我们统计了《全唐诗》中出现 100 次以上、《全宋词》中出现 50 次以上的 AA 式重言的使用频率,得出如下两个表:

《全唐诗》高频重言词使用频率表

词条	使用频率	词条	使用频率	词条	使用频率
悠悠	743	沈沈	237	蒙蒙	140
苍苍	378	迢迢	230	萋萋	126
萧萧	358	漠漠	213	漫漫	125
纷纷	333	翩翩	166	霏霏	121
茫茫	310	袅袅	165	杳杳	115
寂寂	265	凄凄	155	寥寥	107
依依	263	迟迟	149	浩浩	105
青青	257	冥冥	143	亭亭	103

《全宋词》高频重言词使用频率表

词条	使用频率	词条	使用频率	词条	使用频率
匆匆	214	隐隐	80	纤纤	66
悠悠	148	脉脉	79	迟迟	65
盈盈	144	茫茫	75	漠漠	58
厌厌	123	依依	74	渺渺	57
萧萧	120	青青	74	阴阴	55
沈沈	105	草草	71	娟娟	54
纷纷	88	冉冉	69	杳杳	53
迢迢	83	袅袅	66	悄悄	50

从上面两个表的对比中我们可以发现如下一些问题：

第一，唐宋时期，AA 式重言词的使用频率非常高，如"悠悠"一词使用达 700 多次。

第二，凡使用频率高的词，其基式都是可独用的。由此还可推知，其基式的意义较之其他重言词基式的意义要宽泛一些。

第三，使用频率高的词，词义也会变得复杂，义项增多。例如，"悠悠"在《诗经》中还只有"忧思不已的样子""遥远的样子""旗帜下垂的样子"等三个义项（向熹 1986/1997:820—821）。到了唐诗中，"悠悠"的意义涵盖面极广。例如：

(39) 遥夜思悠悠，闻钟远梦休。（全唐诗•武元衡•酬严维秋夜见寄）

(40) 悠悠远行者，羁独当时思。（全唐诗•元季川•古远行）

(41) 河源望不见，旌旆去悠悠。（全唐诗•贾至•送友人使河源）

(42) 世乱郁郁久为客，路难悠悠常傍人。（全唐诗•杜甫•九日）

(43)揖揖避群盗,悠悠经七年。(全唐诗·杜甫·自阆州领妻子却赴蜀山行)

(44)日晚江南望江北,寒鸦飞尽水悠悠。(全唐诗·严维·丹阳送韦参军)

(45)爱君无巧智,终岁闲悠悠。(全唐诗·白居易·赠吴处士)

(46)月色何悠悠,清猿响啾啾。(全唐诗·李白·自巴东舟行经瞿唐峡登巫山最高峰)

例39是"思念的样子";例40是"遥远的样子";例41是"旗帜飘动的样子";例42是"飘忽不定的样子";例43是"时间久长貌";例44是"水流貌";例45是"悠闲自适的样子";例46是"月色幽美的样子"。

第四,高频重言词的字形和语音一般不易发生变化。Joan Bybee(2001:61)认为:高频能促进语音变化。汉语AA式重言词在唐代的使用与这条规则正好相反。

高频带给AA式重言词的另一重大变化是其描写性的弱化。沈家煊(1994)谈到语法化的"频率原则"时指出:"实词的使用频率越高,就越容易虚化,虚化的结果又提高了使用频率。"唐代AA式重言词高频化的情形与此相似,只不过它还没有虚化,只是描写性弱化了。

赵元任(1979/2005)首先注意到,现代汉语中形容词的重叠式一般不受程度副词修饰,如不说"很干干净净的"。对这种现象,石毓智(2001:291)解释说:重叠的功用是使基式定量化。重叠式形容词已确立了一个程度,也就不能再被程度词修饰而划分出新的量级。我们则可以给出另外一种解释。朱德熙(1982/2000:73)发现:程度副词可以使一个性质形容词变为一个状态形容词。例如:"小"是性质形容词,而"很小的"是状态形容词。也许有人会不同意"很小的"是一个词,但有一个事实不能否认:"小"是没有明显的描写性的,而"小小的""很小的"

是具有描写性的。从这里可以发现:程度副词有增强形容词描写性的作用。"干干净净的"这种重叠形式已具有较强的描写性,不需要程度词来强化它。如果一旦"干干净净的"能够被"很"修饰,那就证明"干干净净的"的描写性已经弱化。

唐以前,AA 式重言词一般不能受程度词的修饰。唐诗宋词中,使用频率高的 AA 式重言出现了受程度副词修饰的现象。例如:

(47)池塘经雨更苍苍,万点荷珠晓气凉。(全唐诗·温庭筠·薛氏池垂钓)

(48)独坐南楼正惆怅,柳塘飞絮更纷纷。(全唐诗·罗邺·惜春)

(49)恶趣甚茫茫,冥冥无日光。(寒山诗注·恶趣甚茫茫)

(50)天上梦魂何杳杳,宫中消息太沈沈。(全唐诗·韩偓·长信宫)

(51)烟郭云扃路不遥,怀贤犹恨太迢迢。(全唐诗·韩偓·寄隐者)

(52)飞凫令尹,才调更翩翩。(全宋词·晁补之·蓦山溪)

(53)待佳人,插向钗头,更袅袅,低临凤髻。(全宋词·晏殊·睿恩新)

(54)水阔风惊去路归,孤舟欲上更迟迟。(全唐诗·司空图·自河西归山)

(55)一上高楼醉复醒,日西江雪更冥冥。(全唐诗·李建勋·东楼看雪)

(56)伤心独归路,秋草更萋萋。(全唐诗·钱起·山下别杜少府)

(57)何物不为狼籍境,桃花和雨更霏霏。(全唐诗·齐己·山中春怀)

(58)见人虚脉脉,临水更盈盈。(全唐诗·童翰卿·昆明池织女石)

(59)离心与杨柳,临水更依依。(全唐诗·刘长卿·夏口送徐郎中归朝)

"依依""苍苍""纷纷""茫茫""沈沈""迢迢""翩翩""袅袅""迟迟""冥冥""萋萋""霏霏""盈盈"等都是我们上表所列的高频词,都能受程度副词"更""太""甚"的修饰。

使用频率越高,修饰它的程度副词的种类也越多。《全唐诗》中,"悠悠"的使用频率最高,可受"最""甚""更"等几个程度词的修饰;《全宋词》中,"匆匆"的使用频率最高,也可以受"最""太""更"等几个程度词的修饰。例如:

(60)迹不趋时分不侯,功名身外最悠悠。(全唐诗·司空图·携仙箓)

(61)万里音书何寂寂,百年生计甚悠悠。(全唐诗·薛逢·九日雨中言怀)

(62)从北南归明月夜,岭猿滩鸟更悠悠。(全唐诗·罗邺·览陈丕卷)

(63)今年对花最匆匆。(全宋词·周邦彦·花犯)

(64)风流云散太匆匆。(全宋词·毛滂·浣溪沙)

(65)去马更匆匆,一息迷回顾。(全宋词·邓肃·生查子)

这种现象最初只出现于韵文中。到了宋代,散文中的 AA 也可受程度副词的修饰。例如:

(66)看他恁麼道,也太杀惺惺。(五灯会元·卷四·长庆道巘禅师)

(67)一日,忽招和仲饭,意极拳拳。(朱子语类·卷一百三十一·P3154)

程度副词"太""极"分别修饰"惺惺"和"拳拳"。

不管是韵文还是散文,受程度词修饰的 AA 式重言都处于谓语位置。谓语位置是表现描写性最佳的句法位置,当 AA 式描写性弱化时,就需要用程度词去强化。这种强化过程也只在谓语位置上完成。

从以上的分析可知,当 AA 式重言使用频率增高的时候也就是发展到需要程度词修饰的时候,同时也是它的描写性明显弱化的时候。这时,它单独已不再能担负起描写的功能了。

三、AA 式重言结构与功能的新发展

(一)AA 式重言结构上的新发展

唐宋时期,AA 式重言在结构上的新发展就是带上了新的词尾。先秦,AA 式重言能带词尾"焉""乎""然""如""尔"。魏晋,AA 式重言主要带词尾"然"。五代到宋,AA 式重言之后出现了新的词尾"底""地""生"。

《祖堂集》中,AA 式重言之后只带"底"①。例如:

(68)师云:"如许多时雨水,尚未满。"道吾云:"满也。"云岩云:"湛湛底。"(祖堂集·卷十四·江西马祖)

(69)忽然堂堂底坐,你向什摩处探索?(祖堂集·卷十四·鲁祖和尚)

《全宋词》《五灯会元》《朱子语类》中,AA 式重言词只带"地",不带"底",主要作谓语。例如:

(70)不言不语只偎人,满眼里、汪汪地。(全宋词·晁端礼·一落索)

---

① 曹广顺(1986)发现:《祖堂集》的形容词之后以用"底"为常,间或亦用"地"。我们注意到:《祖堂集》的"AA 底"共 8 例,5 例作谓语,3 例作状语。

(71)师曰:"许多时雨水,为甚麼未满?"僧无语。道吾云:"满也。"云岩云:"湛湛地。"(五灯会元·卷五·药山惟俨禅师)①

《五灯会元》中,AA式重言词可同时前面加程度词"太";后面接词尾"生"。例如:

(72)扫地次,道吾曰:"太区区生!"(五灯会元·卷五·云岩昙晟禅师)

(73)嚞曰:"太切切生!"师曰:"舌头未曾点着在。"(五灯会元·卷五·石室善道禅师)

这有点类似现代汉语的"挺好的""很小的"一类结构。

《朱子语类》中,有些AA式重言词既可带词尾"然",又可带词尾"地"。例如:

(74)想得春夏间天转稍慢,故气候缓散昏昏然,而南方为尤甚。(朱子语类·卷二·P28)

(75)一向不察气禀之害,只昏昏地去,又不得。(朱子语类·卷四·P69)

(76)须是从上面放得些水来添,便自然撑得动,不用费力,滔滔然去矣。(朱子语类·卷一百十四·P2763)

(77)譬如水,若一些子碍,便成两截,须是打併了障塞,便滔滔地去。(朱子语类·卷六·P117)

(78)却只如此教我循循然去下工夫。(朱子语类·卷三十六·P965)

(79)这处也只是循循地养将去。(朱子语类·卷三十六·P969)

(80)少看有功却多,泛泛然多看,全然无益。(朱子语类·卷九

---

① 比较68与71可知,《祖堂集》中的"底"到《五灯会元》中改为了"地"。

十五·P2424)

(81)平日读书只泛泛地过,不曾贴里细密思量。(朱子语类·卷一百二十·P2885)

"昏昏""滔滔""循循""泛泛"既可带词尾"然",又可带词尾"地"。

吕叔湘(1984/1999:130)早就注意到:"文言里和地字的作用相等的是然、尔、如、若等字。"上面的例子让我们看到了状态形容词词尾从"然"到"地"的承传关系。

(二)AA式重言功能上的新发展

先秦,重言式AA主要作谓语;两汉魏晋时期,重言式AA的功能发生了非谓语化现象,大量的重言词可以作状语和定语。唐宋时期,重言式AA主要作谓语、状语和定语的大格局没有变化,但有了新的发展。第一,AA式重言词许多有作补语的用法;第二,AA式重言词因功能弱化,出现了作降格谓语的用法;第三,状语位置上的AA式重言词不仅可以修饰动词谓语,还可以修饰形容词谓语。

魏晋诗歌中,个别的AA有作补语的用法[①],唐宋文献中,用例则更多。现举数例如下:

(82)宁却鹞子眼,雀儿舞堂堂。(寒山诗注·我在村中住)

(83)望尘而拜者,朝夕走碌碌。(白居易诗集校注·送王处士)

(84)羸马行迟迟,顽童去我远。(全唐诗·刘驾·上马叹)

(85)倏忽之间迷病死,尘劳难脱哭怆怆。(祖堂集·卷四·丹霞和尚)

(86)三月暖风,开却好花无限好,当年丛下落纷纷。(全宋词·晏殊·酒泉子)

"堂堂""碌碌""迟迟""怆怆""纷纷"分别作动词"舞""走""行""哭""落"

---

① 例如,《先秦汉魏晋南北朝诗·魏诗·阮籍·咏怀诗》:"荆棘被原野,群鸟飞翩翩。"

的补语。

沈家煊(1994)在谈到语法化的"降类原则"时提到:"实词词义的虚化总是伴随着词性的降格,即由主要词类变为次要词类。"AA式重言词功能的弱化也伴随有功能降格现象,由作全句谓语变成只能作主谓谓语的谓语了。例如:

(87)三秋北地雪皑皑,万里南翔渡海来。(全唐诗·卢照邻·失群雁)

(88)夕阳赫西山,草木光晔晔。(寒山诗注·夕阳赫西山)

(89)山客心悄悄,常嗟岁序迁。(寒山诗注·山客心悄悄)

"皑皑"指"霜雪白貌";"晔晔"指"光闪烁貌";"悄悄"指"心忧貌"。此三词本身已包含其描写对象的形象(雪、光、心)在内,在先秦至魏晋间能单独作句子谓语。可能由于AA式重言词意义的泛化,形象性减弱,再加之描写对象扩大化,使得这些词内含的形象载体(雪、光、心)不得不外化,以加强描写性,与AA一起作全句的谓语。"雪皑皑"是主谓结构,作了全句的谓语;"皑皑"不是全句谓语,成了全句谓语的小谓语了。

先秦至魏晋,AA式重言词作状语只修饰动词谓语。唐代,它们普遍可以修饰单音性质形容词了。例如:

(90)漏永沈沈静,灯孤的的清。(全唐诗·吴融·西陵夜居)

(91)涧草短短青,山月朗朗明。(全唐诗·曹邺·四怨三愁五情诗)

(92)离思迢迢远,一似长江水。(全宋词·欧阳修·千秋岁)

(93)看成弱柳阴阴绿,自在迁莺巧语中。(全宋词·洪适·思佳客)

(94)小春爱日融融暖,危亭望处晴岚满。(全宋词·赵师侠·菩萨蛮)

"沈沈""的的""朗朗""迢迢""阴阴""融融"都作状语,分别修饰单音性质形容词"静""清""明""远""绿""暖"等。

这表明,从唐代开始,AA式重言词的描写性必须依托性质形容词才能体现出来;性质形容词因状态形容词的加盟也就强化了它的描写性。

四、AA式重叠的出现及其动因

(一)AA式重叠的出现

AA式重叠在先秦已零星出现,唐代才大量出现。

1. 唐以前AA式重叠的零星出现。

先秦,《周易》《尚书》《左传》《老子》《论语》《孟子》《荀子》《管子》《吕氏春秋》等文献中没有单音性质形容词的AA式重叠。《诗经》《庄子》等文献中有个别用例。例如:

(95)无曰高高在上,陟降厥士。(诗经·周颂·敬之)

(96)青青子衿,悠悠我心。(诗经·郑风·子衿)

(97)古之真人,其寝不梦,其觉无忧,其食不甘,其息深深。(庄子·大宗师)

(98)弯弯卣弓。(先秦汉魏南北朝诗·先秦诗卷五)

"高高""青青""深深""弯弯"等是先秦出现的AA式重叠词。

两汉魏晋时期,各种文献中又出现了"轻轻""远远""多多""淡淡""小小""长长""低低"等AA式重叠词。例如:

(99)三焦胀者,气满于皮肤中,轻轻然而不坚。(灵枢经·胀论)

(100)白衣犹远远,言是稍知非。(先秦汉魏晋南北朝诗·梁诗·何逊·同虞记室登楼望远归诗)

(101)多多益善,何为为我禽?(史记·淮阴侯列传)

(102)菲菲兰苴馥,淡淡桂樽清。(先秦汉魏晋南北朝诗·陈·阳慎·从驾祀麓山庙诗)

(103)臣之所见,盖特其小小者耳。(文选·司马相如·子虚赋)

(104)青眼贸贸,白发长长。(先秦汉魏晋南北朝诗·梁诗·周捨·上云乐)

(105)飞飞双蛱蝶,低低两差池。(先秦汉魏晋南北朝诗·梁诗·萧衍·古意诗)

2. 唐代,AA 式重叠的使用情况。

唐代是 AA 式重叠词大量出现的时期,一是出现了许多新的 AA 式重叠词;二是先秦至魏晋时出现的 AA 式重叠词使用频率增高。

新出现的 AA 式重叠如"短短""好好""厚厚""满满""慢慢""白白""黄黄""新新""薄薄"等等。例如:

(106)白日何短短,百年苦易满。(全唐诗·李白·短歌行)

(107)好好善思量,思量知轨则。(全唐诗·寒山·寒山有一宅)

(108)絮时厚厚绵纂纂,贵欲征人身上暖。(全唐诗·王建·送衣曲)

(109)杨花慢惹霏霏雨,竹叶闲倾满满杯。(全唐诗·韦庄·章江作)

(110)非明非暗朦朦月,不暖不寒慢慢风。(全唐诗·吴融·寓言)

(111)青青竹笋迎船出,白白江鱼入馔来。(全唐诗·杜甫·送王十五判官)

(112)黄黄芜菁花,桃李事已退。(全唐诗·韩愈·感春三首)

(113)新新复新新,千古一花春。(全唐诗·孟郊·吊卢殷)

(114)薄薄淡霭弄野姿,寒绿幽风生短丝。(全唐诗·李贺·河

南府试）

我们全面调查了《全唐诗》中单音性质形容词重叠的使用情况，得到如下结果：

词条	使用频率	词条	使用频率	词条	使用频率	词条	使用频率
高高	81	满满	8	慢慢	3	厚厚	1
明明	41	薄薄	7	窄窄	3	多多	1
轻轻	33	浅浅	7	苦苦	3	红红	1
暗暗	25	早早	5	久久	3	尖尖	1
深深	24	急急	5	清清	3	斜斜	1
远远	19	平平	5	空空	3	浓浓	1
细细	18	暖暖	5	绿绿	2	直直	1
淡淡	15	鲜鲜	5	少少	2	稳稳	1
弯弯	13	碎碎	5	松松	2	大大	1
小小	12	密密	4	低低	2	弱弱	1
长长	11	忙忙	4	新新	2		
短短	9	好好	4	柔柔	2		
闲闲	9	白白	3	黄黄	2		

从上表可以看出 AA 式重叠使用状况的两大趋势：

第一，AA 式重叠的使用频率与 AA 式重叠出现的时间早晚有关。出现越早的 AA 式重叠使用频率越高。如"高高"已见于《诗经》，"明明"[①]已见于《楚辞》，"轻轻"已见于汉代。出现越晚的 AA 式重叠使用频率越低。上表中使用只有一例或两例的，除"少少""低低""多多""大大"外，都是唐代新出现的。

[①] 先秦的"明明"有"明察貌"和"明亮"两个义项。"明察貌"的"明明"是单音状态形容词的重叠，已见于《尚书》和《诗经》；"明亮"义的"明明"是单音性质形容词的重叠，见于《楚辞》。

第二,与AA式重言相比,AA式重叠的使用频率极低,大部分AA式重叠的用例都不上十例,而许多AA式重言的用例已上百例。

(二)AA式重叠出现的动因

AA式重叠出现的动因包含两个问题:一是AA式重叠为什么会出现?二是AA式重叠为什么会在唐宋大量出现?

唐以前,AA式重叠的出现是一种零星的、偶发性的现象。它的出现可能是受AA式重言的影响,通过类推机制而产生的。最初是一种语用行为,还没有形成为一种必然趋势。用例也是个别的,没有频率可言。

唐代,AA式重叠的出现是一种体系性的、必然性的现象。它的出现有内部和外部的双重动因。

内部动因是单音性质形容词潜在的描写性被激活。形容词发展的总趋势是意义越来越抽象,概括性越来越高。这就导致了只能描写某一类或某几类对象的单音状态形容词系统的消亡。它的功能位置出现空缺。同时,随着形容词双音化趋势的加快,原有的单音状态形容词开始与意义范畴相同的单音性质形容词结合,由一个词类变为了一个词素类。如"悠"与"久"结合;"苍"与"白"结合;"萧"与"爽"结合;"纷"与"乱"结合;"寂"与"静"结合;"浩"与"大"结合;等等。这种过程是双向互动的。一方面是单音状态形容词的意义范围扩大,能与单音性质形容词组配;另一方面是单音性质形容词的描写性由隐性变为显性,它也能与单音状态形容词组配,兼有表状态的用法。因此,单音性质形容词也就可以重叠表状态。这种内部动因使得AA式重叠大量出现成为可能。

外部动因是AA式重言描写性的全面弱化,已不能担负起描写性的语用功能。前面的分析已充分显示:AA式重言由不带词尾发展到带词尾"然、如、若、尔、焉";由主要作谓语发展到主要作状语和定语;由作全句谓语发展到作降格谓语;由不受程度副词修饰发展到像单音性质形容词一样能受程度副词的修饰;等等。这一系列的变化都说明,AA式重言的描写功能在逐步弱化。唐代,因单音状态形容词的消亡,AA式重言已不再能产生大量的新成员来完成描写的任务,而已有的AA式重言词功能已弱化为近乎一个性质形容词。整个表描写性的表达系统已经不能适应语言表达的需要了,需要一个新的描状系统来完成语言中表描写性的任务。这时,由单音性质形容词重叠来替补AA式重言就成为一种必然的趋势。

五、AA式重叠对AA式重言的继承与发展

有些AA重叠形式在先秦是重言,发展到后来变成了重叠。例如,"迟迟"在《诗经》时代是重言,在现代汉语中是形容词的重叠。"迟"从辵,与行走有关。《说文·辵部》:"迟,徐行也。"《诗经·邶风·谷风》:"行道迟迟,中心有违。"毛传:"迟迟,舒行貌。"这里的"迟迟"是单音状态形容词的重叠;意义较具体,语法意义是表情貌的。"迟"的意义进一步抽象化,由空间域向时间域投射,产生了时间上"晚"的意义。意义变得抽象广泛,不一定只描写某人的行走状态。这种意义的"迟"也可以重叠。例如:

(115)时迟迟其日进兮,年忽忽而日度。(楚辞·刘向·九叹·惜贤)

(116)我提醒自己该走了,可不知为什么,迟迟不愿告辞。(王朔文集·过把瘾就死)

例115、116中的"迟迟"描写的是抽象的时间,已无"貌"可言了。这是单音性质形容词的重叠。

有些单音形容词,是单音状态形容词还是单音性质形容词,不易判别。它们是状态形容词到性质形容词这个连续统中的中间状态。当它

们重叠后,描写具体事物时像重言,描写较为抽象的事物时又像是重叠。例如:

(117)苕之华,其叶青青。(诗经·小雅·苕之华)

(118)青青子衿,悠悠我心。(诗经·郑风·子衿)

例117中,"青青"描写的对象具体,形象感强。毛传解释说:"华落,叶青青然。"朱熹《集传》:"青青,盛貌。"显然,此处的"青青"像是重言。例118中,"青青"描写的是穿青色衣服的年轻人。毛传:"青衿,青领也。"此处的"青青"侧重于表现抽象的颜色,像是重叠。

有些形容词,某一义项是具体的、狭义的,AA形式是重言;某一义项是抽象的、宽泛的,AA形式是重叠。"明"在《诗经》中有"明察","明亮"两个义项。例如:

(119)其德克明,克明克类。(诗经·大雅·皇矣)

(120)匪东方则明,月出之光。(诗经·齐风·东方未明)

例119中,"明"为"明察"义。朱熹《诗集传》:"克明,能察是非也。"例120的"明"为"明亮"义。明察之"明",其使用对象是有限制的,多用来歌颂帝王和神灵。它的重叠形式"明明"也只用来歌颂帝王与神灵,是AA式重言,出现也较早。例如:

(121)明明我祖,万邦之君。(尚书·五子之歌)

明亮之"明",描写的对象不受限制,要宽泛一些,是AA式重叠,出现得也相对要晚一些。例如:

(122)明明暗暗,惟时何为?(楚辞·天问)

有些AA形式也有重言和重叠两种身份。但它们是文字上的同形,读音和意义没有任何联系,是两个不同的词。例如:

(123)无党无偏,王道平平。(尚书·洪范)

(124)水文不上烟不荡,平平玉田冷空旷。(全唐诗·鲍溶·沙上月)

例 123 的"平平"是重言。孔传:"平平,言辩治。"形容治理有序,读 pián pián。例 124 的"平平"是重叠。形容平坦、平缓,读 píng píng。

以上是 AA 式重言向 AA 式重叠发展过程中存在的一些特殊现象。

AA 式重言发展成为 AA 式重叠是一种系统性的变化。讨论两者的继承和发展关系不应拘泥于个别词语的演变,而应从整体上把握两者在语用功能、结构特征、句法功能和语法意义等方面的继承和发展。

(一) AA 式重叠对 AA 式重言在语用功能上的继承

从语用功能上讲,AA 式重言的语用功能是描写,AA 式重叠的语用功能也是描写。这一点在 AA 式重叠产生的初期表现得很明显。

唐宋时期,是重言向重叠发展的过渡时期,重言与重叠往往在上下文中对比着使用。例如:

(125) 青青岸柳,丝条拂于武昌;赫赫山杨,箭竿稠于董泽。(游仙窟)

(126) 长枪排肩直竖,森森刺天;犀角对掌开弦,弯弯写月。(敦煌变文集•伍子胥变文)

(127) 澄潭隐隐听龙吟,古洞深深闻虎骤。(敦煌变文集补编•双恩记)

(128) 碧窗宿雾蒙蒙湿,朱栱浮云细细轻。(全唐诗•杜甫•江陵节度)

(129) 落花泛泛浮灵沼,垂柳长长拂御沟。(全唐诗•骆宾王•代女道士王灵妃赠道士李荣)

(130) 薄薄施铅粉,盈盈挂绮罗。(全唐诗•魏承班•菩萨蛮)

125 例中"青青"与"赫赫"相对;126 例中"森森"与"弯弯"相对;127 例中"隐隐"与"深深"相对;128 例中"蒙蒙"与"细细"相对;129 例中"泛泛"与"长长"相对;130 例中"薄薄"与"盈盈"相对。"青青""弯弯""深深""细细""长长""薄薄"是 AA 式重叠,"赫赫""森森""隐隐""蒙蒙""泛泛""盈盈"是 AA 式重言。由此可以看出,唐宋时的人们是把两者看作同一类词语、表现同一种功能来使用的。这一点证明,在语用功能上,AA 式重叠是对 AA 式重言的继承。

(二)AA 式重叠对 AA 式重言结构上的继承与发展

从结构上看,AA 式重言在结构上曾先后带过词尾"然、若、如、尔、焉、生、地、底"等;AA 式重叠在结构上继承了这一点,也能带词尾"然、地、底"等。例如:

(131)人情向槃,淡淡然亦复不改常。(宋书·王景文传)

(132)深深然,高高然。人不吾知,又不吾谓。(全唐诗·谶记·道者遗记)

(133)白鹤飞来,笑我颠颠地。(全宋词·朱敦儒·苏幕遮)

(134)何况慢慢地,便全然是空。(朱子语类·卷一百一十四·P2759)

(135)只是小小底物事会变。(朱子语类·卷七十九·P2030)

不过,唐宋时期的 AA 式重叠多不带词尾。相比之下,AA 式重言带"地、底"的现象要比 AA 式重叠普遍得多。

另外,AA 式重叠在个别情况下还带一套 AA 式重言不带的词尾"许、馨、个"等。例如:

(136)才既不长,于荣利又不淡;直以真率少许,便足对人多多许。(世说新语·赏誉)

(137)婀娜腰支细细许,瞵䁙眼子长长馨。(张文成·游仙窟)

(138)有僧到大沩,师指面前狗子云:"明明个,明明个。"(祖堂集·卷十七·福州西院和尚)

(三)AA 式重叠对 AA 式重言语法功能上的继承

唐宋时期,AA 式重言可以作谓语、状语、定语和补语。AA 式重

叠继承了这些用法,也能作谓语、状语、定语和补语。例如:

(139)火云流素月,三五何明明。(全唐诗•孟郊•感怀)

(140)看公如今只恁地慢慢,要进又不敢进,要取又不敢取。(朱子语类•卷一百二十•P2889)

(141)头风不敢多多饮,能酌三分相劝无?(全唐诗•白居易•酬舒三员外)

(142)只是这上便紧紧着力主定,一面格物。(朱子语类•卷十二•P207)

(143)白白芙蓉花,本生吴江濆。(全唐诗•白居易•感白莲花)

(144)承闻天台有青青之水,绿绿之波。(祖堂集•卷七•夹山和尚)

(145)落涧水声来远远,当空月色自如如。(全唐诗•贾岛•寄无得头陀)

(146)上得床,将一条绵被裹得紧紧地,自睡了。(清平山堂话本•快嘴李翠莲记)

"明明""慢慢"作谓语①;"多多""紧紧"作状语;"白白""绿绿"作定语;"远远""紧紧地"作补语。唐宋时期,AA式重叠主要作状语和定语,作谓语和补语的相当少②。

(四)AA式重叠对AA式重言语法意义的继承与发展

我们在本章第一节里分析过,单音状态形容词重言的语法意义是描摹事物的各种状态,我们称之为具象状态。

单音性质形容词的重叠结果被许多学者称之为"状态形容词"或"状态词",并认为它们"再现了事物的状态"(刘丹青1986)。这说明

---

① 唐宋时期,AA式重叠作谓语时大多不带词尾"地"或"底",如例140。
② 可能是AA式重叠比AA式重言描写性强一些,AA式重叠没有作降格谓语的用法。

AA 式重叠在语法意义上对 AA 式重言也是有继承性的。

同时,AA 式重叠对 AA 式重言的语法意义又有了很大的发展。它所表示的状态已没有 AA 式重言的状态那么具体,那么形象;另外还产生了"程度"意义,有了"量"的观念。朱德熙(1956)、黎锦熙(1959)、俞敏(1987)、李宇明(1996c)、石毓智(1996)等许多学者都指出,单音性质形容词重叠的语法意义里"都包含着一种量的观念在内"。单音状态形容词的重言不表程度,而单音性质形容词的重叠表程度。"皑皑"是霜雪白的样子,而"白白的"是很白的样子。"皑"重言为"皑皑"只表状态,没有量的变化。"皑皑"没有很白的意义。"白"重叠为"白白的",既表状态,又表"量"的变化。"白白的"意义也就是"很白"。

显然,AA 式重叠形式由单音状态形容词的重言变为单音性质形容词的重叠之后,语法意义发生了很大的变化,由具象状态发展为泛化状态,由"无量"变得"有量","状态"衍生出了"程度"。

为什么会有这种变化呢？这与基式语义特征的改变有关。

我们在本章第一节里也分析过,典型的单音状态形容词的语义特征是"形象性"和"具体性"。与之相比,典型的单音性质形容词的语义特征则是"抽象性"与"概括性"。

抽象和概括意味着要抛弃一些具体性的因素和形象性的因素;抽象和概括意味着词义的外延要扩展,语义域要扩大;抽象和概括使形容词的语义特征中增加了"量"的观念,可以进行比较,可以受不同等级的程度副词修饰。

从"量"的角度看,形容词在不同语言中普遍存在着程度等级的表示法。很多语言里形容词有原级、比较级和最高级的形态标志,也有很多语言里有被程度副词修饰的特征,如英语的 very,too,so,rather 等,汉语的"很、最、挺、十分、非常"等(张伯江、方梅 1996:218)。

单音性质形容词的语义特征中已经包含有"量"的因素,因此其重叠形式不仅要强调其"描写性",还要强调其"量"的特征。重叠的语法意义既表状态,又表程度。单音性质形容词的"量"是隐性的;其重叠形式的量是显性的。(张国宪 2000)。

从上古到现代,性质形容词一般能受程度副词的修饰,一般都有数量语义特征。唐宋时期,单音性质形容词还能受不同等级的程度副词的修饰。例如:

(147)但此人辞气最好,必是个贤有德之人。(朱子语类·卷二十五·P633)

(148)是有可改而未十分急者,只得且存之。(朱子语类·卷二十二·P511)

(149)是便合其宜,中其节,更好。(朱子语类·卷二十二·P521)

(150)下面行得小,上面又行得较大。(朱子语类·卷二十三·P556)

(151)子路见处极高,只是有些粗。(朱子语类·卷四十·P1039)

"好""急""大""高""粗"是单音性质形容词,分别可受程度副词"最、十分、更、较、极、有些"的修饰。"最、极、十分"是强度程度副词;"更、较"是比较度程度副词;"有些"是弱度程度副词(蒋冀骋、吴福祥 1997:423—428)。这不同等级的程度副词都可修饰唐宋的单音性质形容词,证明唐宋单音性质形容词的量幅较宽,重叠后表程度的意义更明显。

形容词重叠的"量"是主观量,有一定的模糊性,表示的程度是"减弱"还是"加强",各人因感觉不同会有不同的看法。朱德熙(1982/2000:27)认为,AA 和 AABB 等重叠式所表示的程度的深浅跟它们在句子里的位置有关。"大致说来,在定语和谓语两种位置上表轻微的程度,在状语和补语两种位置上则带着加强或强调的意味。"例如:"大大的眼睛","大大"不一定强调是"很大",往往带着喜爱的感情色彩;"写得大大的","大大"强调的就是"很大"。李善熙(2003:156)通过对40个人普通话语感的调查则认为:"重叠式表大还是表小与出现的句法位置并无有规律的联系。"AA 和 AABB 等重叠式不管在何种句法位置上"还是表示主观大量义"。也就是说,定语、谓语、状语和补语位置上的形容词重叠都表示的是加强程度。

第四节 元明清 AA 式重叠的发展

元明清时期是 AA 式重言逐渐消退的时期,也是 AA 式重叠大发展的时期,又产生了许多新的 AA 式重叠词。同时,随着 AA 式重言的逐步消退,AA 式重叠在结构、句法功能和语用功能等几方面都有较大的发展。本节主要讨论四方面的问题:一、两类 AA 式重叠形式的消长;二、AA 式重叠结构的发展;三、AA 式重叠句法功能的发展;四、AA 式重叠语用功能的弱化。

一、元明清时期两类 AA 式重叠形式的消长

从数量上说,唐宋时期 AA 式重言远远多于 AA 式重叠;元明清时期,AA 式重言数量大减,AA 式重叠数量大增。

从使用频率上说,唐宋时期,AA 式重言处于高频状态,AA 式重叠处于低频状态;元明清时期,这种局面发生了逆转,AA 式重言处于低频状态,AA 式重叠处于高频状态。

为了弄清楚两类重叠形式在元明清时期的使用情况,我们重点调查了《元曲选》《水浒传》《金瓶梅词话》和《醒世姻缘传》等四部作品中 AA 式形容词的使用情况。《元曲选》的曲文大抵是元代的文献,它的宾白多是明人加上的(梅祖麟 1984)。《水浒传》是明代早期的作品。《金瓶梅词

话》是明代中叶的作品。《醒世姻缘传》是明末清初的作品。我们以这四部作品为对象,考察两类重叠形式在数量和使用频率上的变化。

(一)两类重叠在数量上的变化

两类重叠在三部作品中数量的变化如下表:

数量 AAA式类型	《元曲选》	《水浒传》	《金瓶梅词话》	《醒世姻缘传》
重言	153	75	101	65
重叠	57	34	79	101

上表显示,AA式重言的数量呈递减之势,AA式重叠的数量呈递加之势。《元曲选》和《水浒传》中,AA式重言多于AA式重叠;《醒世姻缘传》中,AA式重叠多于AA式重言。

从数量上可看出:AA式重言呈消退趋势;AA式重叠呈发展趋势。

我们重点分析了《水浒传》和《醒世姻缘传》两部作品。马幼垣(2006:174)认为:"《水浒传》成书决不会早过明宣宗宣德八年(1433)。"而《醒世姻缘传》完成于1628年。两书的完成前后相距近两百年,相比可以看出语言使用的某些变化。再者,两部书有可比较性。一是两书文体相同,都是白话小说;二是两书在篇幅上大致相当。百回本《水浒传》约72万多字,《醒世姻缘传》约76万多字。得出的结论相对可靠。

《水浒传》AA式重言75例,占全书AA式词语的68.8%;AA式重叠34例,占全书AA式词语的31.2%。《醒世姻缘传》AA式重言65例,占全书AA式词语的39.2%;AA式重叠101例,占全书AA式词语的60.8%。两相对比,AA式重言由68.8%减少到了39.2%。相反,AA式重叠由31.2%增加到了60.8%。

(二)两类重叠在使用频率上的变化

在两类重叠的使用频率上,我们也重点调查了《水浒传》和《醒世姻缘传》两部作品。《水浒传》中，AA 式重言词共 75 个，其中使用仅一次的有 40 个；AA 式重叠词 34 个，其中使用仅一次的有 8 个。我们分别选取了两类重叠形式的前 18 个词，看看它们的使用频率。

《水浒传》AA 式重叠的使用频率表

词条	使用频率	词条	使用频率	词条	使用频率
慢慢	55	细细	27	忙忙	9
早早	40	轻轻	26	低低	9
远远	38	紧紧	21	苦苦	9
急急	37	好好	19	多多	7
暗暗	36	齐齐	17	满满	7
小小	27	明明	16	深深	6

《水浒传》AA 式重言的使用频率表

词条	使用频率	词条	使用频率	词条	使用频率
团团	29	默默	8	冉冉	4
悄悄	29	凛凛	8	簌簌	4
堂堂	11	累累	5	炎炎	3
隐隐	10	荡荡	5	亭亭	3
闷闷	10	腾腾	4	烈烈	3
纷纷	10	漫漫	4	悠悠	3

《醒世姻缘传》中，AA 式重言词共 65 个，其中使用仅一次的就有 40 个；AA 式重叠词共 101 个，其中使用仅一次的有 32 个。我们也分别选取了两类重叠形式的前 18 个词，看它们的使用频率。

《醒世姻缘传》AA 式重叠的使用频率表

词条	使用频率	词条	使用频率	词条	使用频率
好好	59	远远	23	忙忙	16
慢慢	56	急急	23	全全	13
足足	50	满满	21	牢牢	13
小小	32	高高	20	细细	10
快快	29	大大	20	活活	10
紧紧	29	轻轻	16	呆呆	10

《醒世姻缘传》AA 式重言的使用频率表

词条	使用频率	词条	使用频率	词条	使用频率
碌碌	9	奄奄	4	恋恋	3
挣挣	9	团团	3	茫茫	3
伴伴	6	草草	3	匆匆	3
翩翩	4	滔滔	3	扬扬	3
汹汹	4	谆谆	3	冥冥	2
淳淳	4	洋洋	3	忡忡	2

比较上面两部作品中两类 AA 式重叠形式的使用频率，可以发现：

第一，AA 式重叠的使用频率有越来越高的趋势。在《水浒传》中，使用频率在 10 次以上的只有 12 个词；在《醒世姻缘传》中，使用频率在 10 次以上的有 18 个词。

第二，AA 式重言的使用频率越来越低。在《水浒传》中，使用频率在 10 次以上的还有 6 个词；在《醒世姻缘传》中，使用频率在 10 次以上的 AA 式重言词没有 1 例。

第三，两部作品都呈现出一种趋势：AA 式重叠的使用频率比 AA 式重言的使用频率高。

从上面的分析可以看出：AA 式重言正在逐步地退出状态形容词系统。无论从数量上还是从使用频率上，这种消退的趋势都相当明显。

（三）AA 式重言逐步消退的动因与途径

AA 式重言的消退有两方面的动因：一是内部动因；二是外部动因。内部动因指的是 AA 式重言系统语用功能的衰弱。因单音状态形容词系统的消亡，整个 AA 式重言系统已失去能产性。同时，已产生的 AA 式重言因使用范围狭窄，描写性随之变得衰弱，越来越不适应语言表达的需要。外部动因指的是 AA 式重叠的出现。AA 式重叠因基式语义范围宽泛,摆脱了 AA 式重言那种只能描写一类或少数几类事物的局限,扩大了描写范围,能更好地适应语言中描写性表达的需要。

AA 式重言的消退是一个循序渐退的过程,有以下四种情形。

第一,数量上的锐减,大量的 AA 式重言已不再使用。先秦至两汉魏晋,产生了大量的 AA 式重言词。其中,有许多词因适用对象不多,使用频率不高,早已死亡。有许多在唐代使用频率不高的 AA 式重言后代也多已不见。仅从《元曲选》《水浒传》《金瓶梅词话》和《醒世姻缘传》四部作品中,也能发现 AA 式重言词的锐减。

第二,语体上,许多 AA 式重言词从口语退到了书面语中。唐以前,AA 式重言是口语中的成分;唐宋时期,AA 式重言虽可用于口语,但更多的是用于文人的诗词等书面语体中。到了元明时期,口语性很强的对白或行文中已很少能见到 AA 式重言了,但文人的诗词之作还常使用它们。例如:

(1)洪波浩渺,滔滔若塞外九河;蠢浪奔腾,滚滚似巴中三峡。(醒世姻缘传·二十九回)

(2)可笑嗜财翁,心有钱虫,营营征逐意忡忡。(醒世姻缘传·三十四回)

以上的"滔滔""滚滚""营营""忡忡"等都只出现于小说的诗词之中。这说明,它们虽出现于明代作品之中,但在明代的口语中已很少使用。

第三,语法上,许多 AA 式重言词由词变为了语素。有些 AA 式重言词因描写性弱化,语用功能衰弱,由一个造句单位语法化成为一个构词单位,变成了 ABB 词和一些固定四字格词语的构词语素。例如:

(3)李驿丞指天画地,血沥沥的发咒。(醒世姻缘传·八十八回)

(4)珍哥果然走到下面,跪得直挺挺的。(醒世姻缘传·十一回)

(5)敬待夫子,和睦妯娌,诸凡处事井井有条。(醒世姻缘传·引起)

(6)晁为仁……占住了两座房,抢了许多家伙,洋洋得意。(醒世姻缘传·五十三回)

上例中,"血沥沥"的"沥沥"、"直挺挺"的"挺挺"、"井井有条"的"井井"、"洋洋得意"的"洋洋",它们在元明以前都是独用的 AA 式重言词。到了《醒世姻缘传》中,它们都降格成为了 ABB 词和四字格固定语的语素了。这说明,它们作为一个词实际已经消亡了。

第四,语义上,少数留存下来的 AA 式重言词大部分义项消失。唐宋时期的 AA 式重言词,数量最多,使用频率最高,许多 AA 式重言词的义项也特别丰富。到了元明清,有少数 AA 式重言词虽还没有丧失词的资格,但大部分义项已丧失殆尽,意义又变得单纯起来。如"历历"在《全唐诗》中使用达 76 次之多,义项也特别丰富。例如:

(7)晴川历历汉阳树,芳草萋萋鹦鹉洲。(全唐诗·崔颢·黄鹤楼)

(8)历历上山人,一一遥可观。(全唐诗·白居易·游悟真寺)

(9)君不见沈沈海底生珊瑚,历历天上种白榆。(全唐诗·白居易·涧底松)

(10)历历愁心乱,迢迢独夜长。(全唐诗·戴叔伦·雨)

(11)历历余所经,悠悠子当返。(全唐诗·韩愈·送湖南李正字归)

(12)鸣蝉历历空相续,归鸟翩翩自著行。(全唐诗·李中·秋日登润州城楼)

例 7 是"清楚分明貌";例 8 是"众多貌";例 9 是"排列成行的样子";例 10 是"忧愁貌";例 11 是"逐一"的意思;例 12 是"鸟虫叫声"。到了《醒世姻缘传》中,"历历"使用仅一次,义项当然也只有一个,是"清楚分明"

的意思。例如:

(13)入殓的时节,通身透明,脏腑筋骨,历历可数,通是水晶一般。(醒世姻缘传•二十七回)

二、AA式重叠在结构上的发展

元明清,AA式重叠在结构上的发展主要表现在两个方面:一是词尾统一于"的";二是第二音节儿化形式的产生。

(一)AA式重叠词尾的变化

唐宋时期,单音性质形容词的AA式重叠大多不带词尾,有极少数带词尾的,但所带的词尾也不统一,有"然、底、地、许、馨、个"等。元明清时期,AA式重叠大多带词尾,且词尾已基本统一为"的"。

"AA的"最早见于宋人话本,只出现于定语和状语两种位置上。例如:

(14)去枣槊巷口,一个小小的茶坊。(清平山堂话本•简帖和尚)①

(15)趁他酒醉,轻轻的收拾了随身衣服,款款的开了门出去。(宋人话本七种•错斩崔宁)

元明清,谓语和补语位置上的AA式重叠带了词尾"的"。例如:

(16)军师们都好好的,没什么忧。(元曲选•隔江斗智•三折)

(17)你说不曾,可怎么湿湿的?(元曲选•鸳鸯被•二折)

(18)您老子去了,等我吃的饱饱的,慢慢的打你。(元曲选•酷寒亭•一折)

(19)我烧得热热的了,将米来我煮。(元曲选•东堂老•三折)

少数情况下,AA式重叠也带词尾"地"。例如:

---

① 例14的"小小的",不同的版本又写作"小小底"。

(20) 哥哥,待我慢慢地寻思咱。(元曲选·窦娥冤·一折)

(21) 我如今忙忙地,那讨银子。(金瓶梅词话·五十五回)

极少数情况下,AA式重叠也带词尾"里"和"价"。例如:

(22) 听小官明明的说破,着元帅细细里皆知。(元曲选·王粲登楼·四折)

(23) 琴童就对玳安暗暗里作了一个鬼脸。(金瓶梅词话·五十四回)

(24) 跟人把驴子拉起,把子平扶上驴子,慢慢价走。(老残游记·第八回)

(25) 德夫人当真用鼻子细细价嗅了会子。(老残游记·续第一回)①

(二) AA式重叠词的儿化

李宇明(1996c)发现:"不同的语言手段可能与重叠同时或先后发生作用,因此有必要甄别哪些意义是重叠造成的,哪些是其他语法手段造成的。"比如:

短短儿的眉毛黄黄儿的脸

短眉毛黄脸

"短短儿的、黄黄儿的"同"短、黄"比较,有程度减弱、情感亲昵等差异。不能把这两种差异都看作是由重叠造成的。重叠的作用只是减弱程度,亲昵是由儿化造成的。

AA式重叠的儿化现象是何时产生的呢?

我们注意到,《元曲选》中的AA式重叠已有儿化形式了。例如:

(26) 我一顿吃了五碗饭,吃得饱饱儿了,我便瞌睡去。(元曲

---

① 我们在《元曲选》《金瓶梅词话》、《醒世姻缘传》中仅发现三例"AA里"。"AA价"在以上三部著作及元明许多著作中都不见,清代的《老残游记》出现了以上两例。"AA里"与"AA价"都只能作状语。

选·冤家债主·二折)

(27)老的,眼见一家儿烧的光光儿了也,教俺怎生过活咱。(元曲选·合汗衫·二折)

(28)这嘴脸可可是天生一对,地产一双,都这等花花儿的,甚是有趣。(元曲选·灰栏记·一折)

(29)拿绳子来,绑得紧紧儿的,休等他挣脱了去。(元曲选·争报恩·一折)

《元曲选》中共有"AA儿"13例,全都出现在宾白之中,曲文中没有一例。《全元散曲》也没有"AA儿"的形式。

李思敬(1986)已指出:《元曲选》和《元曲选外编》中的儿化现象不应该是元代的语言。他比较了现存元刊本杂剧(《元刊杂剧三十种》)和经过明人整理的杂剧《元曲选》和《元曲选外编》,认为:"今本元杂剧中那些符合儿化条件的说法不但不属于元代,反倒更加说明了儿化现象是明代才有的。"他进一步明确指出:"《金瓶梅》时代,儿化音已经成熟。"也就是说,AA式重叠的儿化现象产生于明代。

《金瓶梅词话》中,的确有许多"AA儿"形式。例如:

(30)奴睡的甜甜儿,捆混死了我!(金瓶梅词话·二十九回)

(31)我的哥哥,我出去好好儿,怎么的搞起来?(金瓶梅词话·五十九回)

(32)今年不上二十岁,年小小儿的,通不成器。(金瓶梅词话·六十九回)

单音性质形容词不能儿化,如不能说"甜儿""好儿""小儿";重叠后可以儿化,如可以说"甜甜儿""好好儿""小小儿的"。这就说明形容词能否儿化与重叠有关。

李宇明(1996c)、李善熙(2003)、毛修敬(1984)、蒋希文(1962)、钱曾怡(1995)分别注意到现代汉语普通话形容词重叠的儿化、北京方言形容词及其重叠形式的儿化、江苏赣榆方言形容词的儿化、山东临朐方言形容词重叠形式的儿化等都有较强的主观性。有的表示"情感亲昵",有的表示轻松可喜的语气,有的表示的是消极意义。

关于 AA儿 产生的动因、机制等问题还有待进一步研究。

三、AA 式重叠在语法功能上的发展

AA 式重言通过不停地淘汰旧成员和不停地产生新成员的方式来推持整个系统的描写性。它的句法功能的变动也具有整体性的特点。先秦的 AA 式重言主要作谓语,两汉魏晋的 AA 式重言主要作状语和定语。

AA 式重叠自产生之后,其成员就比较稳定,很少有被淘汰出局的。这一特点影响到 AA 式重叠的功能有一定的倾向性。具体而言就是:新产生的 AA 式重叠多是低频的,多作谓语和补语;原有的 AA 式重叠多是高频的,多作状语或定语。

在《元曲选》《金瓶梅词话》和《醒世姻缘传》中,新产生的 AA 式重叠,使用频率都是一到两例,句法上多作谓语和补语。例如:

(33)好烧饼,香香的。(元曲选·勘头巾·二折)

(34)当初因为你的事起来,你做了老林,怎么还恁木木的?(金瓶梅词话·二十一回)

(35)你穷穷的,养活着孩子,累着手不好挣饭吃。(醒世姻缘传·四十七回)

(36)我为这两个耳朵聋聋的,叫他替我掏掏。(醒世姻缘传·六十四回)

(37)昨日晚间偷了人家一只狗,煮得熟熟的。(元曲选·争报恩·楔子)

(38)投至回家,饿的你娘扁扁的。(元曲选·争报恩·楔子)

(39)哭的眼坏坏的。(金瓶梅词话·二十五回)

(40)轮得棒椎员员的,雨点般往身上乱下。(醒世姻缘传·九十五回)

以上各例中的 AA 式重叠词都是元明新产生的。其中,"香香的""木木的""穷穷的"和"聋聋的"作谓语;"熟熟的""扁扁的""坏坏的"和"员员(圆圆)的"作补语。

元明之前产生的 AA 式重叠词在《元曲选》《金瓶梅词话》和《醒世姻缘传》中多是高频词,多数倾向于作状语,少数倾向于作定语。具体而言,"早早、暗暗、慢慢、稳稳、多多、好好、高高、急急、紧紧、快快、满满、忙忙、明明、轻轻、重重、远远、深深、细细"等高频词多作状语;"大大、小小、长长、短短、弯弯"等高频词多作定语。经常只作状语的"早早、暗暗、慢慢"等现在已有副词化倾向。朱德熙(1982/2000:194)指出,"好、快、慢、远、早、细、大、满、紧、深"等等本来是形容词,重叠以后只能作状语,可见已经转化成副词。

为什么会有这种分别呢? 这又与它们各自基式的语义特征有关。可重叠的单音性质形容词都具有"描写性"和"表量"这两种语义特征,因此它们的重叠形式都能既表状态,又兼表程度。但是,"慢、快、急、稳、轻、深、细、高、暗、明、重、远、紧、好、满、忙、多、早"等形容词与"大、小、长、短、弯"等相比,又多出了表频度、方式、情状、时间等语义特征,除作定语、谓语外,还能直接作状语(胡明扬 2001)。因此,它们的重叠形式也多倾向于作状语。

四、AA 式重叠语用功能的弱化

与 AA 式重言一样,AA 式重叠的描写性也有弱化的趋势,但远没有 AA 式重言的弱化严重。AA 式重叠的语用功能弱化在谓语和补语两个位置上比较易于被观察到,主要表现在两方面:一是谓语、补语位

第四节 元明清 AA 式重叠的发展

置上的 AA 由大多不带词尾发展到现代汉语必须带词尾"的";二是谓语位置上的 AA 已开始受表弱度的程度副词"有些""有点"的修饰。

在现代汉语普通话里,"这条路长长""他长得高高"这一类的句子是不能成立的。"长长"与"高高"之后必须带"的",以增强描写性。历史上的情形却与此不同。

唐代,AA 式重叠作谓语时,只有极少数带词尾"然、许、馨、个"等。此期的 AA 式重叠是新生语言形式,描写性最强,多可不带词尾。例如:

(41)白日何短短,百年苦易满。(全唐诗·李白·短歌行)

(42)箫笛音中声远远,琵琶弦上韵哀哀(敦煌变文集·维摩诘经讲经文[五])

(43)人生相见,且论杯酒,房中少少,何暇匆匆。(张文成·游仙窟)

(44)吾曹之愁色倍深,呼嗟急急。(敦煌变文集·维摩结经讲经文[一])

"短短""远远""少少""急急"不管是在韵文中作谓语还是在散文中作谓语,都不带词尾。

元明时期,AA 式重叠词作谓语和补语时,多数需带词尾"的",但也仍有少数情况不带词尾。例如:

(45)他家叫了个女先生申二姐来,年纪小小,好不会唱。(金瓶梅词话·六十一回)

(46)杨古月说:"身上还温温,待我治他一治。"(醒世姻缘传·第七回)

(47)家缘家计,都被火烧的光光了,无计可生。(元曲选·货郎旦·三折)

(48)当下这婆子非钱而不行,得了这根簪子,吃得脸红红,归

家去了。(金瓶梅词话・八回)

(49)妇人见他脸气的黄黄,拉着秋菊进门,便问:"怎的来了?"(金瓶梅词话・十一回)

同样是作谓语和补语,唐代的 AA 多不带词尾;元明的 AA 多带词尾"的";现代汉语普通话的 AA 必须带词尾"的"。这种变化从一个侧面反映出 AA 式重叠的描写性有弱化趋势。

石毓智(2001)根据能否用程度副词"有点、很、最"加以修饰的标准,将形容词分为"非定量形容词"和"定量形容词"。形容词的重叠形式属定量形容词,是不能受"有点、很、最"修饰的。时卫国(1998)对此提出了异议,认为:"很""最"等强度程度副词不能修饰形容词的重叠形式,但"有点"这个弱度程度副词还是可以修饰形容词的重叠形式的。如,可以说"他态度有点冷冷的"。时卫国的观察是正确的。

唐宋元明时期,不同等级的程度副词都不能修饰 AA 式重叠。但是,明末清初的《醒世姻缘传》中,弱度程度副词"有些"已开始修饰 AA 式重叠了。例如:

(50)不傻也有些呆呆的。(醒世姻缘传・八十一回)

(51)你因甚么见了他便有些馁馁的?(醒世姻缘传・九十五回)

清代小说中,也有一些 AA 式重叠词可以受"有些"的修饰。例如:

(52)说了一会,见宝玉有些懒懒的了,便起身告辞。(红楼梦・二十六回)

(53)贡生见庞氏不成声气,有些怕怕的。(绿野仙踪・八十回)

(54)我瞧着这几家本家,还有咸大奶奶们几家亲戚,光景都有些紧紧的。(红楼复梦・六十一回)

(55)说着,眼圈儿便有些红红的。(儿女英雄传・二十七回)

(56)公子将要回答,脸上却又有些酸酸儿的,这句话却不敢

说。(儿女英雄传·三十七回)

清代晚期,弱度程度副词"有点"开始修饰AA式重叠。例如:

(57)我此时虽不觉乏,只是腹中有点空空儿的,可怎么好?(七侠五义·三十二回)

(58)下半截一点不凉,仿佛有点温温的似的。(老残游记·续第一回)

直到现在,现代汉语普通话中,强度程度副词和比较度程度副词都不能修饰AA式重叠,只有弱度程度副词"有些""有点"能修饰它们。这种情形又从另一个侧面反映出AA式重叠的描写性已开始弱化,但幅度还比较有限。

不过,在现代汉语某些方言中,AA式重叠却可以接受不同等级的程度副词修饰。

傅国通(1961)发现:浙江武义话里,跟普通话里"很""太"的意思相类似的"老"常常修饰形容词的AA式重叠。例如:

老高高　　老短短　　老多多　　老甜甜
老红红　　老轻轻　　老长长　　老热热

傅佐之(1962)发现:浙江温州方言里,形容词的AA式重叠受"蛮"和"蒙"的修饰。"蛮""蒙"相当于普通话的程度副词"很"。例如:

蛮大大　　蒙碎碎(小也)
蛮高高　　蒙矮矮
蛮长长　　蒙短短

同时,形容词的AA式重叠也能受程度副词"一另儿"修饰。"一另儿"相当于普通话的"一点儿""有点"。例如:

一另儿大大　　一另儿高高
一另儿长长　　一另儿甜甜

钱曾怡(1995)发现:山东临朐方言里,近似于普通话"很"的"大"可以修饰形容词的 AA 式重叠。例如：

  大长长 大宽宽 大粗粗 大高高

  大胖胖 大厚厚 大远远 大深深

这说明,有些方言 AA 式重叠的语用功能比普通话更弱。

第五节 结 论

综观汉语形容词 AA 式重叠的历史发展,本章得出如下结论：

(一)形容词 AA 式重叠发展的总趋势是从重言到重叠。先秦,AA 式重言大量出现；唐宋,AA 式重叠开始替换 AA 式重言；元明清,AA 式重言在口语中逐步消退,AA 式重叠得到进一步发展。

(二)AA 式重言出现的动因。单音状态形容词功能的弱化导致了 AA 式重言的出现。先秦,单音状态形容词大量存在,但因功能弱化,单独使用的能力逐步减弱。它们在先秦时期除单独使用外,还有形成重言、带词尾、配衬字使用等情况。其中重言的用例最多。单音状态形容词到魏晋时单用的能力越来越弱,到唐代作为一个词的小类已近于消亡。

(三)AA 式重言消亡的动因。AA 式重言的消亡经历了两个阶段：一是唐代的生成性衰弱；另一是明清在口语中逐步消退。唐代,随着单音状态形容词的不存在,新的重言也不再产生。明清,随着 AA 式重言描述性的减弱,AA 式重叠大量出现,AA 式重言逐步消退。

(四)AA 式重叠出现的动因。AA 式重叠在唐以前零星出现是 AA 式重言类推的结果。AA 式重叠在唐以后大量出现有内部和外部两方面的动因。内部动因是单音性质形容词潜在的描写性被激活；外部动因是 AA 式重言描写性的全面弱化,已不能担负起描写性的语用功能。

(五)在现代普通话和方言里,AA式重叠的语用功能也有弱化的趋势。

(六)汉语形容词AA式重叠语法结构的发展趋势是由不带词尾到带词尾。AA式重言在先秦早期一般不带词尾,发展到战国至汉代一般带词尾"然""若""如""尔""焉"等,其中"AA然"最多。AA式重叠在唐代大量出现时,也很少带词尾,晚唐至元明,一般带词尾"的""底""地""生""价""儿"等,其中"AA的"最多。

(七)汉语形容词AA式重叠语法意义的发展,趋势是由具体到抽象。AA式重言的描写对象较为具体,一般是一类或几类具体的对象,表现的是具象状态;AA式重叠的描写对象特别抽象,表现的是泛化状态。

(八)汉语形容词AA式重叠语法功能的发展趋势是非谓语化。AA式重言最初主要作句子的谓语,后来的发展是由主要作谓语向主要作状语和定语发展。唐代以后,AA式重叠的功能表现为:新产生的AA式重叠多是低频的,多作谓语和补语;以前产生的AA式重叠多是高频的,多作状语或定语。

第四章 形容词AABB重叠形式的历史发展

汉语形容词AABB重叠形式有重叠和叠加两种结构方式。邢福义等(1993)指出,现代汉语里,形容词的AABB有两类:"(一)一个双音形容词的AABB重叠;(二)两个单音形容词的AABB叠结。"例如:"清爽"是一个双音节的形容词,"清清爽爽"是形容词的AABB重叠式;"高"和"低"是两个单音节形容词,"高高低低"是形容词的AABB叠结式。本书称前者为AABB重叠式,后者为AABB叠加式。

(一)AABB叠加的类型

汉语形容词AABB叠加的类型可以从不同的角度来划分。

就A与B的词性小类不同而言,AABB叠加式有两类:(Ⅰ)当A与B都是单音状态形容词时,AABB构成重言式叠加;(Ⅱ)当A与B都是单音性质形容词时,AABB构成重叠式叠加。例如:

(1)穆穆皇皇,宜君宜王。(诗经·大雅·假乐)

(2)那穿长袍的与武装的,都象些小傀儡,在一些红红绿绿的小旗子下,坐着或立着。(老舍·四世同堂·惶惑)

"穆穆皇皇"是重言式叠加。"穆"与"皇"都是单音状态形容词,分别构成"穆穆"与"皇皇"两个重言形式,然后加合在一起构成重言式叠加。"红红绿绿"是重叠式叠加。"红"与"绿"都是单音性质形容词,分别构成"红红"与"绿绿"两个重叠形式,然后加合在一起构成重叠式叠加。

就A与B的语义关系不同而言,AABB叠加式有三类:(Ⅰ)当A与B意义相同时,AABB构成同义叠加;(Ⅱ)当A与B意义不相同而

相关时,AABB 构成差义叠加;(Ⅲ)当 A 与 B 意义相反时,AABB 构成反义叠加。例如:

(3)稀稀疏疏绕篱竹,窄窄狭狭向阳屋。(全唐诗·白居易·和自劝二首)

(4)那个喝松花江水长大的白白胖胖的女人,一直跟着他。(张正隆·雪白血红)

(5)在果园里就经常看见通红的一团,轻快地、兴冲冲地弹跳出没于高高低低、深深浅浅的丛绿之中。(汪曾祺自选集·羊舍一夕)

"窄"与"狭"意义相同,"窄窄狭狭"构成同义叠加;"白"与"胖"意义不同而相关,"白白胖胖"构成差义叠加;"高"与"低"意义相反,"高高低低"构成反义叠加。

(二)AABB 重叠的类型

汉语形容词 AABB 重叠的类型也可以分为"重言式重叠"和"重叠式重叠"两类。近代汉语里,双音状态形容词构成的 AABB 重叠,我们称之为"重言式重叠";现代汉语里,双音性质形容词构成的 AABB 重叠,我们称之为"重叠式重叠"。例如:

(6)参参差差,森森纚纚。(全唐文·杨炯·梓州惠义寺重阁铭)

(7)于是便哼着《四郎探母》什么的高高兴兴的走回家去。(老舍·四世同堂·偷生)

"参差"是双音状态形容词,不能受程度副词的修饰,"参参差差"是重言式重叠;"高兴"是双音性质形容词,可以受程度副词的修饰,"高高兴兴"是重叠式重叠。

本章一是讨论汉语形容词 AABB 重叠形式由叠加演变为重叠的过程;二是考察分析形容词 AABB 重叠形式在结构、功能和意义等方面的发展。全章分四节:第一节,唐以前的 AABB;第二节,唐宋的

AABB；第三节，元明清的 AABB；第四节，结论。

第一节 唐以前的 AABB

AABB 式词语最早见于西周金文。管燮初（1981：196）提到有"倉倉恩恩"等五个 AABB 式词语，全都是拟声词。例如：

歔歔彖彖　豐豐彖彖　彖彖歔歔　倉倉恩恩　雄雄雒雒

从结构上说，它们是"两对叠音字构成一个复音词"；从语音上说，"两对叠音字之间是双声关系"；从意义上说，它们都摹写的是事物或音乐之声；从功能上说，它们主要独立成句。五例 AABB 式词语使用共九次：八次独立成句；一次作修饰语。看来，后来出现的形容词的 AABB 叠加式都是受拟声词的 AABB 叠加式影响，通过类推而产生的。

曹先擢（1980）谈到：《诗经》中的 AABB 式词语有 21 例。伍宗文（2001）在《尚书》《庄子》《荀子》《孙子》《韩非子》《战国策》《楚辞》《吕氏春秋》等先秦作品中找到形容词性的 AABB 式词语共计 38 例。我们在两汉魏晋赋中找到形容词性 AABB 式词语共 70 例；又在《淮南子》《论衡》《汉书》《三国志》《世说新语》《抱朴子》等散文文献中找到 46 例；还在《先秦汉魏晋南北朝诗》中找到 57 例。本节将以这 232 例词语为主要对象，考察唐以前 AABB 式词语的结构、功能和意义。

一、AABB 的结构

从内部结构上看，唐以前的 AABB 都是两个重言式 AA、BB 的叠加，不是 AB 重叠而成的 AABB。具体又分为两种情况：一是 AB 不连用的"AA＋BB"；二是 AB 连用的"AA＋BB"。

1. AB 不连用的"AA＋BB"

"穆穆皇皇"不是"穆皇"的重叠，而是"穆穆"和"皇皇"的连用。例如：

(8) 穆穆皇皇,宜君宜王。(诗经·大雅·假乐)

郑笺:"天子穆穆,诸侯皇皇。"从郑笺就可以看出,汉代的学者已发现,"穆穆皇皇"是叠加,不是重叠。文献中,"穆穆"与"皇皇"也常常是分开使用的。例如:

(9) 相维辟公,天子穆穆。(诗经·周颂·雝)

(10) 皇皇后帝,皇祖后稷。(诗经·鲁颂·閟宫)

这证明汉代学者的分析是正确的。

其中,"穆穆"是"穆"的重叠;"皇皇"是"皇"的重叠。"穆""皇"都是可单用的单音状态形容词。例如:

(11) 於穆清庙,肃雝显相。(诗经·周颂·清庙)

(12) 不显成康,上帝是皇。(诗经·周颂·执竞)

毛传:"穆,美也";"皇,美也"。"穆""皇""穆穆""皇皇""穆穆皇皇"都是"美""盛"之义。"穆穆""皇皇"比"穆""皇"的描写性强,而"穆穆皇皇"的描写性最强。

但是,"穆"与"皇"不连用,在"穆穆皇皇"同时代的文献中找不到"穆皇"的存在。这就是我们所说的"AB不连用的'AA+BB'"。

从基式的独用性来看,大部分AABB基式"A"和"B"是独用的,但也有一部分AABB的基式未见独用。例如:

(13) 兢兢业业,如霆如雷。(诗经·大雅·云汉)

(14) 儦儦俟俟,或群或友。(诗经·小雅·吉日)

例13,毛传:"兢兢,恐也;业业,危也。""兢"在先秦文献中从未见单用;"业"在《诗经》中有单用例。如:"昔在中叶,有震且业"(诗经·商颂·长发)。毛传:"业,危。"例14的"儦""俟"都不单用。从古代学者的分析中看出,"儦"与"俟"本是可以单用的。例如,《说文》:"儦,行貌。《诗》曰:'行人儦儦。'"《说文》:"俟,大也。"段注:"此俟之本义也。自经传假为竢字,而俟之本义废矣。"按段玉裁的意思,"儦儦俟俟"本应写作"儦僬竣竣"。"竣"可以单用。但典籍中找不到"僬""俟"单用的例证。

2. AB 连用的"AA+BB"

有些 AABB 式词语,除"AA""BB"可分用外,"A"与"B"还连用,形式上像是"AB"的重叠。例如:

(15)濩漢潾乱,炜炜煌煌。(文选·王延寿·鲁灵光殿赋)

李善注:"采色众多,眩曜不定也。"从李善的注来看,"炜炜煌煌"是光亮闪烁的样子。"炜炜"与"煌煌"常分开使用。例如:

(16)《诗经·邶风·静女》:"彤管有炜。"郑笺:"赤管炜炜然。"

(17)昏以为期,明星煌煌。(诗经·陈风·东门之杨)

朱熹《集传》:"煌煌,大明貌。""炜炜""煌煌"都指光亮闪烁。

同时,"炜炜"的基式"炜"和"煌煌"的基式"煌"可以连用,临时构成"炜煌"。例如:

(18)鞘轩蓼扰,毂骑炜煌。(文选·左思·吴都赋)

"毂骑炜煌"指张着弓弩的骑兵服饰辉煌。这种情形就是我们所说的"AB 连用的'AA+BB'"。

此类情形是"AA+BB"向 AB 重叠为 AABB 发展过程中的过渡阶段,还不能认为是 AB 的重叠。从意义上说,"炜炜煌煌"是"炜炜"与"煌煌"意义的简单相加,"炜煌"的意义还没有凝固成为一个词的意义。从结构上说,"炜炜煌煌"还未完全定型,还可以构成"煌煌炜炜"。例如:

(19)灼煌煌以炜炜,独崇朝而达暮。(全上古三代秦汉三国六朝文·全晋文·夏侯湛·朝华赋)

显然,即使到了魏晋时代,"煌煌""炜炜"还是两个词,"炜炜煌煌"也不是"炜煌"重叠出的一个词,而是两个重言形式的连用。

伍宗文(2001)认为:此类的 AABB 是重叠式 AABB,不是叠加式 AABB,并举"苾苾芬芬"为例,认为重叠式 AABB 在先秦就已产生。我

们认为"苾苾芬芬"还是叠加式的短语,不是重叠式的词。只不过,它是基式可连用的叠加式。请看例句:

(20)苾苾芬芬,祀事孔明。(诗经·小雅·信南山)

郑笺:"苾苾芬芬然香,祀礼于是则甚明也。"郑玄把"苾苾芬芬"作为一个整体来解释,似乎它已是一个不可分割的形式。其实,"芬芬"与"苾苾"也是可分开使用的。例如:

(21)旨酒欣欣,燔炙芬芬。(诗经·大雅·凫鹥)

毛传:"芬芬,香也。""苾"是单音状态形容词,可单用。例如:

(22)有飶其香,邦家之光。(诗经·周颂·载芟)

毛传:"飶,芬香也。"清·陈奂《诗毛氏传疏》:"飶,《楚茨》《信南山》作苾。飶、苾同也。"而且,重叠的"苾苾"在魏晋还是分用的。例如:

(23)蔚蔚丰秋,苾苾香秔。(全上古三代秦汉三国六朝文·全宋文·谢灵运·山居赋)

由此看来,"苾苾芬芬"首先应分析为"AA+BB"。其次"苾"与"芬"又可以连用。例如:

(24)苾芬孝祀,神嗜饮食。(诗经·小雅·楚茨)

郑笺:"苾苾芬芬,有馨香也。"郑玄已意识到"苾芬"与"苾苾芬芬"的关系,这只能说明 AB 连用的"AA+BB"比 AB 不连用的"AA+BB"给人印象是结合得要紧密一些,并不能说明"苾苾芬芬"就是"苾芬"的重叠。因为作为基式的"苾芬"还不是一个词,而是两个单音状态形容词的连用。这种连用的次序还不固定,既可以连用为"苾芬",也可以连用为"芬苾"。例如:

(25)五味调香,所以养口也;椒兰芬苾,所以养鼻也。(荀子·礼论)

形容词的 AABB 重叠式是双音形容词的重叠式。作为基式的双音形容词都还没有形成,它的重叠式从何而产生呢?

AABB 叠加式由 AB 不连用发展到 AB 连用，这是叠加式向重叠式发展的关键一步。它的出现有一定的必然性，与单音状态形容词的描写性弱化有关。单音状态形容词描写性弱化而选择连用，因连用而词汇化为双音状态形容词。随着形容词双音化的形成，AABB 重叠式也就会在叠加式的基础上产生。根据后面的考察，这种过程的最终形成是在唐代。

综观唐以前 AABB 叠加式的发展会发现，AB 由不连用到连用有增加的趋势。先秦，《诗经》《庄子》《荀子》《楚辞》等文献中，AABB 叠加式词语共 59 例，而 AB 连用的 AABB 还只有 8 例。两汉魏晋赋中，AABB 叠加式共 70 例，而 AB 连用的 AABB 已有 25 例。随着单音状态形容词连用的增加，AB 连用的叠加式 AABB 也在增加。AB 不连用的"AA＋BB"为叠加式 AABB 的发展提供了结构上的基础；AB 连用的"AA＋BB"为重叠式 AABB 的形成起了桥梁作用。

从外部结构来看，先秦的 AA 式重言有许多可以带"然、若、如、尔、焉"作词尾；但先秦的形容词性的 AABB 因描写性强，大多不带词尾。在我们调查的文献中，仅有 3 例 AABB 带"然"。例如：

(26) 言顺比滑泽，洋洋纚纚然，则见以为华而不实。(韩非子•难言第三)

(27) 子之言祭，济济漆漆然；今子之祭无济济漆漆，何也？(礼记•祭义)

(28) 孝子如执玉，如奉盈，洞洞属属然，如弗胜，如将失之。(礼记•祭义)

因为 AABB 现在是短语，还不是词，所以准确地说，以上 3 例的"然"不是词尾，而是语尾。

两汉魏晋，AABB 带语尾"然"的也少。在我们调查的文献中，只发现两例。例如：

(29) 及世之衰也，至伏羲氏，其道昧昧芒芒然。(淮南子·俶真)

(30) 于此，万民睢睢盱盱然，莫不竦身而载听视。(淮南子·俶真)

无论是先秦还是两汉魏晋，只有作谓语的 AABB 才带语尾"然"。

二、AABB 内部结构的特点

唐以前，形容词性的 AABB 是两个重言式的连用，带有较强的语用性质，与今天的 AABB 式形容词有很大的区别。具体地说，AABB 在内部结构方面有三大特点：(Ⅰ)结构的松散性；(Ⅱ)组合的临时性；(Ⅲ)语序的不稳定性。

1. AABB 结构的松散性

唐以前的"AA＋BB"与现代的"AA＋BB"有很大不同。"高高瘦瘦"是现代的叠加式 AABB，已经形成为一种较为固定的组合。"高高"与"瘦瘦"虽可以分用，但一旦结合，中间不能被功能词隔开，不能说"高高而瘦瘦""高高并且瘦瘦"。这说明现代汉语里的叠加式 AABB 形容词的结构是紧凑的，是一个词。但唐以前的 AABB，结构就比较松散，中间可以加入连词"以""而"和"之"。例如：

(31) 服觉皓以殊俗兮，貌揭揭以巍巍。(楚辞·九叹·远游)

(32) 夜漫漫以悠悠兮，寒凄凄以凛凛。(文选·潘岳·寡妇赋)

(33) 齐首目以瞪眄，徒眽眽而狋狋。(文选·王延寿·鲁灵光殿赋)

(34) 登石峦以远望兮，路眇眇之默默。(楚辞·卜居)

"揭揭巍巍"是高貌，"漫漫悠悠"是漫长貌，"凄凄凛凛"是寒冷貌，中间都加了连词"以"；"眽眽狋狋"是注视貌，中间加了连词"而"；"眇眇"是远貌，"默默"是寂静貌，"眇眇默默"构成相关的二元状态——"远而寂静貌",中间加了连词"之"。

有时,AABB 中间还可以加进语气词"兮"。例如:

(35)顾章华兮太息,志恋恋兮依依。(楚辞·九思·伤时)

(36)状貌崟崟兮峨峨,凄凄兮浰浰。(楚辞·招隐士)

"恋恋依依"是依恋貌,"崟崟峨峨"是高耸貌,"凄凄浰浰"是湿润貌。

2. AABB 组合的临时性

唐以前的 AABB 除"战战兢兢""穆穆皇皇"等少数几个 AABB 被多次使用外,大多数的 AABB 都是一种临时性的组合,使用仅一次或次数极少。有些是对以前的两个 AA、BB 式重言的临时加合。例如:

(37)雎鸠丽黄,关关嘤嘤。(文选·张衡·东京赋)

(38)氾滥溥漠,浩浩洋洋。(文选·马融·长笛赋)

《诗经·周南·关雎》有"关关雎鸠",《诗经·小雅·伐木》有"鸟鸣嘤嘤","关关嘤嘤"就是对以上两个重言形式的临时组合。《尚书·尧典》有"浩浩滔天",《诗经·卫风·硕人》有"河水洋洋"。"浩浩"指水盛大貌,"洋洋"指水深广貌。"浩浩洋洋"也是对这两个重言形式的临时组合。

唐代学者颜师古在注解《汉书》时也注意到了 AABB 组合的临时性。《汉书·叙传》有这样一句:"万石温温,幼寤圣君,宜尔子孙,夭夭伸伸。"颜师古注:"《诗·周南·螽斯》之篇曰'宜尔子孙振振兮'。《论语》称孔子'燕居,伸伸如也,夭夭如也',谓和舒之貌。此言万石子孙既多,又皆和睦,故引以为辞也。"颜师古认为,《汉书》中的"夭夭伸伸"是套用《论语》的"伸伸如也"和"夭夭如也",是临时的组合。

AABB 组合的临时性还体现在 AABB 的组成成员不固定。一个 AA 式重言可以和多个相关的 BB 式重言组合成 AABB。"纷纷"就可以和九个不同的 BB 式重言构成九组 AABB 临时性组合。例如:"纷纷纭纭"(孙子·势篇)、"纷纷扰扰"(楚辞·神女赋)、"纷纷分分"(吕氏春秋·慎大览)、"纷纷若若"(列子·力命)、"纷纷翼翼"(枚乘·七发)、"涽涽纷纷"(荀子·解蔽)、"莫莫纷纷"(扬雄·羽猎赋)、"飑飑纷纷"(班固·西都赋)、"涵涵纷纷"(汉书·叙传)等。有的(如"纷纷扰扰")使用历史长一些,一直留存至今;大多数在历史上使用仅此一次。

3. AABB 语序的不稳定性

因为 AABB 是 AA 与 BB 的叠加,而且这种叠加的关系还比较松散,所以 AABB 的语序也是不固定的。两个重言词 AA、BB 可以叠加为"AA+BB",也可以叠加为"BB+AA"。例如:

(39)有昭辟雍,有贤泮宫,田里周行,济济锵锵,而相从执质,有族以文。(刘向·说苑·建本)

(40)重闱洞出,锵锵济济。(文选·左思·魏都赋)

(41)况乎圣德巍巍荡荡,民泯所不能命哉。(全上古三代秦汉三国六朝文·全汉文·王褒·四子讲德论)

(42)重泽接武,贡楛盈庭。荡荡巍巍,格于上下。(抱朴子·吴失)

(43)赫赫炎炎,云我无所。(诗经·大雅·云汉)

(44)此其为乐也,炎炎赫赫,怵然若有所诱慕。(淮南子·原道)

"济济锵锵"与"锵锵济济"都指步趋有节、多而整齐的样子,"巍巍荡荡"与"荡荡巍巍"都指道德崇高、恩泽博大的样子,"赫赫炎炎"与"炎炎赫赫"都是盛大貌。上述三组互为对应的叠加式意义相同,而词序可以不固定。

使用频率较高的"穆穆皇皇"也可以叠加为"皇皇穆穆"。例如:

(45)桀纣以乱,汤武以贤,涔涔淑淑,皇皇穆穆。(荀子·赋)

三、AABB 的功能

先秦,AABB 的描写性强,大多是独立成句,充当并列复句中的一

个分句。《诗经》中的 AABB 受句式的限制,全都充当并列复句中的一个分句。散文中的 AABB 也大多是作分句。例如:

(46)恢恢广广,孰知其极?睪睪广广,孰知其德?涽涽纷纷,孰知其形?(荀子·解蔽)

(47)媒媒晦晦,无心而不可与谋。(庄子·知北游)

(48)纷纷纭纭,斗乱而不可乱也。(孙子·势篇)

另外,先秦散文中,AABB 已能够作句子成分了,主要是作谓语。例如:

(49)言语之美,穆穆皇皇;朝廷之美,济济鎗鎗。(荀子·大略)

(50)朋友切切偲偲,兄弟怡怡。(论语·子路)

(51)丧容累累,色容颠颠,视容瞿瞿梅梅。(礼记·玉藻)

极个别的 AABB 可以作定语。例如:

(52)周书所谓"庸庸祗祗"者,谓此物也夫!(左传·宣公十五年)

我们调查了《尚书》《诗经》《左传》《庄子》《论语》《孟子》《荀子》《孙子》《礼记》《吕氏春秋》中的 AABB 词,共计 51 例,使用 72 次。其中,独立成为分句的 50 次;作谓语的 21 次;作定语的仅 1 次。

两汉魏晋时期,AABB 的功能与先秦相比,变化不大。主要还是充当并列复句中的一个分句,其次作谓语。韵文中,个别的 AABB 可以作状语。

以韵文为例,两汉魏晋赋中,形容词性的 AABB 共 70 例,使用 76 次。其中,独立作分句的 65 次;作句子谓语的 11 次。例如:

(53)眇眇忽忽,若神仙之仿佛。(文选·司马相如·子虚赋)

(54)不被创刃而死者,他他籍籍。(文选·扬雄·上林赋)

例 53,AABB 独立为分句;例 54,AABB 作句子的谓语。

只不过,两汉魏晋的韵文中,AABB 并列而用的情形比先秦突出一

些,两个甚至三个 AABB 可以构成两个或三个并列分句。例如:

(55)清道案列,天行星陈。肃肃习习,隐隐辚辚。(文选•张衡•东京赋)

(56)纯驰浩蜿,前后骆驿。颙颙卬卬,椐椐彊彊,莘莘将将。(文选•枚乘•七发)

以散文为例,两汉魏晋的《论衡》《淮南子》《汉书》《世说新语》《三国志》《抱朴子》共有形容词性的 AABB46 例,使用 57 次。其中,独立充当分句的有 44 次,作句子谓语的有 12 次,作定语的 1 次。例如:

(57)战战惶惶,汗出如浆。(世说新语•言语)

(58)天下至广,万机至猥,诚不可不矜矜业业,坐而待旦也。(三国志•魏书•徐胡二王传)

(59)其后至汤,举兵伐桀,武王把钺伐纣,无巍巍荡荡之文,而有动兵讨伐之言。(论衡•齐世)

例 57,AABB 是分句;例 58,AABB 作谓语;例 59,AABB 作定语。

四、AABB 的意义

唐以前的 AABB 属两个重言式 AA、BB 的连用,因此是重言叠加式的 AABB。AA 式重言的语法意义是表现描写性,表状态,那么 AABB 的语法意义也应是表现描写性,表状态。不同的是,AA 式重言表现的是单一状态;AABB 式重言表现的是二元状态。AA 是一种状态;BB 又是一种状态。例如:

(60)缉缉翩翩,谋欲谮人。(诗经•小雅•巷伯)

毛传:"缉缉,口舌声;翩翩,往来貌。""缉缉翩翩"表现了"附耳私语"的神情和"往来奔走"的样子。"缉缉"和"翩翩"是两种状态。

有的 AABB 结构,"AA"与"BB"的意义相同,是同义叠加,二元状态也近似于单一状态。例如:

(61) 我黍与与，我稷翼翼。(诗经·小雅·楚茨)

(62) 其原野则有桑漆麻苎，菽麦稷黍。百谷蕃庑，翼翼与与。(文选·张衡·南都赋)

例 61 中，"与与""翼翼"分别描写了"黍"和"稷"茂盛的样子，都是单一状态。例 62 中，作者要表现"桑漆麻苎""菽麦稷黍"的茂盛，所以采用了"翼翼与与"这种二元状态来加强描写性。

因"与与"与"翼翼"描写的对象相似，二者的意义也相同。朱熹《诗集传》解释说："与与、翼翼，皆蕃盛貌。""翼翼与与"表现的虽是二元状态，但意义相同，都是"茂盛"之义，给人的感觉并没有两种状态的存在，等同于单一状态。

有的 AABB 结构，"AA"与"BB"的意义只是相近、相关，不相同，是差义叠加，意义表现的是典型的二元状态。例如：

(63) 大哉！尧之为君也！巍巍乎！唯天为大，唯尧则之。荡荡乎，民无能名焉。(论语·泰伯)

(64) 荡荡巍巍，格于上下。(抱朴子·吴失)

朱熹《论语集注》："巍巍，高大之貌；荡荡，广远之称也。""巍巍"形容尧的道德崇高，如同高山；"荡荡"形容尧对人民的恩泽博大，如同大海。两者所描写的对象虽是一个(尧)，形容的却是两种不同的状态。这两种状态因对象同一而相互关连。因为"巍巍"与"荡荡"两词的意义有差别，所以是差义叠加。

单音状态形容词没有反义词，由它们构成的 AABB 叠加形式也没有反义组合，只有同义和差义组合。

第二节 唐宋的 AABB

唐宋时期，是重叠式 AABB 的形成时期，也是叠加式 AABB 的发展时期。这一时期,我们讨论的重点是重叠式 AABB 的形成和叠加式 AABB 的发展。同时,也要弄清唐宋 AABB 在结构、功能和意义上的发展。具体问题如下:一、唐宋 AABB 的类型;二、重新分析与 AABB 准重叠式的出现;三、类推与 AABB 重叠式的形成;四、重叠式 AABB 产生的动因;五、唐宋 AABB 的结构;六、唐宋 AABB 的功能;七、唐宋 AABB 的意义。

一、唐宋 AABB 的类型

唐宋时期是历史上 AABB 的类型最复杂的时期,大体有如下六种类型:

	A 组	B 组	C 组
Ⅰ 行	皎皎苍苍	漫漫汗汗	参参差差
Ⅱ 行	小小细细	长长久久	明明白白

Ⅰ行中的"皎皎苍苍""漫漫汗汗"和"参参差差"是单音状态形容词的叠加式和双音状态形容词的重叠式。具体说,"皎皎苍苍"是单音状态形容词的叠加式;"漫漫汗汗"是双音状态形容词的准重叠式;"参参差差"是双音状态形容词的重叠式。总之,以上三者的基式都是状态形容词。

Ⅱ行中的"小小细细""长长久久"和"明明白白"是单音性质形容词的叠加式和双音性质形容词的重叠式。具体说,"小小细细"是单音性质形容词的叠加式;"长长久久"是双音性质形容词的准重叠式;"明明白白"是双音性质形容词的重叠式。总之,以上三者的基式都是性质形容词。

Ⅰ行与Ⅱ行的对立是基式词性小类的对立,也就是状态形容词与性质形容词的对立。

A 组中的"皎皎苍苍""小小细细"是典型的叠加式。前者是 AA 式重言的叠加；后者是 AA 式重叠的叠加。"皎苍""小细"都不成词。"皎皎苍苍"是重言叠加式，"小小细细"是重叠叠加式。

C 组中的"参参差差""明明白白"是典型的重叠式。前者是双音状态形容词"参差"的重叠，"参参差差"的意义不等于"参参"与"差差"意义的简单相加；后者是双音性质形容词"明白"的重叠，"明明白白"的意义不等于"明明"与"白白"意义的简单相加。"参参差差"是重言式重叠，"明明白白"是重叠式重叠。

A 组与 C 组的对立是叠加式与重叠式的对立。

B 组中的"漫漫汗汗""长长久久"是叠加式和重叠式的中间状态。它既可以分析为叠加式，如"漫漫"+"汗汗""长长"+"久久"，又可以分析为重叠式，如"漫汗"重叠为"漫漫汗汗"，"长久"重叠为"长长久久"。这是一类有歧解的结构，我们暂且称它们为准重叠式。"漫漫汗汗"是准重言式重叠，"长长久久"是准重叠式重叠。

唐以前，AI 类的 AABB（皎皎苍苍）和 BI 类的 AABB（漫漫汗汗）已经出现。前者就是基式（AB）不连用的"AA＋BB"；后者就是基式（AB）连用的"AA＋BB"。其中，AI 类在唐代仍然占有绝对优势。以《全唐诗》为例，形容词性的 AABB 总计 137 例，而 AI 类 AABB 就有 103 例。其余四类都是唐代新出现的。其中，CI 类（参参差差）和 CII 类（明明白白）的出现标志着重叠式 AABB 的正式形成；AII 类（小小细细）和 BII 类（长长久久）的出现标志着重叠式叠加和准重叠式重叠的出现。

二、重新分析与 AABB 准重叠式的出现

唐宋是重叠式 AABB 的形成时期，但在真正意义上的 AABB 重叠式出现之前，存在着一种类似于 AABB 重叠式的结构。例如：

（1）山峥嵘，水泓澄。漫漫汗汗一笔耕，一草一木栖神明。（全

第二节 唐宋的AABB

唐诗·顾况·范山人画山水歌)

(2)梦中归见西陵雪,渺渺茫茫行路绝。(全唐诗·皎然·述梦)

(3)杳杳冥冥生恍惚,恍恍惚惚结成团。(全唐诗·吕岩·敲爻歌)

(4)寂寂寥寥杨子居,年年岁岁一床书。(全唐诗·卢照邻·长安古意)

(5)纷纷泊泊夜飞鸦,寂寂寞寞离人家。(全唐诗·王建·宛转词)

(6)凄凄恻恻又微嚬,欲话羁愁忆故人。(全唐诗·韩偓·抚州如归馆)

"漫漫汗汗""渺渺茫茫""恍恍惚惚""寂寂寥寥""寂寂寞寞""凄凄恻恻"等是双音状态形容词"漫汗""渺茫""恍惚""寂寥""寂寞""凄恻"等的重叠形式。这些重叠形式都出现于唐代,但它们的基式——双音节状态形容词有的见于唐代,大多出现于唐以前。例如:

(7)布濩漫汗,漭沆洋溢。(文选·张衡·南都赋)

(8)含情凝睇谢君王,一别音容两渺茫。(全唐诗·白居易·长恨歌)

(9)为恬淡之学,而理恍惚之言。(韩非子·忠孝)

(10)寂寥曲肱子,瓢饮疗朝饥。(先秦汉魏晋南北朝诗·谢灵运·君子有所思行)

(11)巡陆夷之曲衍兮,幽空虚以寂寞。(楚辞·刘向·忧苦)

(12)是以行子肠断,百感凄恻。(文选·江淹·别赋)

这类AABB与唐以前AB连用的AABB(如"苾苾芬芬""炜炜煌煌")同属一类,但又略有不同。如前所述,唐以前的"苾苾芬芬"产生于单音状态形容词可以独用的时代,还是单音状态形容词的叠加。而唐代出现的"漫漫汗汗"等产生于单音状态形容词已经消亡的时代。在第三章,我们已经发现:作为一个词类系统,单音状态形容词在唐代已经消亡。那么,唐代的"漫汗""渺茫""恍惚""寂寥""寂寞""凄恻"等不可能还是单音状态形容词的连用,而是标准的双音状态形容词。因此,"漫漫汗汗"等有可能是它们的重叠式。

但是,它们还不是真正的双音形容词的重叠形式。它们也有可能是叠加形式。它们的意义与组成它们的"AA""BB"的意义相同。也就是说,"漫漫汗汗"与"漫漫""汗汗"的意义一样,还很有可能是"漫漫"+"汗汗";"渺渺茫茫"与"渺渺""茫茫"的意义相同,还很有可能是"渺渺"+"茫茫";其他类推。

在"漫漫汗汗""渺渺茫茫""恍恍惚惚""寂寂寥寥""寂寂寞寞""凄凄恻恻"等形成以前,"漫漫""汗汗""渺渺""茫茫""恍恍""惚惚""寂寂""寥寥""寞寞""凄凄""恻恻"等重言形式早已存在。例如:

(13)滔,水漫漫大貌。(说文解字·水部)

(14)乃有昆明,池乎其中,其池则汤汤汗汗……浩如河汉。(文选·潘岳·西征赋)

(15)悠悠归棹入,渺渺去帆惊。(先秦汉魏晋南北朝诗·梁·萧纲·登烽火楼诗)

(16)神怪茫茫,若存若亡。(扬雄·法言·重黎)

(17)恍恍不可安,易易不可全。(汉·严遵·道德指归论)

(18)居则忽忽若有所亡,出则不知其所往。(汉·司马迁·报任安书)

(19)寂寂独居,寥寥空室。(先秦汉魏晋南北朝诗·汉·秦嘉·赠妇诗)

(20)菴菴黄昏后,寂寂人定初。(先秦汉魏晋南北朝诗·汉·古诗为焦仲卿妻作)

(21)掩耳而听者,听漠漠而以为呴呴。(荀子·解蔽)

第二节 唐宋的 AABB

(22) 人之善琴者,有悲心则声凄凄然。(关尹子·三极)

(23) 庶浸远而哀降兮,情恻恻而弥甚。(文选·潘岳·寡妇赋)

例 18 的"忽忽"就是"惚惚"①,例 21 的"漠漠"就是"寞寞"②。

从以上的情形看来,唐代的"漫漫汗汗"等还不是典型的 AABB 重叠式,因此我们称之为 AABB 准重叠式。

这些准重叠形式的形成与认知上的重新分析有关。先秦至魏晋时期,"漫""汗"等这些单音状态形容词是可以不构成重言而单用的。例如:

(24) 溃濆泮汗,滇㴐森漫。(文选·左思·吴都赋)

李善注:"溃濆泮汗,谓直望无崖也。"吕向注:"并水流广大貌。"刘逵注:"滇㴐森漫,山水阔远无崖之状。"其实,这 8 个字的意义是相同的,都指"广大无边"。从结构上说,这 8 个字也就是 8 个单音状态形容词的连用。因此,"汗""漫"都是"广大貌"。同时,在唐以前,它们又都重叠,构成 AA 式重言。

到了唐代,"漫漫"与"汗汗"叠加构成"漫漫汗汗"。因为唐代的单音状态形容词系统已经消亡,"汉语词汇已经明显地显示出双音化的趋向"(向熹 1993:上 495),所以"漫"与"汗"已没有单用的形式存在了,而是以双音词"漫汗"的形式出现。例如:

(25) 万屋漫汗合,千株照曜开。(全唐诗·韩愈·咏雪赠张籍)

这时,人们就会重新分析"漫漫汗汗"的结构,把这种因叠加而构成的 AABB 分析为因重叠而构成的 AABB。

这种重新分析的基础是状态形容词的发展变化:单音状态形容词的消失,双音状态形容词的形成。只有双音状态形容词的形成,才会有

---

① 例 18 的"忽忽"是"心神不定的样子",是"惚惚"的异体。
② 例 21 的"漠漠",杨倞注:"漠漠,无声也。"则例 21 的"漠漠"、例 20 的"寂寂"与例 5 的"寂寂寞寞"都是"寂静无声"之意。

双音状态形容词的重叠式 AABB 的产生。

能构成 AABB 准重叠式的双音状态形容词在语法结构、语义和语音方面都有一些特点。

在语法结构上，双音状态形容词的两个语素都是并列关系。如"漫"与"汗"、"渺"与"茫"、"恍"与"惚"、"寂"与"寥"、"凄"与"恻"等都是并列关系。

在意义上，双音状态形容词的两个语素意义都相同。"渺"与"茫"都是模糊不清的意思，"恍"与"惚"都是难以捉摸的样子，"寂"与"寥"都形容孤单、冷落，"寂"与"寞"都形容寂静无声，"凄"与"恻"同为悲伤貌。

在语音上，有些双音状态形容词的两个语素有双声叠韵关系。如："漫"与"汗"叠韵，"渺"与"茫"、"恍"与"惚"双声。

形容词 AABB 准重叠式产生于对 AABB 叠加式的重新分析，它的出现为真正的 AABB 重叠形式的形成准备了一个框架模式和心理视角。

从上面的分析可以看出，不是所有叠加式都能发展成为重叠式的。只有同义叠加式能够发展成为准重叠式，差义叠加式不能发展成为准重叠式。单音状态形容词没有反义词，因而也不存在反义叠加的 AABB，更不可能出现反义叠加向准重叠式演变的情况。

三、类推与 AABB 重叠式的形成

真正的 AABB 重叠式也产生于唐代。唐代，既出现了联绵式状态形容词构成的 AABB 重叠，又出现了双音性质形容词构成的 AABB 重叠。这两种重叠式都是在类推的机制下产生的。

1. 联绵式状态形容词构成的 AABB 式重叠

唐代出现的 AABB 重叠式形容词有"参参差差""绵绵蛮蛮""氤氤氲氲""霏霏微微""从从容容""独独漉漉""倘倘佯佯"等；五代至宋出现

的 AABB 重叠式形容词有"酩酩酊酊""鹘鹘突突""含含糊糊"等。例如：

(26) 上磊落以晃朗，下泓澄而霘靆。参参差差，森森缃缃。(全唐文·杨炯·梓州惠义寺重阁铭)

(27) 忽似上林翻下苑，绵绵蛮蛮如有情。(全唐诗·韦应物·听莺曲)

(28) 缤缤纷纷，氤氤氲氲。(全唐文·韦执中·白云无心赋)

(29) 别来筋骨多情趣，霏霏微微点长露。(全唐诗·任华·怀素上人草书歌)

(30) 与之放旷浪浪兮，从从容容。(全唐诗·阎朝隐·鹦鹉猫儿篇)

(31) 独独漉漉，鼠食猫肉。(全唐诗·王建·独漉歌)

(32) 被长老申此一问，直得酩酩酊酊。(祖堂集·卷十七·普化和尚)

(33) 人每日只鹘鹘突突过了，心都不曾收拾得在里面。(朱子语类·卷六·P114)

(34) 不要恁地半间半界，含含糊糊。(朱子语类·卷十七·P378)

这些重叠式的基式都是变声变韵重叠而形成的联绵词，不是两个单音状态形容词的连用，也不是两个单音状态形容词融合而成的双音状态形容词。因此这些重叠形式不可能是叠加构成的 AABB。其中，"参差""绵蛮""氤氲""含糊"是逆向变韵重叠构成的联绵词；"霏微""从容""独漉""酩酊""鹘突"是顺向变声构成的联绵词。

"参差"已见于《诗经》。孙景涛(2008：51)指出"参差"是逆向变韵重叠词，但他只侧重于语音(变韵)分析，没有从意义上证明这种重叠关系。所谓"逆向变韵重叠词"是指："差"是基式，有实义；"参"是逆向变韵重叠出的一个音节，没有意义。我们发现，"差"在先秦有"不齐"义。例如，《荀子·王制》："有天有地而上下有差；明王始立而处国有制。""不齐"义的"差"也可以重叠为"差差"，也是"不齐"的意思。例如，《荀子·正名》："君子之言，涉然而精，俛然而类，差差然而齐。"杨倞注："差差，不齐貌。""差差"前字发生音变则变韵，是逆向变韵重叠，形成的是"参差"；"差差"后字发生音变则变声，是顺向变声重叠，形成的是"差池"。"差差""参差""差池"都是"不齐貌"。《诗经·周南·关雎》："参差荇菜，左右流之。"朱熹《集传》："参差，长短不齐貌。"《诗经·邶风·燕燕》："燕燕于飞，差池其羽。"朱熹《集传》："差池，不齐之貌。"马瑞辰《通释》："差池叠韵，义与参差同，皆不齐之貌。""参差"声母相同，同为上古初母，韵部不同，拟音为[*tʃʻiəm tʃʻia]；"差池"韵部相同，同为上古歌部，声母不同，拟音为[*tʃʻia dia]。"参差"再一次重叠则构成"参参差差"，还是"不齐"的意思。同理，"绵蛮"是"蛮蛮"的逆向变韵形式，"氤氲"是"氲氲"的逆向变韵形式。

"霏微"已见于南北朝。"霏""霏霏""霏微"都有"飘洒""飞扬"之义。例如，《诗经·邶风·北风》："北风其喈，雨雪其霏。"《楚辞·屈原·涉江》："霰雪纷其无垠兮，云霏霏而承宇。"南朝·梁·何逊《七召·神仙》："雨散漫以霑服，云霏微而袭宇。""霏霏"是"霏"的重叠形式；"霏微"是"霏"的顺向变声重叠式。从上古到中古，"霏"与"微"都是"微"部字，两者韵部相同；"霏"属滂母；"微"属明母，两者声母有异。"霏微"的中古拟音为[pʻiwəi miwəi]。孙景涛（2008:78）已发现："从容"是上古形成的顺向变声重叠词。"从"是基式，"容"是其重叠出的一个音节。因历史文献记录口语的不全面性，"从"独用的例证已无法追寻，"从容"构词的理据也就难以索解了。同理，"酩酊""独漉""鹘突"是中古和近代产生的顺向变声重叠词。它们的基式也应是第一个音节，独用的例证也难以发现。

以上各例的 AABB 是真正意义上的双音形容词的重叠形式。它们的基式不是通过两个单音状态形容词的连用构成的,而是通过变音(变声变韵)的方式构成的。两个音节已融为一体,拆开就会出现无意义的音节,只有构成一个整体才有完整的意义。

既然 AB 是一个不可分析的复音词,是一个完整的整体,那么以它为基式构成的重叠形式最自然的格式应该是 ABAB,为什么会按 AABB 模式重叠呢？这是类推而导致的结果。AABB 本属于叠加式的结构格式,不是重叠式的结构形式。因为准重叠式形容词(漫漫汗汗)把它重新分析为一个重叠式的结构模式,所以当联绵式形容词真正开始重叠时也就选择了 AABB。

类推的过程是认知上一个类比的过程。可类比的双方必须要有共同的相似点。准重叠式的基式——双音状态形容词(漫汗)与联绵式形容词在语义单一性、语音的相似性和结构的并列性三个方面是有共同点的。"漫汗"因"漫"与"汗"同义,二元状态实际已变成了单一状态；"参差"本就是一个词,自然也只表单一状态。两者在语义单一性上相同。"漫"与"汗"叠韵,"参差"本就是叠韵联绵词。两者在语音相似性上一致。"漫"与"汗"是并列关系；"参"与"差"虽不是典型的并列关系,但语言使用者未必能觉察出它的变韵关系,会把它分析为并列。两者在结构上有相似性。当语言使用者把"漫汗"和"参差"看成同一类形式时,它们使用相同的重叠形式(AABB)就变得极为自然了。

类推的过程中也可能出现例外。联绵式形容词的重叠形式在群体选择 AABB 的时候,个别词语在早期既选择了 AABB,又选择了 ABAB。例如,"独漉"在晋朝就曾以 ABAB 的格式构成过重叠。

(35)独漉独漉,水深泥浊。泥浊尚可,水深杀我。(先秦汉魏晋南北朝诗•晋诗•舞曲歌辞•独漉篇)

前引例 32 王建的《独漉歌》,有的版本把"独独漉漉"也写作了"独漉独漉"。

2. 双音性质形容词构成的 AABB 式重叠

唐代,联绵式形容词因类推产生了 AABB 重叠,使得 AABB 格式由原来叠加式独用的格式变成了叠加式和重叠式共用的格式。同时,唐代和宋代也是双音性质形容词完成词汇化的融合过程,形成 AABB 式重叠的时期。例如:

(36)明明白白一条路,万万千千不肯休。(寒山诗注·急急忙忙苦追求)

(37)急急忙忙苦追求,寒寒冷冷度春秋。(寒山诗注·急急忙忙苦追求)

(38)今将卦爻来用线牵,或移上在下或挐下在上,辛辛苦苦说得出来,恐都非圣人作易之本意。(朱子语类·卷六十七·P1678)

(39)圣贤之言,分分晓晓,八字打开,无些子回互隐伏说话。(朱子语类·卷一百二十三·P2980)

"明白""急忙""寒冷""辛苦""分晓"是双音性质形容词,不是通过变音构成的联绵词。它们重叠为"明明白白""急急忙忙""寒寒冷冷""辛辛苦苦""分分晓晓"多多少少是受到了"参差"一类词语的影响,是它们类推的结果。"参差"与"明白"可类推的共同基础是语义的单一性、结构关系的并列性和结构的融合性。"明白"等一类词语不是两个语素("明"和"白")意义的简单相加,两个并列项的意义差异已经被淡化(董秀芳 2002:113),形成为一种单一的意义,这一点与"参差"类词语语义的单一性是一致的。"明白"等一类词语虽因意义融合而理据性减弱,但结构关系上仍然是并列关系,这与"参差"类词语的结构关系相似。"明白"等一类词语因词汇化的等级高而结构的融合性强,这一点与"参差"类词语因变音而融合性强也是一致的。鉴于以上的相似点,"参差"一类词语可能是影响"明白"等一类词语构成重叠的因素之一。

一种语言形式的变化,其动因与机制不可能是单一的。由联绵式形容词的重叠发展到双音性质形容词的重叠也受到了一种大趋势的影响。那就是状态形容词重叠向性质形容词重叠发展的大趋势。这种趋势正好出现于唐宋。

太田辰夫(1987:160)认为:形容词 AABB 的重叠式出现于唐代,这没有错。但他举的 3 个例子有问题。

  窄窄狭狭向阳屋　　　　　　　(白居易诗)
  凄凄切切断肠声　　　　　　　(殷尧藩诗)
  长长久久乐升平　　　　　　　(上官昭容诗)

"凄凄切切"是单音状态形容词的叠加,不可能是"凄切"的重叠式。它在唐代还可以被副词分开。例如:

  (40)凄凄还切切,戍客多离别。(全唐诗·长孙佐辅·关山月)

"长长久久""稀稀疏疏""窄窄狭狭"还不是 AABB 重叠的典型形式。它们的基式还处于词汇化的中间阶段,两个语素还是组合关系,不是融合关系。各自的意义还相当清晰,整个双音词的意义还没有专门化。因此,它们的组成部分"AA"和"BB"在"AABB"出现之前或同时期都是独立运用的。例如:

  (41)滤水与龛灯,长长护有情。(全唐诗·智远·律僧)
  (42)时时为安慰,久久莫相忘。(先秦汉魏晋南北朝诗·汉·古诗为焦仲卿妻作)
  (43)不知旬日之内,其叶稀稀,其木濯濯。(汉·黄宪·天禄阁外史·时势)
  (44)涧草疏疏萤火光,山月朗朗枫树长。(全唐诗·曹邺·早秋宿田舍)

(45) 稀稀疏疏绕篱竹,窄窄狭狭向阳屋。(全唐诗·白居易·和自劝二首)

(46) 缚柴门窄窄,通竹溜涓涓。(全唐诗·杜甫·秋日夔府咏怀奉寄郑监李宾客一百韵)

"长长""久久""长长久久"都是时间久长之义;"窄窄""狭狭""窄窄狭狭"都是空间狭小的意思;"稀稀""疏疏""稀稀疏疏"都是草木稀疏零落的样子。上举各例正在向双音形容词的 AABB 重叠式发展。但在唐代,它们还是一种有歧解的结构,是叠加式的新发展,也可能是一种准重叠形式。

这种格式的发展对双音性质形容词重叠的形成也有影响。

四、重叠式 AABB 产生的动因

AABB 式重叠的产生标志着双音形容词也开始形成重叠了。这在语言发展史上应该是一个不小的变化。AABB 式重叠为什么在唐代产生?为什么联绵式形容词首先构成 AABB 式重叠呢?

我们推测应有如下几方面的原因:

1. 双音形容词系统的形成需要有自己的重叠形式

先秦,以单音词为主,形容词主要是单音节的,因此产生了以单音节为基式的 AA 式重言以及它的连用形式"AA+BB"。

唐宋,以双音词为主。董秀芳(2002:7—8)的研究发现:"复音化的各种构词法萌芽于西周早期,完备于春秋战国。春秋战国时期复音词的数量增加很大,成为汉语复音化迅速发展的第一个时期。双音化的步伐从东汉开始大大加快。到了唐代,双音词为主的词汇系统已经建立,双音化的程度在近代汉语得到进一步的提高。"这是就整个汉语词汇系统的双音化而言的。唐代既然已存在大量的双音形容词,它们也必然需要用重叠形式来表现描写性。这是 AABB 式重叠产生的积极

动因。

2. 联绵式形容词功能的弱化促动重叠形式的产生

联绵式形容词大多是重言式 AA 的变声变韵形式,与重言式 AA 的演化是同步的。唐代,重言式 AA 的功能成系统性的弱化,可以接受程度副词的修饰,描写性弱化到接近于性质形容词,并开始被 AA 式重叠所取代。与此同时,联绵式形容词也有功能弱化的迹象。如先秦产生的"崔嵬""从容",到唐代也开始受程度副词修饰了。例如:

(47)千载三吴有高迹,虎丘山翠益崔嵬。(全唐诗·黄滔·寄蒋先辈)

(48)山阴政简甚从容,到罢惟求物外踪。(全唐诗·李频·送山阴姚丞携妓之任兼寄苏少府)

AA 式重言的基式是单音节的,它的功能弱化后不能再重叠,只能被 AA 式重叠所取代。联绵式形容词本身是一个不可分割的双音节形式,其重叠的特性因变声变韵而早已被语言使用者所忽略。它们的功能弱化后,自身还可以再重叠。江蓝生(2004)发现:这是一种"二次重叠"现象。这一发现给了我们很大的启发。这是 AABB 式重叠产生的消极动因。

3. AABB 叠加式的发展对 AABB 重叠式的形成有影响

AABB 叠加式由基式不连用发展到基式连用,由基式连用发展成为准重叠式。这种对 AABB 叠加式进行改造的过程也就是向 AABB 重叠式靠拢的过程。在这一过程中,同义叠加贡献最大。准重叠式就是在同义叠加的基础上发展起来的。这是 AABB 式重叠产生的语用动因。

五、叠加式 AABB 的发展

同义叠加式发展成为重叠式之后,并不意味着叠加式 AABB 的消亡。相反，AABB 叠加式在唐代有了较大的发展：一是差义叠加式由重言叠加向重叠叠加发展；二是反义叠加式的出现。

1. 从重言式叠加到重叠式叠加

唐以前的 AABB 叠加式，AA 与 BB 都是单音状态形容词重叠而成的重言式。如："皎皎苍苍"中的"皎"与"苍"都是单音状态形容词。唐宋，随着 AA 式重言功能的弱化和 AA 式重叠的兴起，AA 与 BB 也由重言式变成了重叠式，AABB 由重言式叠加变成了重叠式叠加。例如：

(49) 小小细细如尘间，轻轻缓缓成朴簌。（全唐诗·刘叉·雪车）

(50) 宛宛转转胜上纱，红红绿绿苑中花。（全唐诗·王建·宛转词）

(51) 小亭烟柳水溶溶，野花白白红红。（全宋词·赵长卿·画堂春）

(52) 淡淡疏疏不惹尘，暗秀一点静中闻。（全宋词·王焱·鹧鸪天）

"小小细细""红红绿绿""白白红红""淡淡疏疏"都是单音性质形容词的叠加式，"小细""红绿""淡疏""白红"都不成词。唐以前的重叠式叠加我们仅发现一例。如：

(53) 青青黄黄，雀石颓唐。椎杀野牛，押杀野羊。（先秦汉魏晋南北朝诗·梁诗·横吹曲辞·地驱乐歌）

从"皎皎苍苍"到"小小细细"是 AABB 叠加式的一次大变化。在这个变化的过程中，也出现过一些过渡形式。"皎皎苍苍"是"重言+重言"；"小小细细"是"重叠+重叠"。还有两种形式是这种变化过程中留下的过渡形式，这就是"重言+重叠"和"重叠+重言"。

"重言+重叠"的如：

(54)芳年贵盛谁为比,郁郁青青岳顶松。(全唐诗·李频·贺同年翰林从叔舍人知制诰)

(55)僧问:"如何是灵岩境?"师曰:"松桧森森密密遮。"(五灯会元·卷七·灵岩慧宗禅师)

(56)庭幽寂寂深深处,山好千千万万重。(古尊宿语录·卷四十五)

"郁郁青青""森森密密""寂寂深深"3个AABB式词语中,"郁郁""森森""寂寂"是AA式重言;"青青""密密""深深"是AA式重叠。

"重叠+重言"的如:

(57)梦上高高天,高高苍苍高不极。(全唐诗·元稹·梦上天)

(58)小小盈盈珠翠,忆得眉长眼细。(全宋词·晁补之·斗百花)

(59)步步著金莲,行得轻轻瞥瞥。(全宋词·史浩·如梦令)

"高高苍苍""小小盈盈""轻轻瞥瞥"3个AABB式词语中,"高高""小小""轻轻"是AA式重叠;"苍苍""盈盈""瞥瞥"是AA式重言。

以上两种情形是叠加式从重言向重叠发展过程中出现的,只出现于唐宋两代。随着AABB叠加式的发展,它们都已消失。

2. 从同义叠加、差义叠加到反义叠加

单音状态形容词的语义域较窄,许多词可以构成同义关系。如:"漫"与"汗"同义;"苾"与"芬"同义;"穆"与"皇"同义等等。它们构成的叠加是同义叠加。也有许多单音状态形容词并不构成同义关系,两者的意义是有差别的,它们也可以构成叠加。例如:

(60)皎皎苍苍千里同,穿烟飘叶九门通。(全唐诗·杨巨源·月宫词)

(61)辉辉赫赫浮玉云,宣华池上月华新。(全唐诗·王衍·宫词)

"皎"与"苍""辉"与"赫"意义不同但相关。它们构成的叠加是差义叠加。单音状态形容词没有反义词,不构成反义叠加。

单音性质形容词的语义域较宽,许多词不仅能构成同义、差义关系,还能构成反义关系。因此,单音性质形容词既构成同义叠加、差义叠加,也构成反义叠加。"长"与"久""稀"与"疏""窄"与"狭"构成同义关系,"长长久久""稀稀疏疏""窄窄狭狭"是同义叠加。因为"两个并列项在语义上相似的并列短语比并列项在意义上相对或相反的一类更容易成词"(董秀芳 2002:121),所以随着两个同义性质形容词的词汇化,同义叠加式都变成了重叠式。"小"与"细"、"红"与"绿"互相之间的意义不相同,只能构成差义关系,"小小细细""红红绿绿"从古至今都是差义叠加。

有些性质形容词之间构成的是反义关系,它们构成的叠加是反义叠加。例如:

(62)纷纷觑着闲桃李。浅浅深深,不满游人意。(全宋词·吕渭老·河传)

(63)疏疏密密未开时,装点最繁枝。(全宋词·韩元吉·诉衷情)

(64)须要将一部《论语》,粗粗细细,一齐理会去,自然有贯通处。(朱子语类·卷一百一·P2568)

(65)问:"如何是正直一路?"师曰:"远远近近。"(五灯会元·卷十·报慈文遂导师)

"浅"与"深"是反义关系,"浅浅深深"构成的是反义叠加;"疏"与"密"是反义关系,"疏疏密密"构成的是反义叠加;以此类推,"粗粗细细""远远近近"都是反义叠加式。

与同义叠加和差义叠加一样,反义叠加的"AA"与"BB"也可以倒换次序。"疏疏密密"也可以叠为"密密疏疏"。例如:

(66)君如星斗,灿中天,密密疏疏。(全宋词•辛弃疾•汉宫春)

性质形容词叠加式的产生,导致了反义叠加式的出现,这是唐宋AABB叠加式的一大发展[①]。

六、唐宋AABB的结构

唐宋时期,AABB的内部结构有叠加与重叠两种方式,上面已有详细的分析。

AABB的外部结构主要是能否带词尾的问题。唐宋的AABB大多不带词尾。状态形容词的AABB重叠式和叠加式有少数的可以带词尾"然""底""地",性质形容词的AABB重叠式和叠加式只有极个别的带词尾"生"。例如:

(67)街衢道路,济济锵锵,荡荡坦坦然,留名万代。(敦煌变文•伍子胥变文)

(68)有理会不得处,须是皇皇汲汲然,无有理会不得者。(朱子语类•卷一百十四•P2754)

(69)师便出,对云:"什摩当当密密底?"(祖堂集•卷十•镜清和尚)

(70)源头便是那天之明命,滔滔汩汩底,似那一池有源底水。(朱子语类•卷五十七•P1344)

(71)"如何是水牯牛?"曹山云:"朦朦瞳瞳地。"(祖堂集•卷十六•南泉和尚)

(72)如今每日鸣鼓升堂,切切怛怛地。(五灯会元•卷十六•雪峰思慧禅师)

(73)奇奇怪怪生,妙不可模写。(宋•戴复古•玉华洞)

[①] 唐以前的反义叠加,我们只发现《楚辞•天问》中的"明明暗暗"一例。

"济济锵锵""荡荡坦坦""皇皇汲汲""当当密密""滔滔汨汨""朦朦瞳瞳""忉忉怛怛"等都是是重言叠加式词语。"济济锵锵""荡荡坦坦""皇皇汲汲"带词尾"然"。"当当密密""滔滔汨汨"带词尾"底"。"朦朦瞳瞳""忉忉怛怛"带词尾"地"。其中,例68的"然"是"济济锵锵、荡荡坦坦"的语尾,不只是"荡荡坦坦"一词的词尾。"奇奇怪怪"是重叠式重叠,带词尾"生"。

七、唐宋 AABB 的功能

唐以前,形容词性的 AABB 主要充当并列复句的一个分句,其次可以作句子的谓语。唐宋时期,AABB 的功能有了变化,作分句或独立成句的功能继续存在,但不是主要的功能。AABB 的主要功能是作谓语,同时也可以作状语、定语和补语。个别 AABB 已名物化,甚至可直接充当主语和宾语。

AABB 作分句或独立成句的,例如:

(74)寻寻觅觅,冷冷清清,凄凄惨惨戚戚。(全宋词·李清照·声声慢)

(75)开堂,僧问:"如何是道?"师曰:"高高低低?"(五灯会元·卷十二·华严道隆禅师)

AABB 作谓语的,例如:

(76)檐外雨、霏霏冉冉,乍晴还落。(全宋词·侯置·满江红)

(77)扬子鹘鹘突突,荀子又所谓隔靴爬痒。(朱子语类·卷五·P84)

AABB 作状语的,例如:

(78)馆娃宫外姑苏台,郁郁芊芊拨不开。(全唐诗·刘禹锡·忆春草)

(79) 但古人意思,必是如此方得,不应零零碎碎做得成。(朱子语类·卷一百一十四·P2758)

AABB作定语的,例如:

(80) 凄凄清清松上风,咽咽幽幽陇头水。(全唐诗·韦庄·赠峨嵋山弹琴李处士)

(81) 医者用药,也只用平平稳稳底药。(朱子语类·卷一百七·P2673)

AABB作补语的,例如:

(82) 花儿不大,叶儿不美……开时无奈,风斜雨细。坏得来、零零碎碎。(全宋词·王千秋·解佩令)

(83) 安顿得齐齐整整,有次序,便是礼。(朱子语类·卷四十三·P1101)

AABB作主语和宾语的,例如:

(84) 游人莫笑东园小,莫问花多少。一枝半朵恼人肠,无限姿姿媚媚、倚斜阳。(全宋词·毛滂·虞美人)

(85) 你才犯我法,便死,更不有许多劳劳攘攘。(朱子语类·卷二十四·P600)

"姿姿媚媚"和"劳劳攘攘"分别作主语和宾语,已失去了描写的功能,变为指称事物。前者指花,后者指事。

为了准确了解AABB功能的变化情况,我们全面调查了《全唐诗》《祖堂集》《五灯会元》和《朱子语类》中AABB的使用情况。《全唐诗》中形容词性的AABB共计137例,使用146次;《祖堂集》中12例,使用19次;《五灯会元》中62例,使用80次;《朱子语类》中77例,使用151次。

AABB式形容词的具体用法如下表:

	《全唐诗》	《祖堂集》	《五灯会元》	《朱子语类》
总例数	146	19	80	151
作句子	14	8	17	20
作谓语	34	7	49	70
作状语	70	3	12	25
作定语	28	1	1	25
作补语				1
作主语				4
作宾语			1	6

从上表可知,唐宋 AABB 的功能主要是作谓语。可能与韵律格式有关,《全唐诗》中 AABB 作状语的比作谓语的多。

八、唐宋 AABB 的意义及其发展

唐宋时期,AABB 的成员比较复杂。主要表现在两方面:一是结构关系复杂,有双音形容词的重叠,也有单音形容词的叠加;二是基式的词性复杂,有双音状态形容词的重叠,也有双音性质形容词的重叠,有单音状态形容词的叠加,也有单音性质形容词的叠加。成员的复杂随之也带来了意义的复杂。结构和基式词性的不同,对 AABB 结构格式的意义都会产生影响。

1. 结构、词性与状态

一般而言,形容词性 AABB 的意义都表状态。但随着结构与词性的不同,状态的意义也有分别。

结构不同,状态的意义不同。重叠式是以重叠的结构方式构成的,它的基式只有一个词,表现的是单一状态。如"绵绵蛮蛮"(参见例27)、"明明白白"表现的是"绵蛮"与"明白"的状态。叠加式是以先重叠

然后组合的方式构成的,它的基式中有两个词,表现的是二元状态。如"皎皎苍苍"描绘了"皎月"与"苍天"的两种情貌;"小小细细"表现了又"小"又"细"的两种状态。

基式的词性不同,状态的意义也不同。"皎皎苍苍"与"绵绵蛮蛮"的基式是单音状态形容词和双音状态形容词,它们描写的对象比较具体单一。前者描写的是"月"和"天"的具体形象;后者描摹的是鸟的生动叫声。其他物体的形象多不用"皎"与"苍"来描绘,其他动物的叫声也不用"绵蛮"来描摹。因此,状态形容词的重叠与叠加表现的是具象状态。"小小细细"和"明明白白"的基式是单音性质形容词和双音性质形容词,它们的意义概括而抽象,描写的对象比较广泛。只要有"小"和"细"属性的事物,都可以说它"小小细细";只要有"清楚而明确"属性的抽象内容或意思,都可以说它"明明白白"。如果说单、双音状态形容词的叠加式和重叠式倾向于描绘具体事物的状态的话,那么单、双音性质形容词的叠加式和重叠式则可以描绘抽象事物的状态。因此,性质形容词的重叠与叠加表现的是泛化状态。

以上分析的是唐宋 AABB 意义的几种典型形态。语言的发展是渐变的、连续的,形式与意义的形成也不可能如此截然分明,中间形态的存在是常见的和必然的。我们既要看到 AABB 意义的典型形态,也要注意到 AABB 意义的连续形态。"皎皎苍苍"是典型的二元状态,"绵绵蛮蛮"是典型的单一状态,那么"漫漫汗汗"是二元状态还是单一状态呢?"小小细细"是典型的二元状态,"明明白白"是典型的单一状态,那么"长长久久"是单一状态还是二元状态呢?它们是两者的中间形态,是不易分清的。"皎皎苍苍""绵绵蛮蛮"是典型的具象状态,"小小细细""明明白白"是典型的泛化状态,那么"从从容容""鹘鹘突突"是具象状态还是泛化状态呢?这就说不太清了。后面的研究会指出,它们正由状态形容词向性质形容词发展,是一种中间形态。语言的典型形态是我们总结规律时最理想的样本,语言的连续形态是我们分析语言变化时最合适的突破口。

2. AABB 意义的发展

与唐以前相比,唐宋时期的 AABB 在意义上的发展呈现出三大趋势:第一,从二元状态到单一状态;第二,从具象状态到泛化状态;第三,从单一泛化状态到表程度。

唐以前,AABB 在结构上都是叠加式的,在意义上都表二元状态。唐宋时期,随着双音状态形容词重叠式的出现,AABB 的基式由两个词变成了一个词,AABB 内含的意义要素也由两个变成了一个。因此,重叠式 AABB 有了表单一状态的意义。

唐以前,AABB 的基式都是单音状态形容词,在意义上大多表具象状态。唐宋时期,单音性质形容词也可以构成 AABB 叠加式("小小细细"),双音性质形容词也可以构成 AABB 重叠式("明明白白")。基式的词义由具体而变得抽象,重叠式与叠加式的意义也由表具象状态发展到表泛化状态。

同是单一状态,"绵绵蛮蛮"与"明明白白"相比,前者只表状态,不表程度;后者既表状态,又表程度。"绵绵蛮蛮"不等于"甚绵蛮"或"太绵蛮","明明白白"却有"很明白"的意思。

同是泛化状态,"小小细细"与"明明白白"相比,前者也只表状态,不表程度;后者既表状态,又表程度。"小小细细"不等于"很小"加"很细";但"明明白白"却等于"很明白"。看来,AABB 差义叠加式没有表程度的意义,而双音性质形容词的 AABB 重叠式却有表程度的意义。

表单一泛化状态的 AABB 是唐宋产生的,形容词 AABB 表程度的意义当然也产生于唐宋。

表单一泛化状态的 AABB 为什么会产生程度义呢?这与基式 AB 的属性单一化和词义的抽象化有关。

属性单一化是形容词重叠表程度的基本条件。程度实际上就是一种量，一种主观量。量来源于比较，没有比较，也就没有量，没有程度。比较必须有一定的范围，有一个明确的标准。没有范围，没有标准也就无从比较。例如，小李20岁，小张30岁。我们说"小张比小李大"。这个比较的标准是年龄的大小。又如，小李有20本书，小张有30本书。我们说"小张的书比小李的多"。这个比较的标准是数量的多少。每一次比较只能就一个属性进行比较，只能有一个标准。属性太多，范围不定，标准不一，就无从比较，也就不能产生量与程度。单音性质形容词的AABB叠加式中有两个性质形容词，存在着两种不同的属性，也就意味着有两个标准，因此无法比较，也就不能产生量与程度。这就是为什么"小小细细"没有程度义的原因。

词义的抽象化是形容词产生程度义的根本前提。抽象与具体相对。词义越具体，其概念的外延越小，所包含的个体数量越少，语义域越窄；词义越抽象，其概念的外延越大，所包含的个体数量越多，语义域越宽。如："皑"与"白"相比，"皑"的词义比较具体，指霜雪之白；"白"的词义比较抽象，指包括霜雪在内的各种事物之白。词义抽象化之后，就有了等级，有了程度，可以进行比较。两种白的东西相比，其中一个比另一个白，那么就"白"的属性而言，它只有"白"和"比较白"两个等级。三种白的东西相比，只用"比较白"已不能完全区分出"白"的属性。"白"的属性就有了"最白"的等级。双音性质形容词的语义域宽广，可以描写的对象较多，因此可以受不同等级的程度副词的修饰。当双音性质形容词重叠时，除了表状态外，"量"得到了强化，有了表程度的意义。"明白"一词在宋代文献中语义域较为宽泛，可以受不同等级的程度副词的修饰。例如：

(86) 但其说利害处，东坡文字较明白，子由文字不甚分晓。

（朱子语类·卷一百三十九·P3312）

(87)晓得此意,则仁包四者尤明白了。(朱子语类·卷九十五·P2418)

(88)道体用虽极精微,圣贤之言则甚明白。(朱子语类·卷八·P129)

《朱子语类》中的"明白"可以受"较""尤""甚"等不同等级的程度副词修饰,语义域宽泛,《朱子语类》中的"明明白白"也就有了表程度的意义。

有些形容词的抽象性是不断加强的,有一个由状态形容词向性质形容词变化的过程。例如,"鹘突"本是按音变方式产生的联绵式状态形容词。它出现于唐代,不受程度词的修饰。例如:

(89)何处鹘突梦,归思寄仰眠。(全唐诗·孟郊·边城吟)

宋代,"鹘突"的词义变得抽象,可以受表比较的程度副词"更"修饰。例如:

(90)然陆氏之学更鹘突似告子。(朱子语类·卷五十二·P1236)

这说明宋代的"鹘突"已不再是典型意义上的状态形容词了。到了现代汉语里,"很糊涂""比较糊涂""有点糊涂"的说法已很自然了。无疑,现代汉语里的"糊涂"已是一个典型的双音性质形容词了。

第三节 元明清的 AABB

元明清时期是状态形容词叠加式使用的衰弱时期,也是性质形容词重叠式与性质形容词叠加式的发展时期。AABB 形容词在结构、功能、语义和语用等四个方面都有不同程度的发展。本节具体讨论如下几个问题:一、元明清各类 AABB 的发展概况;二、元明清 AABB 结构的发展;三、元明清 AABB 功能的发展;四、元明清 AABB 语义的发展;五、元明清 AABB 语用的发展。

一、元明清各类 AABB 的发展概况

元明清时期，AABB 式形容词仍有四种典型的结构类型：

第一类：重言式叠加　　　　（昏昏惨惨）
第二类：重言式重叠　　　　（懵懵懂懂）
第三类：重叠式叠加　　　　（高高矮矮）
第四类：重叠式重叠　　　　（欢欢喜喜）

这四类 AABB 式形容词的发展趋势是：（Ⅰ）重言式叠加的发展呈萎缩趋势；（Ⅱ）重言式重叠的发展呈分化趋势；（Ⅲ）重叠式叠加和重叠式重叠的发展呈增长趋势。

1. 重言式叠加的逐步萎缩

重言式叠加是唐以前 AABB 的唯一格式，也是唐宋 AABB 的主要格式。元明清时期，此类 AABB 的发展日趋衰落。我们调查了《元曲选》、明初的《水浒传》、明中叶的《金瓶梅词话》、明末清初的《醒世姻缘传》和晚清的《七侠五义》等五部著作中此类 AABB 的存在状况，包括这类词的全部成员和它们的使用频率，具体情况如下[①]：

《元曲选》有：

悲悲切切[4]	切切悲悲[5]	冥冥杳杳[2]	杳杳冥冥[1]
悠悠荡荡[1]	荡荡悠悠[4]	潇潇洒洒[3]	洒洒潇潇[2]
波波渌渌[2]	渌渌波波[2]	穰穰劳劳[1]	劳劳嚷嚷[1]
纷纷扬扬[10]	辉辉朗朗[1]	茫茫荡荡[3]	渺渺茫茫[2]
济济跄跄[1]	悄悄冥冥[3]	穰穰垓垓[1]	杂杂嘈嘈[1]
光光荡荡[3]	纷纷嚷嚷[1]	姿姿媚媚[1]	昏昏惨惨[2]

---

① AABB 右上角的数字表示该词的使用频率。如"悲悲切切[4]"表示"悲悲切切"在《元曲选》中出现过 4 次。

《水浒传》有：

潺潺溶溶[1]	纷纷扰扰[1]	村村朴朴[1]	昏昏默默[1]
刮刮杂杂[5]	纷纷扬扬[4]	絮絮聒聒	沸沸扬扬[1]
茫茫荡荡	闹闹攘攘[1]	济济荡荡[1]	纷纷攘攘[2]
滔滔滚滚[1]	战战兢兢[3]	浩浩荡荡[2]	团团密密
纷纷滚滚[4]	丛丛杂杂[1]	咕咕哝哝[1]	闹闹嚷嚷[1]
纷纷济济	簇簇攒攒[1]	坌坌攘攘[1]	纷纷洋洋[1]
臻臻至至[1]			

《金瓶梅词话》有：

纷纷扬扬[4]	影影绰绰[3]	惨惨幽幽[1]	拂拂纷纷[1]
拦拦济济[1]	纷纷馥馥	雄雄纠纠[1]	攘攘劳劳[1]
袅袅媚媚[1]	碌碌营营[1]	悲悲切切[3]	忽忽洋洋[1]
灿灿辉辉[1]	芬芬馥馥[1]	温温霭霭[1]	郁郁蒸蒸[1]
微微隐隐[1]	霏霏拂拂[1]	袅袅嘤嘤[1]	巍巍荡荡[1]
昏昏惨惨[1]	恍恍惚惚[1]		

《醒世姻缘传》有：

影影绰绰[3]	恍恍惚惚[1]	滔滔滚滚[2]	闷闷淳淳[1]
悠悠荡荡[2]	堂堂正正[1]	袅袅娜娜[2]	

《七侠五义》有：

踽踽凉凉[4]	影影绰绰[5]	悲悲切切[1]	袅袅婷婷[4]
恍恍惚惚[1]	昏昏惨惨[1]	悠悠荡荡[1]	袅袅娜娜[1]
愕愕怔怔[1]	纷纷攘攘[1]	淅淅泠泠[1]	

通过五部著作的比较，我们可以发现：重言叠加式在元明清发展的总趋势是：用例越来越少，使用频率越来越低。《水浒传》和《醒世姻缘传》两部著作，语体相同，篇幅大体相等。明初的《水浒传》中这类词语还有 25 个，明末清初的《醒世姻缘传》中，这类词语就只有 7 个了。《水

浒传》中,这类词语的最高使用频率是 5 次(刮刮杂杂);《醒世姻缘传》中,这类词语的最高使用频率是 3 次(影影绰绰)。

2. 重言式重叠的逐渐分化

唐代新出现的联绵式形容词的重叠形式 AABB(即重言式重叠)在元明清时期有一定的发展,产生了一些新的成员。这些成员大致可分为两类:

甲类:

  落落托托 腌腌臜臜 出出律律 窈窈窕窕
  葳葳蕤蕤 颠颠顶顶 嵯嵯峨峨 乜乜屑屑

乙类:

  马马虎虎 糊糊涂涂 朦朦胧胧 尴尴尬尬
  罗罗唆唆 懵懵懂懂 逍逍遥遥 龌龌龊龊
  腼腼腆腆 崎崎岖岖 肮肮脏脏 邋邋遢遢

这两类词语本是同一类基式按同一种重叠方式构成的。因为基式的语义宽窄不同,它们在现代汉语里的发展各不相同。甲类 AABB 的基式,语义域较窄,这些 AABB 形式几近消失;乙类 AABB 的基式,语义域渐宽,已开始向性质形容词转化。它们的基式都能受各种程度副词的修饰,因此这种重叠式发展到现代汉语里也变成了双音性质形容词的重叠形式。

3. 重叠式重叠的迅猛发展

元明清时期,AABB 式形容词发展的最突出表现就是双音性质形容词重叠式(即重叠式重叠)的迅猛发展。唐宋,双音性质形容词可重叠的还比较少,且使用频率不高。元明清,不仅可重叠的双音性质形容词越来越多,而且此类重叠式词语的使用频率也越来越高。

我们把《元曲选》《水浒传》《金瓶梅词话》《醒世姻缘传》《七侠五义》等五部著作中使用频率在 4 次以上的 AABB 作了一个统计比较,结果如下：

《元曲选》的高频 AABB

词语	词频	词语	词频	词语	词频
纷纷扬扬	10	切切悲悲	5	风风流流	4
烦烦恼恼	8	明明白白	4	悲悲切切	4
孤孤另另	5	欢欢喜喜	4	荡荡悠悠	4

《水浒传》的高频 AABB

词语	词频	词语	词频	词语	词频
整整齐齐	13	刮刮杂杂	5	纷纷滚滚	4
踉踉跄跄	7	茫茫荡荡	5	慌慌急急	4
干干净净	5	纷纷扬扬	4		

《金瓶梅词话》的高频 AABB

词语	词频	词语	词频	词语	词频
慌慌张张	11	纷纷扬扬	4	楞楞睁睁	4
齐齐整整	10	大大小小	4	信信脱脱	4
干干净净	6				

《醒世姻缘传》的高频 AABB

词语	词频	词语	词频	词语	词频
明明白白	10	干干净净	6	欢欢喜喜	4
冒冒失失	8	齐齐整整	6	大大小小	4
端端正正	8	白白胖胖	5		

《七侠五义》的高频 AABB

词语	词频	词语	词频	词语	词频
恭恭敬敬	9	影影绰绰	5	袅袅婷婷	4
慌慌张张	7	从从容容	4	踽踽凉凉	4
欢欢喜喜	7	忙忙碌碌	4		

把五部著作的 AABB 高频词一比较,就会发现:

第一,在四种格式中,重叠式重叠是元明清的主要格式。《元曲选》9 例高频词中,重叠式重叠有"烦烦恼恼""明明白白""孤孤另另""欢欢喜喜""风风流流"5 例;《水浒传》8 例高频词中,重叠式重叠有"整整齐齐""干干净净""慌慌急急"3 例;《金瓶梅词话》7 例高频词中,重叠式重叠有"慌慌张张""齐齐整整""干干净净"3 例;《醒世姻缘传》8 例高频词中,重叠式重叠有"明明白白""冒冒失失""端端正正""干干净净""齐齐整整""欢欢喜喜"等 6 例;《七侠五义》8 例高频词中,重叠式重叠有"恭恭敬敬""慌慌张张""欢欢喜喜""从从容容""忙忙碌碌"等 5 例。

第二,在四种格式中,重叠式重叠使用频率最高。《元曲选》中,使用频率最高的还是重言式叠加的"纷纷扬扬"。到了《水浒传》《金瓶梅词话》《醒世姻缘传》和《七侠五义》中,使用频率最高的"整整齐齐""慌慌张张""明明白白""恭恭敬敬"都是重叠式重叠。

重叠式叠加(高高矮矮)在元明清时期也有较大发展,留待 AABB 的结构和意义两部分再分析。

二、元明清 AABB 结构的发展

元明清,AABB 的内部结构有两大变化,外部结构也有两大变化。内部结构的两大变化是:(Ⅰ)重叠式叠加出现了新的类型;(Ⅱ)重叠式重叠的基式结构产生了新的变化。外部结构的两大变化是:(Ⅰ)AABB 词尾的变化;(Ⅱ)AABB 的儿化。

1. 重叠式叠加新类型的形成

元代以前,AABB 叠加式中,"AA"与"BB"都是有实义的重言形式或重叠形式。元明清,AABB 中的"BB"可以是两个无意义的音缀。如:"羞羞答答"的"答答"、"慢慢腾腾"的"腾腾"、"歪歪拉拉"的"拉拉"、

"呆呆邓邓"的"邓邓"、"光光溜溜"的"溜溜"、"娇娇滴滴"的"滴滴"等等。它们都是 ABB 式形容词的扩展形式。"羞羞答答"来自于"羞答答","慢慢腾腾"来自于"慢腾腾","歪歪拉拉"来自于"歪拉拉","呆呆邓邓"来自于"呆邓邓","光光溜溜"来自于"光溜溜","娇娇滴滴"来自于"娇滴滴"。例如:

(1)我怕见生人,羞答答的。(元曲选·燕青博鱼·二折)

(2)见母亲哭哭啼啼,却教我羞羞答答。(元曲选·留鞋记·三折)

(3)性情儿,慢腾腾地,恼得人又醉。(全宋词·周邦彦·红窗迥)

(4)怎么还是慢慢腾腾的,奴这回真个死也!(野叟曝言·二十八回)

(5)子见他歪刺刺赶过饮牛湾,荡的那卒律律红尘遮望眼。(全元散曲·无名氏·骂玉郎过感皇恩)

(6)大尹叫本宅的家人媳妇尽都出来,一个家歪歪拉拉来到。(醒世姻缘传·二十回)

(7)我为甚的呆邓邓把衣裳袒裸,乱蓬蓬把鬓发婆娑。(元曲选·赚蒯通·三折)

(8)諕的那呆呆邓邓的麋鹿赤留出律的撞。(元曲选外编·黄花峪·一折)

(9)一碟肥肥的羊贯肠,一碟光溜溜的滑鳅。(金瓶梅词话·四十九回)

(10)两副都是做现成的,打磨的光光溜溜。(绿野仙踪·四十二回)

(11)春寂寂,娇滴滴,笑盈盈。(全宋词·辛弃疾·乌夜啼)

(12)春莺换了色衣,打扮的娇娇滴滴个美人,从头都见了礼,

大家方散。(醒世姻缘传·三十六回)

从意义上说,元代以前的AABB中,"AA"与"BB"在意义上是并列的同义、差义或反义关系。上述各例中,只有AA有实义,BB要么无义,要么意义极其模糊。

这种格式的形成受到了两种格式的影响。一是有一类可扩展的ABB式形容词对这种格式有影响;二是联绵式形容词的重叠式AABB对它有影响。元代,一部分ABB式形容词可以扩展为AABB。如:"香喷喷"可以扩展为"香香喷喷","乱哄哄"可以扩展为"乱乱哄哄"。但"喷喷""哄哄"还有较为主观性的意义,分别强化"香"与"乱"的状态。进一步类推到"羞答答",音缀也可以进入AABB格式了。联绵式双音状态形容词的重叠形式有两个音节也是无义的,如:"参参差差"的"参参"、"懵懵懂懂"的"懂懂"。而且,大多数无义的音节都在BB的位置上。这为上述叠加式的形成提供了一个可类比、可类推的模式。

2. 可重叠的双音性质形容词结构的变化

唐宋时期,可重叠的双音性质形容词都是并列式的,如:"明白""急忙""辛苦""分晓"等。两个语素在意义上相同相近,在结构上并列。元明清时期,可重叠的双音性质形容词的结构大多也是并列式的,如:"烦恼""欢喜""齐整""干净""端正""恭敬""忙碌"等等。但是,元明清时期出现了附加式、动宾式、偏正式和主谓式双音性质形容词重叠的AABB。

第一,附加式双音性质形容词的重叠

有些单音性质形容词可以带词尾"气"构成双音性质形容词"A气"。如:"和气""客气""晦气""清气""爽气""厌气""老气""正气"等等。这些双音形容词在明清时期都能构成AABB式重叠。例如:

(13)一家热热闹闹,和和气气,倒似有个兴旺长进之机。(醒

世姻缘传·七十六回)

(14)你把这预支的年礼乖乖的替我吐了出来,大家客客气气。(官场现形记·四十四回)

(15)这古松清清气气的个模样,年纪约二十四五之间,略通文墨。(醒世姻缘传·九十三回)

(16)猪一戒长嘴大耳,是个猪形,沙弥的脸晦晦气气。(后西游记·四十回)

(17)我作生意,喜欢爽爽气气。(海上花列传·五十二回)

(18)老太太的寿日,厌厌气气的成个什么道理?(红楼复梦·二十六回)

(19)玉贞就老老气气对着,两儿坐下。(续欢喜冤家·十五回)

(20)虽是缠得熟分了,那陈氏也自正正气气,一时也勾搭不上。(二刻拍案惊奇·卷二十八回)

第二,动宾式双音性质形容词的重叠

动宾式双音性质形容词"认真""随便""安分""出色""放心""定心""安心""小心"等在清代也可以构成AABB式重叠。例如:

(21)等明年开了春,可要认认真真的用起功来了。(儿女英雄传·三十回)

(22)所以听了他的说话,倒也随随便便,并不在意。(官场现形记·五十六回)

(23)好歹在家里,安安分分的读书,用上两年功。(二十年目睹之怪现象·十七回)

(24)出出色色,侍儿都这样通文,我甘拜下风了。(海上尘天影·七回)

(25)今儿杜二爷可是放放心心的逛了一会子,两位奶奶都没有坐儿。(红楼复梦·三十三回)

(26)取出一幅牙牌,点了一枝洋烛,倒定定心心的打起五关来。(九尾龟·六十五回)

(27)这位文姑奶奶,为着那位文姑爷出门去了,便安安心心的长住在娘家。(九尾龟·一百八十九回)

(28)与他们同席,便小小心心的待他,断不敢取笑他一句。(品花宝鉴·二十四回)

第三,偏正式双音性质形容词的重叠

元明清,偏正式双音性质形容词也可以构成 AABB 式重叠。这里面又有两种情况:一是状中式偏正词语"风流""至诚""鳞次"构成的AABB;二是定中式偏正词语"本分""大方""四方"等构成的 AABB。例如:

(29)我久以后嫁人呵,则嫁这等风风流流的秀才。(元曲选·红梨花·一折)

(30)那些和尚果也至至诚诚的讽诵真经。(醒世姻缘传·三十回)

(31)龙舟皆会于泥水合流之处,各官员及绅士的船,鳞鳞次次。(女仙外史·六十三回)

(32)那亲家老爷,倒也本本分分的说了几句谦虚话。(儿女英雄传·十二回)

(33)你若爱进去,你只管大大方方的进去。(品花宝鉴·二十三回)

(34)只见山凹中有桌面大的四四方方三块青石头。(西游记·三十二回)

可能受谓词性偏正式双音性质形容词重叠的影响,偏正式双音状态形容词"冰冷"也可以构成 AABB 式重叠。例如:

(35)为何元帅全不用心调兵遣将,前去破他,反是冰冰冷冷,

坐在堂内呆看。(说唐后传•五十一回)

第四,主谓式双音性质形容词的重叠

主谓式双音性质形容词"自在""胆怯""情愿"等在元明清也能构成AABB式重叠。例如:

(36)俺便关上门,自自在在的吃酒。(元曲选•伍员吹箫•三折)

(37)又不敢开后花园门,只怕撞见官兵,不是当玩的,胆胆怯怯四处张望。(双凤奇缘•十六回)

(38)他却情情愿愿一千八百、三百五百的双手奉送。(九尾龟•二十六回)

双音性质形容词由只有并列式的可以重叠发展到并列式、附加式、动宾式、偏正式、主谓式都能重叠,这有两方面的原因:一是双音形容词的描状格式一旦形成,它需要发展空间,需要扩展到并列式以外的双音形容词;二是双音性质形容词的词汇化有一个先后次序。并列式词语最先完成双音化的过程,附加式、动宾式、偏正式、主谓式的形容词词汇化的时间相对滞后,构成重叠的时间也要相对晚一些。

3. AABB词尾的变化

形容词AABB重叠形式大多是不带词尾的,只有少数的AABB之后带词尾。唐宋时期,少部分的AABB带词尾"然""底""地""生";元明清时期,少数的AABB只带词尾"的"。其中,双音性质形容词的重叠式带词尾"的"的多一些;其次,少数单音性质形容词的叠加式也带"的";联绵式双音状态形容词的重叠式和重言叠加式带"的"属个别情况。例如:

(39)这地上干干净净的,嫂子磕下恁一地瓜子皮,爹看见了又骂了。(金瓶梅词话•二十四回)

(40)见了他,亲亲热热的,只是别要生气。(醒世姻缘传•四十

(41)素姐正喜喜欢欢的,只看见狄婆子就把脸瓜搭往下一放。(醒世姻缘传·五十九回)

(42)把那几个黄病老婆吃得一个个肥肥胖胖的。(醒世姻缘传·十四回)

(43)见牡丹抿的头儿光光油油的,衬着脸儿红红白白的。(七侠五义·九十八回)

(44)见他愕愕怔怔的,便知道其中有诈。(七侠五义·六十二回)

(45)连我这小孩儿心下也还是懵懵懂懂的。(元曲选·赵氏孤儿·四折)

例39、40、41的"干干净净""亲亲热热""喜喜欢欢"是双音性质形容词的重叠,其后带词尾"的";例42、43的"肥肥胖胖""红红白白"是单音性质形容词的叠加,它们的后面也带"的";例44是AA式重言"愕愕"与"怔怔"的叠加,其后带"的";例45是联绵式双音状态形容词"懵懂"的重叠,其后带词尾"的"。

有极个别的"的"还出现在两个AABB的连用之后,由词尾变成了语尾。例如:

(46)这个香罗帕儿香香喷喷,细细腻腻的。(元曲选·留鞋记·二折)

上例的"的"不只是"细细腻腻"的词尾,而是"香香喷喷"和"细细腻腻"共同的语尾。

4. AABB的儿化

形容词AA式重叠的儿化产生于明代;形容词AABB式重叠的儿化出现于清代。我们遍查明清小说,只发现5例AABB的儿化形式。例如:

(47)咱们今儿兴兴头头儿的出门,就遇见孙绍祖这混帐东西。(补红楼梦•十三回)

(48)请炼师夜来之安,说了前话,复勤勤恳恳儿的。(九云记•六回)

(49)况且何小姐自从作十三妹的时候直到如今,又何曾听见过她婆婆妈妈儿的念过声佛来?(儿女英雄传•三十一回)

(50)你正经老老实实儿的坐在那儿给孩子吃就完了。(儿女英雄传•三十九回)

(51)这个女孩儿,我也见过,可是大大方方儿的。(儿女英雄传•四十回)

"兴兴头头""勤勤恳恳""婆婆妈妈""老老实实""大大方方"都是AABB式形容词,它们的最后一个音节都开始儿化,书面语都已用"儿"字记录了。《补红楼梦》《九云记》是19世纪初期的作品;《儿女英雄传》是19世纪中期的作品。目前发现,AABB的儿化出现于19世纪初期。只有双音性质形容词的重叠和单音性质形容词的叠加可以儿化,双音状态形容词的重叠与重言式叠加没有儿化的。

三、元明清AABB功能的发展

唐以前,形容词性的AABB主要独立充当分句;唐宋时期,形容词AABB主要作谓语;元明清,形容词AABB主要作状语。独立充当分句的用法已基本消失;作谓语、补语、定语的用法继续存在,但不是主要用法。个别AABB依然可以直接作主语和宾语。

AABB作状语的,例如:

(52)怎么分分明明有这等一个显梦?(元曲选•昊天塔•二折)

(53)片刻工夫,见他复起,袅袅婷婷走进殿来。(七侠五义•六回)

AABB 作谓语的,例如:

(54)你姊妹们欢欢喜喜,俺每在这里住着有光。(金瓶梅词话·七十五回)

(55)长到十九岁,出落了一表人材,白白胖胖,大大长长。(醒世姻缘传·七十二回)

AABB 作定语的,例如:

(56)我如今可酾些不冷不热,兀兀秃秃的酒与他吃。(元曲选·生金阁·三折)

(57)热热闹闹采莲船,撒科打诨;长长大大高跷汉,贯甲顶盔。(金瓶梅词话·六十五回)

AABB 作补语的,例如:

(58)他二人打扮的袅袅娜娜,整整齐齐。(七侠五义·四十二回)

(59)算计得停停当当,铁炮相似的稳当。(醒世姻缘传·八十六回)

AABB 作主语和宾语的,例如:

(60)一家儿大大小小,如宝上珠一般,全看他过日子哩。(金瓶梅词话·九十回)

(61)受十年苦苦孜孜,博一任欢欢喜喜。(元曲选·潇湘雨·一折)

我们全面考察了《元曲选》《金瓶梅词话》《醒世姻缘传》和《七侠五义》四部著作中形容词 AABB 的使用情况。《元曲选》共有 AABB 形容词 143 个,使用 232 次;《金瓶梅词话》共有 AABB 形容词 108 个,使用 178 次;《醒世姻缘传》共有 AABB 形容词 129 个,使用 203 次;《七侠五义》共有 AABB 形容词 94 个,使用 159 次。

四部著作中 AABB 形容词的具体用法如下表:

	元曲选	金瓶梅词话	醒世姻缘传	七侠五义
总例数	232	178	203	159
作谓语	95	42	37	48
作状语	74	97	100	96
作定语	33	15	42	8
作补语	27	23	21	6
作主语		1	3	
作宾语	3			1

与唐宋相比，AABB 的功能有两大变化：

第一，由主要作谓语发展为主要作状语。唐宋时期的 AABB 主要作谓语。《元曲选》中，作谓语还是主要用法，多于作状语的。《金瓶梅词话》《醒世姻缘传》和《七侠五义》三部著作中，作状语的 AABB 远远多于作谓语的。

第二，作补语的用法有了很大发展。在唐宋的作品中，AABB 作补语属极个别现象。元明清，作补语的 AABB 逐渐多起来。

四、元明清 AABB 意义的发展

重叠的意义与重叠的结构密切相关，结构的发展总会带来意义的变化。元明清的四种典型的 AABB 结构格式中，第一类重言式叠加（昏昏惨惨）和第四类重叠式重叠（欢欢喜喜）形式上没有多大发展，因此它们的意义没有太大的变化。第二类重言式重叠（懵懵懂懂）发生了分化。一部分联绵式状态形容词（如"懵懂"）开始向性质形容词转化，使得其重叠式带有贬义的色彩。第三式（高高矮矮）是重叠叠加式，其中的反义叠加使二元状态的意义更加复杂化。

基式的词类变化对重叠的意义也有影响。近代汉语里，由双音名词构成的重叠式和由单音名词构成的叠加式，也像形容词一样表状态。这种变化的出现说明指称性有向描写性转化的现象。

1. 联绵式形容词的转类与 AABB 的贬义色彩

重叠的作用(语法意义)就是对基式语义特征的强调与夸大。基式有描写性的语义特征，重叠的意义就表状态；基式有量的语义特征，重叠的意义就表量变；基式有贬义色彩，重叠的意义也就表贬义。"懵懂""马虎""糊涂""肮脏""罗唆""龌龊""邋遢"等原来都是通过变音的方式产生的联绵式双音状态形容词。它们的演变过程现在还不清楚。但是，这些词到了现代汉语里都变成了双音性质形容词，能受程度词的修饰。同时，它们的语义特征中都含有较明显的贬义色彩。因此由它们构成的 AABB 也表贬义，表状态的意义反而淹没不显。例如：

(62) 只有一个打更的焦傻子,是个懵懵懂懂的人。(品花宝鉴·四十七回)

(63) 文七爷的脾气一向是马马虎虎的,一句话便把他问住。(官场现形记·十四回)

(64) 县官糊糊涂涂的罚了许多东西,问了许多罪。(醒世姻缘传·十二回)

(65) 肩上搭一块棋子布手巾,肮肮脏脏的。(品花宝鉴·二十三回)

(66) 批的病情都是十分危险,说了许多罗罗唆唆的话儿。(九尾龟·一百一十三回)

(67) 若是龌龌龊龊的父母,必定生个邋邋遢遢的儿子。(呼家将·十五回)

"懵懵懂懂""马马虎虎""糊糊涂涂""肮肮脏脏""罗罗唆唆""龌龌龊龊""邋邋遢遢"等的意义,主观性很强,都有明显的贬义。

2. 反义叠加与二元状态的复杂化

元明清,反义叠加结构的语法意义因叠加过程中凸显的角度不同,A、B 两个反义词叠加后形成了不同的状态意义,大体有表罗列式状态、选择式状态和交错式状态等几种意义。请看下面的分析。

下面各式表示的都是二元状态：

甲式：单音状态形容词的同义叠加（穆穆皇皇）

乙式：单音状态形容词的差义叠加（皎皎苍苍）

丙式：单音性质形容词的差义叠加（白白胖胖）

丁式：单音性质形容词的反义叠加（大大小小）

单音状态形容词的语义域较窄，因此它们的叠加式（"甲式"与"乙式"）都只表状态意义。而且，前后两个重言式的意义多相同（如"穆穆"与"皇皇"）或相关（如"皎皎"与"苍苍"），形成的是同义叠加与差义叠加。状态形容词的同义叠加与差义叠加式中，前后两个重言成分（如"皎皎"与"苍苍"）在意义关系上是并列的，可称之为并列式状态。单音性质形容词的语义域较宽，因此它们的叠加式（"丙式"与"丁式"）除表状态外，还表示量的变化。单音性质形容词的差义叠加，因为有两个性质形容词，表示了两种属性（如"白"与"胖"），在叠加的过程中"量"的特征并未被凸显，相反受到抑制。所以，这类叠加式也只表状态，也可称之为并列式状态。有反义关系的性质形容词的语义域最宽，它形成的叠加式所表示的语法意义也最复杂。单音性质形容词的反义叠加，虽然也有两个性质形容词（如"大大小小"的"大"和"小"），但却只有一种属性（如"大"和"小"都指"大小的程度"），两个形容词分别表示了一种属性的两个极端。因此在叠加的过程中，"量"的特征有可能被凸显。但反义叠加凸显"量"的方式有多种。

第一，反义叠加凸显完全量，形成罗列式状态。邢福义等（1993）早就发现："形容词 AABB 反义叠结形式表示对立性状的兼容，并带有'多'的附加意义。"这种现象在元明清就已出现。例如：

(68) 佛柜两头放了许多大大小小的经卷。（老残游记·续第一回）

(69)回头一看,见那橘子东一面,长长短短,横的竖的,贴着无数诗笺,都是公子的近作。(儿女英雄传•二十九回)

(70)当下领着牛浦走过了一个小桥,循着塘沿走,望见那边高高低低许多楼阁。(儒林外史•二十二回)

以上3例的"大大小小""长长短短"和"高高低低"既包括"大、小""长、短"和"高、低",又包括"不大不小""不长不短"和"不高不低"等中间状态。这种叠加突显了"从大到小""从长到短""从高到低"的全量幅,所以自然显示出"多"的附加意义。这种叠加所表示的意义我们称之为罗列式状态。

第二,反义叠加凸显不完全量,形成选择式状态。并不是所有的反义叠加都表"多"量。随着语境的不同,同一个AABB反义叠加形式,在甲语境表"多"量,在乙语境却不表"多"量。例如:

(71)至于名号的图书,中书从来也没有,只有家中住的一个客,上年刻了大大小小几方送中书。(儒林外史•五十一回)

(72)我如今出了京,只好听我的运气,好好歹歹,随遇而安。(品花宝鉴•四十八回)

例71,"图书"只有几方,"大大小小"在此并不"表多",而是指图书"有的大""有的小",表示的是对属性两极的一种选择。这种叠加突显的是或"大"或"小"两个量点①,而没有凸显"从大到小"的整个量幅,因而凸显的是不完全量。同样,例72的"好好歹歹"也是指"或好或歹",二者只能具其一,并不指"所有好的和歹的"。这种叠加所表示的意义我们称之为选择式状态。

第三,反义叠加凸显动态量,形成交错式状态。形容词不仅有静态

---

① 石毓智(2001:123)注意到:非定量形容词在量上有伸展的量幅,"定量形容词代表的都是个量点"。我们注意到:有量幅的非定量形容词在使用中有时表现的是量幅,有时表现的是量点。

量,还有动态量。有动态量的形容词进入 AABB 反义叠加格式中,表现的是两种状态的反复交错出现。例如:

(73)犁的地,高高低低,不甚好走。(歧路灯·六十一回)

(74)没有一个不瘸瘸歪歪,短短长长,都来聚观盛事。(醒世姻缘传·五十二回)

"高高低低""短短长长"都形容的是走路高一脚低一脚的样子,表现的是"高""低"两种状态的交错进行。这种叠加所表示的意义我们称之为交错式状态。

3. 指称性向描写性的转化

有些双音节名词也像形容词一样构成 AABB 式重叠表状态。例如:

(75)况又风大,火火烛烛的不便。(醒世姻缘传·七十二回)

(76)却说那小娇年纪才得十二三岁,身材却长大了,模样儿妆的妖妖精精的。(绣榻野史·下卷)

(77)他本来风风月月,相貌又好,年纪又不大,况且孤衾独宿,只要勾勾他,有什么不成的?(绮楼重梦·十三回)

(78)听他说得情情理理,便也十分原谅他。(红楼真梦·二十一回)

"火烛""妖精""风月""情理"都是双音名词,它们分别有"危险""妖媚""风流""合情理"等性质义。这些性质义是它们由名词转变为形容词的语义基础(谭景春 1998)①,然后它们遵循了双音性质形容词的重叠规则形成以上重叠形式。由此看来,指称性向描写性转化是以性质意义

---

① 谭景春(1998)认为:词义有"概念意义"和"性质意义"两类。概念意义是词的本质意义……,具体地说表现为词典中的释义。性质意义是概念意义所包含的,可以分为两类:附加性质义、内在性质义。名词的性质义不是均等的,有强弱之分。具体是:抽象名词>指人名词>指物名词>专有名词。名词"是否能够向形容词转变跟名词所包含的性质义有关,而且成正比,性质义越强转变的可能性越大,性质义越弱转变的可能性越小"。

为桥梁的。

同理,两个相关的单音名词也可以构成 AABB 叠加式表状态。例如:

(79)你素来爽快,何必这么婆婆妈妈的。(红楼真梦·三十六回)

(80)你挖的坑坑洼洼,像狗啃的一样,怎么做灯哪?(红楼真梦·五十八回)

(81)又想到蕙娘见了周琏,眉眉眼眼,是早已愿意的。(绿野仙踪·八十二回)

"婆婆妈妈"是"婆"与"妈"的叠加,"坑坑洼洼"是"坑"与"洼"的叠加,"眉眉眼眼"是"眉"与"眼"的叠加。

两个相关单音名词的叠加,在唐代已出现个别用例。例如:

(82)天兵四罗,旗常婀娜。驾龙十二,鱼鱼雅雅。(全唐诗·韩愈·元和圣德诗)

"鱼鱼雅雅"即"鱼鱼鸦鸦",形容龙象"鱼"和"鸦"一样成群结队。

五、元明清 AABB 使用的变化

元明清时期,形容词 AABB 在使用上的变化表现在两个方面:一是 AABB 的连用;二是 AABB 受弱度程度副词的修饰。

1. AABB 的连用

唐以前,AABB 也连用。但唐以前的 AABB 是短语,AABB 的连用属于两个或三个分句的并列。元明清,AABB 都是词,AABB 的连用属词的连用。它们连用之后同作一个句子成分,而不是构成并列的分句。例如:

(83)一个个都还有些自爱的思想,见了客人也都大大方方、规规矩矩的。(九尾龟·一百五十八回)

(84)跟着采药人,弯弯曲曲,下下高高,走了多少路程,方到陈起望。(七侠五义·一百十七回)

(85)则愿的俺小姐嫁一个风风流流、可可喜喜、标标致致好姐夫也。(元曲选·㑇梅香·三折)

(86)只见两个人进来,吃的浪浪跄跄,楞楞睁睁,走在凳子上坐下。(金瓶梅词话·十九回)

连用的 AABB 在以上各句中分别作谓语(83)、状语(84)、定语(85)和补语(86)。连用的两个或三个 AABB 在意义上有相关性,都是为了描写同一对象。AABB 连用的一个重要动因就是为了表现状态的多样性。

2. AABB 受弱度程度副词的修饰

明代,弱度程度副词"有些"可以修饰 AABB 形容词。例如:

(87)那妇人三杯酒落肚,便觉有些朦朦胧胧上来。(水浒传·四十五回)

(88)不觉有些恍恍惚惚,走到家里,就昏晕了去。(二刻拍案惊奇·卷十六)

(89)且说陈海秋多喝了几杯酒,醉眼朦胧,有些糊糊涂涂的。(九尾龟·三十四回)

(90)济公本是秦相的替僧,素日秦相知道济公有些疯疯癫癫。(济公全传·二百三十三回)

清代,弱度程度副词"有点"也可以修饰 AABB 形容词。例如:

(91)但是巴祥甫的为人,是有点马马糊糊的。(官场现形记·四十六回)

(92)当初一来的时候,我看他就有点鬼鬼祟祟!(官场现形记·三十回)

明清时期,能受"有些""有点"修饰的 AABB 形容词多是联绵式双音形容词构成的重叠式和重言叠加式。个别含贬义的叠加式也可受"有些""有点"的修饰。双音性质形容词的重叠式与单音性质形容词的叠加式基本不受"有些"和"有点"的修饰。

第四节 结 论

综观汉语形容词AABB式重叠的历史发展,本章得出如下结论:

(一)汉语形容词AABB形式最早出现的是叠加形式,不是重叠形式。这类叠加形式是在拟声词AABB叠加形式的影响下产生的。

(二)形容词AABB式重叠发展的总趋势是从叠加到重叠。唐以前的AABB式结构都是AA+BB,是两个重言的相加。唐代,在AABB叠加式的基础上通过重新分析和类推产生了由AB重叠而成的AABB重叠式。唐以后,叠加式AABB和重叠式AABB都得到了较大的发展。

(三)叠加式AABB发展的趋势是从重言叠加到重叠叠加。因为单音状态形容词没有反义词,所以重言叠加只有同义叠加和差义叠加。单音性质形容词有反义词,重叠叠加除了有同义叠加、差义叠加外,还有反义叠加。

(四)重叠式AABB发展的趋势是从同义重言叠加向准重叠式发展,再从准重叠式向重言式重叠发展,最后从重言式重叠向重叠式重叠发展。在这一发展过程中,"重新分析"和"类推"两大机制起了关键作用。

(五)双音形容词的发展成熟是重叠式AABB出现的根本原因。明清以前,只有联合式的双音形容词(如"欢喜")可构成AABB式重叠;明清以后,附加式(如"客气")、动宾式(如"安心")、偏正式(如"大方")、主谓式(如"胆怯")等的双音性质形容词也可以构成AABB式重叠。

(六)汉语形容词 AABB 式重叠语法结构的发展趋势。AABB 的结构分为内部结构和外部结构两种情形。AA 与 BB 的结构关系是 AABB 的内部结构关系,AABB 与其他结构成分的关系是 AABB 的外部结构关系。AABB 内部结构的发展趋势是由松散到紧凑。唐以前的 AABB 都是两个重言形式 AA 与 BB 的连用,AA 与 BB 的关系较松散,中间可加入连词"以""而""之"和语气词"兮"等。唐以后,叠加式 AABB 词汇化为一个整体。重叠式 AABB 结构更紧凑。AABB 外部结构的发展趋势是由不带词尾到带词尾"然""底""的"等。但 AABB 所带词尾都不是强制性的。

(七)汉语形容词 AABB 式重叠语法意义的发展趋势。重叠式 AABB 语法意义的发展趋势是由二元状态向一元状态转化。叠加式 AABB 语法意义的发展趋势是由二元状态向并列式状态、罗列式状态、选择式状态和交错式状态发展。

(八)汉语形容词 AABB 式重叠语法功能的发展趋势。唐以前,形容词性的 AABB 主要独立充当分句;唐宋时期,形容词 AABB 主要作谓语;元明清,形容词 AABB 主要作状语。

第五章 形容词ABB式重叠的历史发展

在形容词的各类重叠格式中,ABB重叠形式的发展最为复杂。历史上,形容词性的ABB形式有如下六种结构类型:

第一类:并列式ABB(坦荡荡)

第二类:述补式ABB(白颢颢)

第三类:附加式ABB(白皑皑)

第四类:音缀式ABB(黑洞洞)

第五类:主谓式ABB(血滴滴)

第六类:重叠式ABB(慌张张)

第一类见于春秋时期,第二类见于战国时期。这两类ABB是短语,不是词。第三类见于唐代,第四类和第五类见于宋代,第六类见于元代。这四类ABB是形容词。形容词性的ABB发展演变的大致过程是:并列式衍生出述补式,述补式词汇化变为附加式,附加式衍生出音缀式和重叠式。主谓式的发展自成体系,且变化不大。本章的目标:一是考察分析并论证ABB的演化过程;二是考察分析ABB在结构、功能和意义等方面的发展。全章共五节:第一节,唐以前的ABB;第二节,唐五代的ABB;第三节,宋代的ABB式形容词;第四节,元明清的ABB式形容词及其发展;第五节,结论。

第一节 唐以前的ABB

ABB式词语最早见于先秦文献。太田辰夫(1987)、陈鸿迈

(1988)、徐浩(1998)都认为,《楚辞》里已有 ABB 式词语,但它们是短语,不是词。李海霞(1991)发现:ABB 式短语最早见于《论语》。例如:

(1) 君子坦荡荡,小人长戚戚。(论语·述而)

"坦荡荡"可能是最早的 ABB 式词语。郑玄注:"坦荡荡,宽广貌。"朱熹注:"坦,平也。荡荡,宽广貌。"从古代学者的注释中已能看出,"坦荡荡"是"坦"与"荡荡"的连用。"坦"是单音状态形容词,"荡荡"是单音状态形容词的重叠。从结构上看,"坦荡荡"是一种并列式短语;从意义上说,"坦荡荡"包含有"平"而"宽广"两种状态;从功能上讲,"坦荡荡"作句子的谓语;从语用上分析,"坦"与"荡荡"的连用是为了表现状态的多样性。

李海霞(1991)在先秦文献中搜集到 ABB 式词语共计 35 例。其中,《楚辞》33 例,《论语》1 例,《尚书大传》1 例。我们从《文选》的汉魏晋南北朝赋中搜集到 ABB 式词语 48 例,从逯钦立辑校的《先秦汉魏晋南北朝诗》中又搜集到 78 例。就唐以前而言,ABB 式词语基本只出现于韵文中,很少见于散文作品。本节将以这 161 例词语为依据,考察唐以前 ABB 式词语的结构、功能和意义。

一、ABB 的结构类型

ABB 的结构分内部结构与外部结构。内部结构指 A 与 BB 的结构关系,外部结构指 ABB 与词尾等的结合。从外部结构看,唐以前的 AA 式重言和形容词性的 AABB 都可以带词尾"然"等,而 ABB 结构什么词尾也不能带。从内部结构看,ABB 的结构类型比较复杂。造成这种复杂性的原因有两个:一是因为 A 与 BB 的结构关系多样;二是因为 A 和 BB 又分别可以由不同词性的成员充当。

从 A 与 BB 的结构关系来看,唐以前的 ABB 式词语主要有三种结构类型:并列式 ABB、述补式 ABB 和主谓式 ABB。这三类 ABB 都是短语,不是词。

(一)并列式 ABB

A 与 BB 在语义上平等,没有说明与被说明、修饰与被修饰、补充与被补充的关系,在结构上构成并列关系,这就是并列式 ABB。例如:

(2)撰余辔兮高驰翔,杳冥冥兮以东行。(楚辞·九歌·东君)

(3)龟阙郁巍巍,墉台落月珠。(先秦汉魏晋南北朝诗·晋·杨乂·歌)

例 2,洪兴祖补注:"杳,深也;冥,幽也。""杳"是单音状态形容词,"冥冥"是单音状态形容词"冥"的重叠。"杳"与"冥冥"是并列连用,指"深而幽暗"貌。例 3 的"郁"是单音状态形容词,意义是"高出貌";"巍巍"是单音状态形容词的重叠,意义是"高大貌"。"郁巍巍"也是并列连用,形容高大的样子。

从语义上看,A 与 BB 都是状态形容词,语义域都较窄,不存在主次关系,A 也不修饰 BB,BB 也不补充说明 A。ABB 是并列式的。

从结构上看,具有并列关系的 ABB,中间可以被表并列关系的连词"以"或语气词"兮"分隔开,构成"A 以 BB"或"A 兮 BB"。例如:

(4)深林杳以冥冥兮,猿狖之所居。(楚辞·九章·涉江)

(5)高坟郁兮巍巍,松柏森兮成行。(先秦汉魏晋南北朝诗·曹植·寡妇诗)

唐以前的 ABB 绝大多数是并列式的。在我们调查的 161 例中,有 151 例是并列式 ABB。

根据 A 与 BB 的词性不同,并列式 ABB 又存在着多种不同的小类。A 可以是单音状态形容词、单音性质形容词和动词;BB 可以是单音状态形容词的重叠、单音动词的重叠或单音拟声词的重叠。它们又构成如下几类组合:

1. 单音状态形容词(A)+单音状态形容词的重叠(BB)

第五章　形容词 ABB 式重叠的历史发展

这类组合的 ABB 是唐以前 ABB 的主体,数量最多,达 118 例,占总数的 73.2%。例如:

(6)灵连蜷兮既留,烂昭昭兮未央。(楚辞·九歌·云中君)

(7)纷翼翼以徐戾兮,焱回回其扬灵。(文选·张衡·思玄赋)

(8)秋日苦促短,遥夜邈绵绵。(先秦汉魏晋南北朝诗·魏·应璩·杂诗)

"烂昭昭""纷翼翼""焱回回""邈绵绵"等 ABB 式词语中,"烂""纷""焱""邈"是单音状态形容词;"昭昭""翼翼""回回""绵绵"是单音状态形容词的重叠。

与 AA 和 BB 的连用一样,A 和 BB 连用的动因也是为了表现状态的多样性。有时,同样两个单音状态形容词既可以构成 ABB 式连用,也可以构成 AABB 式连用。如"纷"与"翼"既可以构成例 7 中的"纷翼翼",也可以构成"纷纷翼翼"。例如:

(9)纷纷翼翼,波涌云乱。(文选·枚乘·七发)

与 AABB 的连用相同,ABB 连用的结构也比较松散,A 与 BB 之间常可以插入连词或语气词"以""兮""乎""焉""其""哉"等。例如:

(10)章陵郁以青葱,清庙肃以微微。(文选·张衡·南都赋)

(11)眴兮杳杳,孔静幽默。(楚辞·九章·怀沙)

(12)澹乎洋洋,萦抱山丘。(文选·嵇康·琴赋)

(13)濞焉汹汹,隐焉磕磕。(文选·左思·吴都赋)

(14)温风郁其彤彤,譬炎火之烛烛。(全汉赋·陈琳·大暑赋)

(15)羽旄殷盛,芬哉芒芒。(先秦汉魏晋南北朝诗·汉·郊庙歌辞·安世房中歌)

"肃以微微""眴兮杳杳""澹乎洋洋""濞焉汹汹""隐焉磕磕""郁其彤彤""芬哉芒芒"实际上都是 ABB 结构中插入了连词和语气词。

与 AABB 一样,ABB 的组合也有临时性的特点。一是绝大部分

ABB 都只出现一次,没有频率可言。二是一个 A 可以和多个 BB 连用;反之,一个 BB 也可以和多个 A 连用。如单音状态形容词"纷"可以和多个 AA 式重言构成"纷 BB"结构。例如:"纷总总"(楚辞·离骚)、"纷容容"(楚辞·九章·悲回风)、"纷郁郁"(楚辞·九章·思美人)、"纷纯纯"(楚辞·九辩)、"纷翼翼"(张衡·思玄赋)、"纷彧彧"(何晏·景福殿赋)、"纷屑屑"(崔骃·七依)、"纷灼灼"(杨修·节游赋)、"纷晔晔"(魏诗·陈琳·春天润九野)、"纷微微"(晋诗·陶渊明·和胡西曹示顾贼曹)、"纷奕奕"(北齐诗·郊庙歌辞·高明乐)、"纷漠漠"(梁诗·刘孝绰·侍宴)等等。单音状态形容词的重叠形式"冥冥"也能和多个单音状态形容词构成"A 冥冥"结构。例如:"杳冥冥"(楚辞·九歌·东君)、"晦冥冥"(楚辞·七谏·怨世)、"翩冥冥"(楚辞·九章·悲回风)、"邈冥冥"(汉诗·蔡琰·悲愤诗)、"郁冥冥"(晋诗·陆机·泰山吟)等等。

单音状态形容词与 AA 式重言的语义域相等,因此这类 ABB 只有并列关系,没有其他关系。

2. 单音性质形容词(A)+单音状态形容词的重叠(BB)

这类组合的 ABB 唐以前极少,我们仅发现 10 例,占总数的 6.2%。例如:

(16)平原与上路,佳气远葱葱。(先秦汉魏晋南北朝诗·北齐诗·袁奭·从驾游山诗)

(17)女工织兮不敢迟,弱于罗兮轻霏霏。(先秦汉魏晋南北朝诗·先秦诗·歌下·采葛妇歌)

(18)秋冬交代序,申霜白绥绥。(先秦汉魏晋南北朝诗·梁诗·张率·咏霜诗)

"远葱葱""轻霏霏""白绥绥"等词语中,"远""轻""白"是单音性质形容词,"葱葱""霏霏""绥绥"是单音状态形容词的重叠。

性质形容词语义域宽,状态形容词语义域窄,A 与 BB 在语义上应有主次之分,A 可能会被 BB 修饰或补充。但是,此类 ABB 中的 A 与 BB 在意义上缺乏关联,都只在于描述主语,因此这类 ABB 不是述补式的,还是并列式的。例 16 中,"远"指"佳气"的距离,"葱葱"描写了"佳气"苍翠茂盛的样子。二者的语义指向都是"佳气","远"与"葱葱"没有意义上的联系。例 17 中,"轻"指"葛"的重量,"霏霏"形容"葛"飘动的样子。二者的语义指向都是"葛","轻"与"霏霏"在语义上没有关联。例 18 中,"白"指"霜"的颜色,"绥绥"指"霜"下落的样子。二者的语义指向都是"霜","白"与"绥绥"也没有意义上的联系。由此可见,这类 ABB 的并列属语义无关联的差义并列,"A"与"BB"的意义不同。

3. 单音动词(A)+单音拟声词的重叠(BB)

这类 ABB 的"A"一般是动词"鸣"或"响","BB"是叠音拟声词。例如:

(19)凤凰鸣啾啾,一母将九雏。(先秦汉魏晋南北朝诗•汉•相和歌辞•陇西行)

(20)啄木高翔鸣喈喈,飘摇林薄着桑槐。(先秦汉魏晋南北朝诗•晋诗•傅玄•诗)

(21)夜乌响嘤嘤,朝光照煜煜。(先秦汉魏晋南北朝诗•梁•王僧孺•春怨诗)

现代汉语里,"响当当""叫喳喳"等是附加式 ABB 形容词,唐以前的"鸣啾啾""鸣喈喈""响嘤嘤"等可能还是并列式短语。我们发现,此期的动词和叠音拟声词之间还可以加进连词"以""而"等。例如:

(22)雁邕邕以群翔兮,鹍鸡鸣以哜哜。(文选•班彪•北征赋)

(23)雁邕邕以迟迟兮,野鹤鸣而嘈嘈。(全汉赋•刘歆•遂初赋)[①]

---

① 例 22 李善注:"哜哜,众声也。"例 23 李善注引《埤苍》曰:"嘈嘈,声众也。"

显然,"鸣"与"哜哜"、"鸣"与"嘈嘈"都是并列关系。由此推知,唐以前的此类 ABB 都应是并列式 ABB。

(二)述补式 ABB

A 与 BB 在语义上有主次之分,BB 补充说明 A,结构上构成补充关系,这就是述补式 ABB。唐以前,述补式 ABB 极少,根据 A 与 BB 的不同词性,又分为三个小类:

1. 单音性质形容词+单音状态形容词的重叠

这类组合的 ABB 虽早已见于《楚辞》,但我们在唐以前的语料中只发现 8 例。例如:

(24)天白颢颢,寒凝凝只。(楚辞·大招)

(25)胡关辛苦地,雪路远漫漫。(先秦汉魏晋南北朝诗·陈·张正见·雨雪曲)

(26)前有浊樽酒,忧思乱纷纷。(先秦汉魏晋南北朝诗·梁诗·吴均·战城南)

这类结构的特点是 A 与 BB 的意义相同。例 24,洪兴祖补注:"颢颢,《说文》:白貌。"王逸注:"凝凝,水冻貌。""白"与"颢颢"同义,"寒"与"凝凝"同义。例 25 的"漫漫"指路远,"远"与"漫漫"同义。例 26 的"纷纷"指"纷乱","乱"与"纷纷"同义。

从表面上看,A 与 BB("白"与"颢颢"、"寒"与"凝凝"、"远"与"漫漫"、"乱"与"纷纷")似乎是同义并列连用,但是,"白""寒""远""乱"是单音性质形容词,它们的语义域较宽,可以包含"颢颢""凝凝"等的意义;而"颢颢""凝凝""漫漫""纷纷"是单音状态形容词的重叠,语义域较窄,只是"白""寒""远""乱"等意义的一部分,语义具体而确定。例如:"远"可以指"路远""山远""水远""时间久远"等等,而"漫漫"只有"路远"或"夜长"等几个具体的意义。石毓智(2001:144)发现:"语义更具体、确定的往往用作偏正短语的前面的定语,修饰和限制语义宽泛的词

语。"我们注意到:单音性质形容词可以受与之同义的AA式重言的修饰。例如:

(27)安能以皓皓之白,而蒙世俗之尘埃乎?(楚辞·渔父)
(28)是故无冥冥之志者,无昭昭之明。(荀子·劝学)
(29)泰山之容,巍巍然高。(淮南子·说山)

"皓皓"是"白"之一种;"昭昭"是"明"之一类;"巍巍"是"高"的某一种状态。"白""明""高"的意义抽象,语义域宽,所以受"皓皓""昭昭""巍巍"等的修饰。由此推断,"白颢颢""寒凝凝""远漫漫""乱纷纷"已不可能还是并列关系,而是述补关系。因此,AA式重言的语义指向也发生了变化。"颢颢"和"凝凝"的语义不仅指向主语"天",还要分别指向比它们语义域宽的形容词"白"与"寒";"漫漫"的语义既指向主语"路",又指向谓语"远";"纷纷"的语义既指向主语"忧思",又指向谓语"乱"。

对比例16的"远葱葱"和例25的"远漫漫"就会发现:差义并列与同义连用对ABB的结构关系会产生不同的影响。差义并列不会改变"BB"(如"葱葱")的语义指向,也就不会改变ABB的结构关系;同义连用将会改变"BB"(如"漫漫")的语义指向,从而也将改变ABB的结构关系。从语义指向上看,"葱葱"的语义只指向主语"佳气",不指向谓语"远";"漫漫"的语义既指向主语"雪路",又指向谓语"远"。从结构上看,"葱葱"与"远"一样是句子的谓语;"漫漫"由全句谓语降格为全句的补语。同义连用与语义指向的变化导致了ABB由并列关系变成了述补关系。

可能会有人认为这一类ABB就是现代汉语里的附加式ABB形容词。不过,ABB形容词的"BB"是构词成分,不是句法成分;而述补式ABB中的"BB"是句法成分,是全句的补语,语义上还与句法上的主语有关联。唐以前的ABB,我们还不能证明其中的"BB"不是句法成分,而是构词成分。因此,这一时期的"乱纷纷"还不是今天的"乱纷纷",它是述补式短语,不是 ABB 式形容词。

2. 单音动词＋动词的重叠

这类 ABB 已见于《楚辞》,唐以前的用例也极少。例如:

(30)漂翻翻其上下兮,翼遥遥其左右。(楚辞·九章·悲回风)

(31)荆棘被原野,群鸟飞翩翩。(先秦汉魏晋南北朝诗·魏诗·阮籍·咏怀诗)

(32)寒虫鸣趯趯,落叶飞翻翻。(先秦汉魏晋南北朝诗·梁诗·吴均·酬别江主簿屯骑诗)

"漂翻翻""飞翩翩""飞翻翻"等三个词语中,"漂(飘)""飞"是单音动词,"翻翻""翩翩"是单音动词的重叠。此类的单音动词与叠音动词多同义,BB 的语义即指向主语又指向单音动词。如:例 31 的"翩翩"既用来描写主语"群鸟",又用来补充说明动词"飞"的状态。因此,这一类 ABB 为述补式 ABB。这类 ABB 中的 BB 不仅可以处于补语位置上补充说明 A,还可以处于状语位置修饰 A。"飞翩翩"也可以是"翩翩飞"。例如:

(33)蟋蟀夹岸鸣,孤鸟翩翩飞。(先秦汉魏晋南北朝诗·魏·王粲·从军)

"翩翩"不管处于补语位置还是处于状语位置,语义既指向主语,又指向谓语。

3. 单音动词＋单音状态形容词的重叠

这类 ABB 也已见于《楚辞》,唐以前的用例也极少。例如:

(34)愁悄悄之常悲兮,翩冥冥之不可娱。(楚辞·九章·悲回风)

(35)朝光照皎皎,夕漏转骎骎。(先秦汉魏晋南北朝诗·梁诗·萧纲·如影)

(36)早霜垂霭霭,初雾上霏霏。(先秦汉魏晋南北朝诗·陈诗·

周弘正·学中早起听讲诗)

"翩冥冥""照皎皎""垂霭霭"三个词语中,"翩""照""垂"是单音动词,"冥冥""皎皎""霭霭"等是单音状态形容词的重叠。其中,"皎皎"可位于"照"之后,也可以位于"照"之前。例如:

(37)明月皎皎照我床,星汉西流夜未央。(先秦汉魏晋南北朝诗·魏诗·曹丕·燕歌行)

"皎皎"等 AA 式重言不管处于补语位置还是状语位置,语义既指向主语,又指向谓语。所以,它们也是述补式 ABB。

(三)主谓式 ABB

语义上,A 与 BB 有说明与被说明的关系,BB 说明 A,结构上 A 与 BB 构成主谓关系,这就是主谓式 ABB。

唐以前,主谓式 ABB 可以出现在两种句法位置上。例如:

(38)采三秀兮于山间,石磊磊兮葛蔓蔓。(楚辞·九歌·山鬼)

(39)南山石嵬嵬,松柏何离离。(先秦汉魏晋南北朝诗·晋诗·刘琨·扶风歌)

例 38 的"石磊磊"是主谓式 ABB,它的前面没有别的话题,A(石)作主语,BB(磊磊)作谓语,整个主谓式 ABB 独立成句。例 39 的"石嵬嵬"也是主谓式 ABB,但它的前面已有话题"南山","石嵬嵬"已不能独立成句,已降格为"南山"的谓语。例 38 句的 ABB 还不可能直接变为主谓式 ABB 形容词,例 39 句的 ABB 虽然仍是主谓式短语,但它在主谓式 ABB 词汇化的过程中迈出了第一步——作谓语[①]。

总起来说,唐以前 ABB 的结构类型主要是并列式的,述补式 ABB 还很少,主谓式 ABB 更是属于个别现象。并列式 ABB 中,"单音状态形容词+AA 式重言"(如"坦荡荡")是最多的,是唐以前 ABB 的主体。

[①] 唐以前,能作谓语的主谓式 ABB 还相当少,我们仅发现 3 例。

二、ABB 的功能

唐以前的 ABB 到底作什么句法成分呢？陈鸿迈(1988)认为："在《楚辞》中，三字语作句子成分，有作状语的，也有作谓语的，而以作谓语更常见。"李海霞(1991)认为："先秦 ABB 的语法功能，是在句中充当状语和谓语"，并认为"ABB 作状语最常见"。陈、李二位先生主要讨论的是《楚辞》的 ABB，虽一致认为 ABB 有作谓语和作状语两种用法，但陈认为以作谓语为常见，李认为以作状语为常见。看来，意见并不统一。

我们考察了唐以前的 161 例 ABB 词语，它们使用共 177 次，全都作谓语，无一例外。只不过，ABB 作谓语有两种位置。

1. 位于主语之后作谓语

（40）西方流沙，漭洋洋只。（楚辞·大招）

（41）月出照园中，珍木郁苍苍。（先秦汉魏晋南北朝诗·魏诗·刘桢·公䜩诗）

2. 在句首作谓语

（42）纷总总其离合兮，斑陆离其上下。（楚辞·离骚）

（43）杳冥冥兮羌昼晦，东风飘兮神灵雨。（楚辞·九歌·山鬼）

例 40、41 两例中，"漭洋洋"和"郁苍苍"前面都有明确的主语"西方流沙"和"珍木"，它们作谓语，大家的意见比较一致。例 42、43 两例中，"纷总总""杳冥冥"位于句首，前面没有直接的主语，后面还有谓词性成分。它们的功能就有争议了。李海霞认为 42、43 的 ABB 都作状语。陈鸿迈认为：42 例的"纷总总"作谓语，43 例的"杳冥冥"作状语。例 42，陈分析指出，"'纷总总其离合'，'纷总总'谓'繁盛聚集'，'离合'谓'忽离忽合'，俱为谓语陈述主语。"我们同意这种分析。例 43，陈的分析是，"'杳冥冥'修饰'昼晦'，均作状语。"我们不同意这一结论。"杳冥冥"与"昼晦"是并列关系，都作谓语，就犹如下一句"东风飘"与"神灵雨"并列作谓语一样。

据我们对魏晋南北朝诗和唐代的 ABB 功能的考察发现：唐五代以前的 ABB 还没有作状语的用法①。

三、ABB 的意义

王了一(1982:169)《汉语语法纲要》谈到 ABB 式形容词时说："这种叠字，在意义上不能添加些什么，然而在修辞上却很重要。譬如'乱烘烘'并不等于'很乱'，而是把乱的情景描绘出来；'热腾腾'并不等于'很热'，而是把热的情景描绘出来。"这说明，即使在现代汉语里，ABB 与 AA 和 AABB 的意义是不同的。AA 与 AABB 有表程度的用法，而 ABB 主要是"描绘情景"，也就是表状态。

唐以前的 ABB 是短语，不是词。因此，ABB 实际是 A 和 BB 的连用，是两个词，有两种意义，表现的是二元状态。就 A 和 BB 的意义关系而言，有的意义相同或相近，是相关二元状态，如"乱纷纷""远漫漫""烂昭昭"等；有的意义差别较大，A 与 BB 在意义上缺少联系，是不相关二元状态，如"远葱葱""翩冥冥""白绥绥"等。

第二节 唐五代的 ABB

唐五代的 ABB 在功能和语法意义上没有什么变化。功能上，唐五代的 ABB 只作谓语。我们调查了《全唐诗》《敦煌变文集》《临济语录》和《祖堂集》等作品中的 ABB，它们全作谓语。语法意义上，唐五代的 ABB 都表状态。唐五代 ABB 的最大变化表现在结构上。一是 ABB 中 A 位置上的单音状态形容词被单音性质形容词替换；二是 A 与 BB

---

① 这提醒我们，作专书研究必须考虑到历史发展，否则结论难免偏颇。

的结构关系和 ABB 的结构类型有变化;三是 ABB 附加式形容词的产生。

一、词汇替换与 ABB 中"A"的变化

唐五代,ABB 的 A 绝大多数是形容词。A 为形容词的 ABB 依然有"单音状态形容词+BB"和"单音性质形容词+BB"两种格式。例如:

(1)满空寒雨漫霏霏,去路云深锁翠微。(全唐诗·韦庄·途中望雨怀归)

(2)落花落,落花纷漠漠。(全唐诗·王勃·落花落)

(3)边城十一月,雨雪乱霏霏。(全唐诗·高适·蓟门行)

(4)雨烟轻漠漠,何树近君乡。(全唐诗·李端·折杨柳)

"漫霏霏"与"乱霏霏"相比,"漫"是状态形容词,"乱"是性质形容词。"纷漠漠"与"轻漠漠"相比,"纷"是状态形容词,"轻"是性质形容词。

与唐以前相比,唐五代 ABB 的一个显著变化是 A 的变化。唐以前,ABB 的 A 以单音状态形容词为主;唐五代,ABB 的 A 以单音性质形容词为主。

唐以前,"单音状态形容词+BB"有 118 例,占总数的 73.2%;"单音性质形容词+BB"只有 18 例,占总数的 11.1%。"单音状态形容词+BB"的格式占有绝对优势。

唐代,局面发生了逆转。"单音性质形容词+BB"的格式占有绝对优势,"单音状态形容词+BB"的格式在逐步消退。《全唐诗》共有 ABB 式词语 690 例,"单音性质形容词+BB"的格式有 391 例,占总数的 56.6%;"单音状态形容词+BB"的格式有 102 例,占总数的 14.7%。而且,"单音状态形容词+BB"多只出现于拟古诗作中,许多就是沿用唐以前的 ABB 词语。《临济语录》和《祖堂集》等散文作品中,"单音状态形容词+BB"的格式已基本消失。

由"单音状态形容词＋BB"发展成为"单音性质形容词＋BB",这是ABB发展史上一次重要的变化。这种变化产生的动因是唐代单音状态形容词系统的消失。这种变化产生的机制是词汇替换,用语义范围宽泛的单音性质形容词替换语义范围狭窄的单音状态形容词。这种变化的语义基础是单音状态形容词和单音性质形容词都具有描写性。

二、ABB 结构关系与结构类型的变化

(一)ABB 结构关系的变化

唐以前,A 与 BB 的结构关系有三类:并列关系、述补关系和主谓关系,以并列关系为主。唐五代,A 与 BB 的结构关系依然是三类:述补关系、并列关系和主谓关系,但以述补关系为主。唐五代,ABB 结构关系的变化就是由以并列关系为主发展成为以述补关系为主。

这种变化的动因是 ABB 中 A 的词性变化。唐以前,"A"与"BB"主要是状态形容词,一个是单音状态形容词,一个是叠音状态形容词。两者的语义范围都较窄,处于平等地位,构成并列关系。唐代,"单音性质形容词＋BB"的结构猛增,"A"与"BB"的语义范围不等,导致了大规模的结构关系变化。单音性质形容词 A,语义抽象,语义范围较宽,处于主要地位;重言式 BB,语义较具体,语义范围较窄,处于次要地位,多修饰或补充说明 A。当它补充说明 A 时处于 A 之后,构成 ABB 述补关系;当它修饰 A 时处于 A 之前,构成 BBA 偏正关系。例如:

(5)天畔晚峰青簇簇,槛前春树碧团团。(全唐诗·韦庄·登汉高庙闲眺)

(6)天畔峨嵋簇簇青,楚云何处隔重扃。(全唐诗·韦庄·奉和观察郎中春暮忆花言怀见寄)

(7)紫府静沈沈,松轩思别琴。(全唐诗·李群玉·送秦炼师)

(8)漏永沈沈静,灯孤的的清。(全唐诗·吴融·西陵夜居)

(9)芝术迎风香馥馥,松桂蔽日影森森。(全唐诗·杜光庭·题空明洞)

(10)阴阴邃兮馥馥香,中有人兮信宜常。(全唐诗·卢鸿一·草堂)

"青簌簌""静沈沈""香馥馥"中 BB 补充 A;"簌簌青""沈沈静""馥馥香"中,BB 修饰 A。唐以前,"单音性质形容词+叠音状态形容词"的述补式 ABB 出现过几例,"叠音状态形容词+单音性质形容词"的偏正式 BBA 还没有出现过。

(二)ABB 结构类型的多样化

唐五代,A 虽以性质形容词为主,但也有状态形容词、动词、名词等;BB 虽以单音状态形容词的重叠为主,但也有动词的重叠、拟声词的重叠、量词的重叠,甚至还有性质形容词的重叠。随着"A"与"BB"的词类不同,ABB 组配的结构类型多种多样,大致有 11 类。

1. 单音状态形容词+单音状态形容词的重叠

(11)南山峨峨白石烂,碧海之波浩漫漫。(全唐诗·孟郊·出门行)

(12)雷雨杳冥冥,川谷漫浩浩。(全唐诗·储光羲·过新丰道中)

在"浩漫漫"与"漫浩浩"中,"浩""漫"是单音状态形容词,"漫漫""浩浩"是单音状态形容词的重叠。

2. 单音性质形容词+单音状态形容词的重叠

(13)系得王孙归意切,不关春草绿萋萋。(全唐诗·温庭筠·杨柳)

(14)三面宫城尽夹墙,苑中池水白茫茫。(全唐诗·花蕊夫人徐氏·宫词)

"绿""白"是单音性质形容词,"萋萋""茫茫"是单音状态形容词的重叠。

此类是《全唐诗》中数量最多的一类 ABB,也是后来 ABB 式形容词的主要来源。

3. 单音性质形容词＋单音性质形容词的重叠

(15)女婵童子黄短短,耳中闻人惜春晚。(全唐诗·孟郊·济源寒食)

(16)井底一竿竹,竹色深绿绿。(全唐诗·谶记·淮西池濠石铭)

"黄""深"是单音性质形容词,"短短""绿绿"是单音性质形容词的重叠。"黄短短""深绿绿"都是并列式 ABB。单音性质形容词与其重叠形式,语义范围都较宽,二者不可能有修饰与被修饰、补充与被补充的关系,不可能构成动补结构,因而也不可能由动补结构词汇化为附加式 ABB。这类结构类型只在唐代出现了少量用例。随着附加式 ABB 的形成,并列式 ABB 的消亡,这类结构也随之消失。

4. 单音性质形容词＋动词的重叠

(17)西母青禽轻飘飘,分环破璧来往劳。(全唐诗·李咸用·轻薄怨)

(18)泛徵胡雁咽萧萧,绕指辘轳圆衮衮。(全唐诗·元稹·小胡笳引)

"轻""圆"是单音性质形容词,"飘飘""衮衮"是动词的重叠。现代汉语中的"轻飘飘""圆滚滚"等 ABB 式形容词就来源于这一格式。

5. 单音性质形容词＋叠音拟声词

(19)忽作出塞入塞声,白草胡沙寒飒飒。(全唐诗·岑参·田使君美人舞)

(20)风晚冷飕飕,芦花已白头。(全唐诗·钱起·江行无题)

"寒""冷"是单音性质形容词,"飒飒""飕飕"是叠音拟声词。现代汉语中的"冷飕飕""冷丁丁"就来源于此类 ABB。

6. 单音性质形容词＋量词重叠

(21)桂树绿层层,风微烟露凝。(全唐诗·许浑·晨起)

(22)知君汉阳住,烟树远重重。(全唐诗·张籍·寄汉阳故人)

"绿""远"是单音性质形容词,"层层""重重"是量词的重叠。这类ABB是并列结构,"A"和"BB"的语义都只指向主语。

7. 单音动词＋动词的重叠

(23)水淹手足尽有疮,山虻绕身飞扬扬。(全唐诗·张籍·江村行)

(24)夜叶动飘飘,寒来话数宵。(全唐诗·无可·送僧归中条)

"飞""动"动词,"扬扬""飘飘"是动词的重叠。

8. 单音动词＋单音状态形容词的重叠

(25)岛花开灼灼,汀柳细依依。(全唐诗·李白·送客归吴)

(26)慢脸笑盈盈,相看无限情。(全唐诗·李煜·菩萨蛮)

"开""笑"是动词,"灼灼""盈盈"是单音状态形容词的重叠。

9. 单音动词＋叠音拟声词

(27)夜寒眠半觉,鼓笛闹嘈嘈。(全唐诗·韩愈·潭州泊船呈诸公)

(28)惊睡觉,笑呵呵,长笑人生能几何。(全唐诗·韦庄·天仙子)

"闹""笑"是动词,"嘈嘈""呵呵"是叠音拟声词。

10. 单音名词＋单音状态形容词的重叠

(29)处处落花春寂寂,时时中酒病恹恹。(全唐诗·刘兼·春昼醉眠)

(30)北望沙漠垂,漫天雪皑皑。(全唐诗·高适·酬裴员外以诗代书)

"病""雪"是名词,"恹恹""皑皑"是单音状态形容词的重叠。

11. 单音名词＋叠音拟声词

（31）从此识归处，东流水淙淙。（全唐诗·韩愈·病中赠张十八）

（32）烟月苍苍风瑟瑟，更无杂树对山松。（全唐诗·白居易·题清头陀）

"水""风"是名词，"淙淙""瑟瑟"是叠音拟声词。

可以说，唐代是历史上 ABB 式词语结构类型最复杂的时期。

三、BB 语义指向的变化与 ABB 附加式形容词的产生

（一）唐五代 ABB 结构的性质

唐五代的 ABB 结构绝大部分还是短语，不是词。这可以从 ABB 的使用频率和 ABB 组合的临时性两个角度得到证明。

董秀芳（2002：40）注意到，一个双音形式由短语变为双音词的一个基本的条件限制是使用频率高。"只有两个成分经常在一起出现，才有固化成词的可能性。"ABB 由短语变为词也应该有一个高频的阶段。唐代，ABB 结构虽然数量庞大，但使用频率普遍不高。690 个 ABB 式词语中，只有 38 个 ABB 使用在 2 次以上，其余的 652 例都只出现过 1 次。从使用频率看，唐五代的 ABB 绝大部分应是短语。

唐五代，A 与 BB 的结合还具有临时性的特点。一个 A 可以与许多个 BB 构成 ABB；同样，一个 BB 也可以与许多 A 构成 ABB，A 与 BB 很少形成为一种固定的组合。如性质形容词"白"可以与 19 个 BB 构成"白 BB"，有"白纷纷""白鳞鳞""白茫茫""白粼粼""白漫漫""白浩浩""白差差""白霏霏""白茸茸""白翩翩""白皑皑""白溶溶""白峨峨""白磷磷""白泱泱""白矫矫""白毵毵""白悠悠""白荒荒"等等。例如：

（33）一身既零丁，头鬓白纷纷。（全唐诗·高适·蓟门行）

(34)秋叶风吹黄飒飒,晴云日照白鳞鳞。(全唐诗·张谔·九日宴)

(35)我从云中来,回头白茫茫。(全唐诗·唐彦谦·舟中望紫岩)

(36)玉钩鸾不住,波浅白粼粼。(全唐诗·温庭筠·咏罇)

(37)连天际海白皑皑,好上高楼望一回。(全唐诗·白居易·花楼望雪命宴赋诗)

(38)欲明天色白漫漫,打叶穿帘雪未干。(全唐诗·王建·酬于汝锡晓雪见寄)

(39)皇天悲送远,云雨白浩浩。(全唐诗·杜甫·送长孙九寺御赴武威判官)

(40)开口论利害,剑锋白差差。(全唐诗·韩愈·送张道士)

(41)今岁去郡日,稻花白霏霏。(全唐诗·白居易·答刘禹锡白太守行)

(42)物老颜色变,头毛白茸茸。(全唐诗·白居易·和大觜鸟)

(43)行盖柳烟下,马蹄白翩翩。(全唐诗·李贺·代崔家送客)

(44)度霞红漠漠,压浪白溶溶。(全唐诗·元稹·表夏十首)

(45)不知来远近,但见白峨峨。(全唐诗·朱庆余·看涛)

(46)有石白磷磷,有水清潺潺。(全唐诗·白居易·闲题家池寄王屋张道士)

(47)入苑白泱泱,宫人正靥黄。(全唐诗·李贺·同沈驸马赋得御沟水)

(48)华亭双鹤白矫矫,太湖四石青岑岑。(全唐诗·白居易·池上作)

(49)鬓毛不觉白毵毵,一事无成百不堪。(全唐诗·白居易·除夜寄微之)

(50)烟岛青历历,蓝田白悠悠。(全唐诗·陈陶·海昌望月)

(51)惊看天地白荒荒,瞥见青山旧夕阳。(全唐诗·薛涛·贼平后上高相公)

同样,重言式的"悠悠"也可以与单音状态形容词、单音性质形容词和单音动词构成21个"A悠悠",有"怅悠悠""霭悠悠""漫悠悠""莽悠悠""浩悠悠""澹悠悠""碧悠悠""寒悠悠""绿悠悠""暗悠悠""暖悠悠""清悠悠""荒悠悠""闲悠悠""净悠悠""深悠悠""远悠悠""白悠悠""泛悠悠""醉悠悠""笑悠悠"等等。例如:

(52)及尔江湖去,言别怅悠悠。(全唐诗·张说·送王光庭)

(53)望见南山阳,白露霭悠悠。(全唐诗·王维·自大散以往深林)

(54)南陵水面漫悠悠,风紧云轻欲变秋。(全唐诗·杜牧·南陵道中)

(55)蜀江波影碧悠悠,四望烟花匝郡楼。(全唐诗·高骈·锦城写望)

(56)况乃胡未灭,控带莽悠悠。(全唐诗·杜甫·送韦十六评事充同谷郡防御判官)

(57)故国三年一消息,终南渭水寒悠悠。(全唐诗·杜甫·锦树行)

(58)长堤春水绿悠悠,畎入漳河一道流。(全唐诗·王之涣·宴词)

(59)行行上陇头,陇麦暗悠悠。(全唐诗·李益·观四军三韵)

(60)向壁暖悠悠,罗帏寒寂寂。(全唐诗·王建·秋灯)

(61)相思千万岁,大运浩悠悠。(全唐诗·刘复·游仙)

(62)沅江清悠悠,连山郁岑寂。(全唐诗·刘禹锡·游桃源一百韵)

(63)初日遍露草,野田荒悠悠。(全唐诗•刘禹锡•登陕州北楼却忆京师亲友)

(64)爱君无巧智,终岁闲悠悠。(全唐诗•白居易•赠吴丹)

(65)云树霭苍苍,烟波澹悠悠。(全唐诗•白居易•将之饶州江浦夜泊)

(66)不如来饮酒,相伴醉悠悠。(全唐诗•白居易•劝酒)

(67)风光闲寂寂,旌旆远悠悠。(全唐诗•白居易•奉和裴令公)

(68)映空虚漾漾,涵白净悠悠。(全唐诗•吴丹•赋得玉水记方流)

(69)性疏常爱卧,亲故笑悠悠。(全唐诗•姚合•武功县中作三十首)

(70)远烟分的的,轻浪泛悠悠。(全唐诗•徐铉•秋日泛舟赋平人)

(71)次听妙音大随求,更觉人间万事深悠悠。(全唐诗•贯休•题弘顗三藏院)

(72)烟岛青历历,蓝田白悠悠。(全唐诗•陈陶•海昌望月)

从上面这许多的 ABB 可以看出,某个 A 与某个 BB 的组合很随意,不是一种固定性的词。从 ABB 组合的临时性和随意性也能看出,唐五代的 ABB 绝大部分还是短语。以上的 ABB,大部分都因 A 与 BB 意义关联性不强而没有词汇化为 ABB 式形容词。

(二)判定 ABB 词汇化的标准

ABB 式形容词是何时产生的呢?从构词法的角度看,这也是汉语史上一个很重要的问题,因此,许多学者都进行过探讨。从现代汉语角度看,ABB 主要有附加式、重叠式、主谓式和音缀式四种。它们产生的时间可能会不一致,应分别考察。附加式 ABB 是 ABB 的主要成员,数

量最多,出现时间最早,学者们讨论的也最多。对此,张美兰(2001)有一个比较全面的总结。各家看法大致如下:

1. 楚辞说。王力(1980/2001:317)在《汉语史稿》中指出:附加式 ABB 是用"叠音作为形容词的词尾","这种结构最初见于《楚辞》","此后历代都沿用下来"。孙锡信(1992:153)在《汉语历史语法要略》中也认为:"先秦时 ABB 式的形容词,基本上仅见于楚辞,很少见于其他典籍。"

2. 汉代说。蒋绍愚(1989:268)在《古汉语词汇纲要》中指出:"ABB 式的词最早见于《淮南子·叙目》所引的民歌,'一尺缯,好童童,一升粟,饱蓬蓬。'到了唐代就相当多了。"徐浩(1998)也认为 ABB 式形容词见于汉代。他的研究发现:《汉书》中的淮南民歌是这样的:"一尺布,尚可缝;一斗粟,尚可舂;兄弟二人不相容。""我们无法判断哪一种是正确的。""据我们考察,整个两汉魏晋只出现了两个这种类型的 ABB 词,例子实在太少。""我们觉得如果把这两个词说成是这个类型的最早的零星例证似乎更恰当一些。"

3. 中古说(魏晋至唐)。向熹(1993:630—634)在《简明汉语史》中谈到 ABB 式形容词时说:"汉语里的三音节词,中古开始产生。元以后有了巨大的发展。"张美兰(2001)认为:"后缀式 ABB 形容词,至少在唐代已经出现了。"

从战国至唐,前后相差近千年,各家的分歧竟如此之大。究其原因,主要是各家都没有为 ABB 形容词的形成确立一个可接受的标准。标准不同,结论就会不一样。

陈鸿迈(1988)、李海霞(1991)都指出,《楚辞》等先秦文献中的 ABB 是词组,不是词。但我们依据什么标准来判定某一时期的 ABB 是词而不是词组呢?

我们前面的分析已经显示:唐以前 ABB 的 BB 都还是句法成分,

要么作句子的谓语,要么作句子的补语。ABB 的 BB 由句法成分降格为构词成分的时间应该就是 ABB 形容词形成的时间。要证明 ABB 的 BB 由句法成分演变为构词成分,一个很重要的标准就是功能标准。一旦 ABB 的 BB 从句子的谓语或补语位置上转移,不再作句法成分的时候,就是 ABB 成词的时候。宋代,整个 ABB 已从谓语位置转移至状语、定语或补语的位置。这时的 BB 再也不可能充当句子的谓语或补语等句法成分了,应该是 ABB 词的附加成分。如果据此为标准,那么 ABB 形容词的产生不晚于宋代。我们发现:唐代,处于谓语位置上的 ABB,其中的 BB 有少数已不是句子的补语,而可能是 ABB 词的构词成分。这可以从 BB 语义指向的变化上看出来。

从先秦到唐代,在并列式 ABB、述补式 ABB 和附加式 ABB 中,BB 的语义指向有三种情形。第一种情形,并列式 ABB 中,BB 的语义仅指向主语,不指向 A。第二种情形,述补式 ABB 中,BB 的语义既指向主语,又指向谓语 A。第三种情形,附加式 ABB 中,BB 的语义不指向句法上的主语,仅指向构词成分 A。下面举例说明。

(73)霄烟近漠漠,暗浪远滔滔。(先秦汉魏晋南北朝诗·陈诗·陈叔宝·立春日泛舟玄圃)

(74)风晚冷飕飕,芦花已白头。(全唐诗·钱起·江行无题一百首)

(75)寒月冷飕飕,身似孤飞鹤。(项楚·寒山诗注·自羡山间乐)

例 73 的"远滔滔"是并列式 ABB 短语。"远"和"滔滔"都是描写主语"暗浪"的,A 与 BB 的语义都指向主语。就 A 与 BB 的语义关系而言,二者的语义关联性不强,"远"不修饰"滔滔","滔滔"也不补充说明"远",BB 的语义不指向 A。"远滔滔"是"远而滔滔"的意思。例 74 的"冷飕飕"是述补式 ABB 短语。"冷"和"飕飕"都是描写主语"晚风"的,

A 与 BB 的语义都指向主语。"冷"描写的是对晚风的主观感受,"飕飕"是拟声词,描摹的是晚风的声音。就 A 与 BB 的语义关系而言,二者的语义有关联,"飕飕"补充说明谓语"冷",从声音上增强"冷"的形象感。"飕飕"的语义既指向主语"晚风",又指向谓语"冷"。例 75 的"冷飕飕"是附加式 ABB 词。"飕飕"的语义指向出现偏指现象,已不再指向主语,仅指向 A。"寒月"没有声音形象,不需要"飕飕"来描摹。"飕飕"的语义作用也就从句法成分中退到构词成分"冷"之上,以增强"冷"的主观形象性。

BB 语义指向的变化会带来 BB 语法功能的变化。例 73 的"滔滔"和例 74 的"飕飕",其语义指向的是句法成分(句子的主语或谓语),因此"滔滔"和"飕飕"也是句法成分,是句子的谓语和补语。例 75 的"飕飕",语义指向的是构词成分,即词干(冷),因此例 75 的"飕飕"是构词成分,是词的附加语素。

从 BB 语义指向的变化来看,BB 由句法成分开始变为构词成分的时间应该是唐代,ABB 形容词的形成也应在唐代。

(三)BB 语义指向的变化与述补式 ABB 词汇化举例

唐代,因为 BB 语义指向的变化,述补式 ABB 开始向附加式 ABB 发展。这一变化过程显示:在唐代,即使是同形的 ABB 形式,根据语境的不同,有的可能是词,有的可能还是短语。例如:

(76)边城十一月,雨雪乱霏霏。(全唐诗•高适•蓟门行)

(77)忽复不相见,心思乱霏霏。(全唐诗•韦应物•赠别河南李功曹)

"霏霏"本指"雨雪纷飞的样子"。例 76 的"霏霏"既描写了主语"雨雪"的状貌,又补充和增强了谓语"乱"的形象性,是补语。"乱霏霏"是述补结构。例 77 的"霏霏"语义不指向主语"心思",因为"心思"极为抽象,没有形象性,与"霏霏"不能搭配。"霏霏"的语义仅指向"乱",表现"乱"

的形象感。例 77 的"乱霏霏"是词。

(78)三日柴门拥不开,阶庭平满白皑皑。(全唐诗•李郢•酬王舍人雪中见寄)

(79)崖口悬瀑流,半空白皑皑。(全唐诗•岑参•终南云际精舍寻法澄上人不遇)

"皑皑"本形容霜雪之白。例 78 的"皑皑"既描写了主语"白雪"的状貌,又增加了谓语"白"的形象性,是句子的补语。此例的"白皑皑"是述补式短语。例 79 的"皑皑"不是用来描写主语"瀑流"的,"瀑流"与"皑皑"不匹配。"皑皑"的语义仅指向"白",增强了"白"的形象感,使"白"更为形象化。此例的"白皑皑"是词。

(80)君看明月夜,松桂寒森森。(全唐诗•贾岛•寄友人)

(81)再整鱼犀拢翠簪,解衣先觉冷森森。(全唐诗•韩偓•咏浴)

"森森"本指草木繁密的样子,又引申出"寒冷貌"。例 80 的"森森"既描写了主语"松桂"的茂密,又强化了谓语"寒"的寒冷之貌,语义既指向主语,又指向谓语。此例的"寒森森"是短语。例 81 的"森森"只强调"冷"的主观感觉,语义仅指向词干"冷"。此例的"冷森森"是词。

通过上面的分析,可以清楚地看到:BB 语义指向的转移是述补式 ABB 词汇化的重要途径。

(四)述补式 ABB 词汇化的动因

ABB 词汇化的过程也就是 BB 的功能弱化的过程。BB 为什么由句法成分变成构词成分,这有内外两方面的原因。

BB 功能弱化的内在动因是 BB 的语义域狭窄,不能满足描写各种情态的需要。"飕飕"能描摹风声,却不能描写月亮,"霏霏"能描绘雨雪,却不能形容心思。这就说明,到了唐宋,BB 在句法层面上的作用已经很有限了,许多的主语不能与 BB 搭配。随着语言交际功能的增强,

BB不得不收缩其功能。

BB功能弱化的外在动因是A(性质形容词)的语义宽泛对BB的功能有影响。随着ABB应用范围的扩大,可以和A搭配的对象越来越多,A的结合面也越来越宽。这势必会使BB越来越失去与句法成分搭配的机会,越来越附属于其前的性质形容词A。

四、唐五代ABB的外部结构

唐五代,ABB凡用于韵文者都不带词尾,凡用于散文者多带词尾"地",有时也带词尾"底"。例如:

(82)山僧往日,未有见处时,黑漫漫地。(镇州临济慧照禅师语录)

(83)有人长欢喜,有人嗔迫迫地。(祖堂集·卷十二·禾山和尚)

(84)若无人躲得,莫只与摩醉慢慢底,有什摩成办时?(祖堂集·卷十·安国和尚)

第三节 宋代的ABB式形容词

我们通过对《全宋词》《朱子语类》《五灯会元》《宋人话本七种》等作品的考察发现:宋代,ABB式词语一个最明显的变化是,随着附加式ABB形容词的形成,并列式ABB短语和述补式ABB短语已基本消失。除《全宋词》等韵文作品中还有极个别用例外,散文中已见不到ABB短语的踪迹。宋代ABB式结构的发展还表现在如下几个方面:第一,句法功能的非谓语化;第二,附加式ABB的音缀化;第三,主谓式ABB短语的词汇化;第四,名词性重叠结构进入ABB式形容词;第五,ABB的外部结构有变化。

一、ABB 式形容词句法功能的变化

(一) ABB 式形容词的句法功能

宋以前的 ABB 式词语全都作谓语。宋代, ABB 式形容词的句法功能发生了变化, 开始作状语、定语和补语。

ABB 作谓语的, 例如:

(1) 轻染烟浓, 鹅黄初褪绿茸茸。(全宋词·赵师侠·浪淘沙·柳)

(2) 但是人不见此理, 这里都黑卒卒地。(朱子语类·卷二十九·P750)

(3) 亦莫趁口快乱问, 自己心里黑漫漫地。(五灯会元·卷十五·云门文偃禅师)

ABB 作状语的, 例如:

(4) 瘦棱棱地天然白, 冷清清地许多香。(全宋词·辛弃疾·最高楼)

(5) 不是阴, 便是阳, 密拶拶在这里, 都不著得别物事。(朱子语类·卷六十五·P1606)

(6) 休去, 歇去, 冷湫湫地去。(五灯会元·卷六·九峰道虔禅师)

ABB 作定语的, 例如:

(7) 周子洒落及程子活泼泼底意, 觉见都在面前。(朱子语类·卷一百一十七·P2819)

(8) 却见明晃晃一把劈柴斧头, 正在手边。(宋人话本七种·错斩崔宁)

ABB 作补语的, 例如:

(9) 好学而首章, 说得乱董董地, 觉得他理会这物事不下。(朱

子语类·卷四十四·P1132)

(10)象山常要说此语,但他说便只是这简,又不用里面许多节拍,却只守得简空荡荡底。(朱子语类·卷九十四·P2370)

为了准确把握宋代 ABB 式形容词的句法功能,我们全面考察了《全宋词》《朱子语类》《五灯会元》《宋人话本七种》等四部著作中 ABB 的使用情况。《全宋词》共有 ABB 式词 104 个,使用 116 次;《朱子语类》共有 ABB 式词 23 个,使用 68 次;《五灯会元》共有 ABB 式词 69 个,使用 115 次;《宋人话本七种》共有 ABB 式词 11 个,使用 12 次。

宋代 ABB 式形容词的具体用法如下表:

	《全宋词》	《五灯会元》	《朱子语类》	《宋人话本七种》
总例数	116	115	68	12
作谓语	111	106	49	5
作状语	5	4	10	4
作定语		5	3	2
作补语			6	1

从上表可以看出,虽然宋代 ABB 式形容词的功能有了些发展,但作谓语还是其主要功能。

(二)ABB 功能的变化与 ABB 词汇化程度的加深

ABB 由作谓语发展到可以作状语、定语和补语,这是 ABB 词汇化的结果。反过来,ABB 功能的变化又会加深 ABB 的词汇化。处于非谓语位置的 ABB 与处于谓语位置的 ABB 相比,BB 与 A 的结合更加紧凑,BB 的语义更容易依附于 A。例如:

(11)松风冷飕飕,片片云霞起。(全唐诗·拾得·松风冷飕飕)

(12)寒月冷飕飕,身似孤飞鹤。(全唐诗·寒山·自美山间乐)

(13)这剑冷飕飕取次不离匣,这恶头儿揣与咱家。(元曲选·

后庭花·三折)

对比三句中的"冷飕飕"则会发现,不处于谓语位置的"冷飕飕","飕飕"的意义最模糊。例 11 中,"松风""冷""飕飕"三者互有搭配关系,是句子的核心成分,也是语义表达的重心。例 12 中,"寒月"与"冷"是句子的核心成分,是语义表达的重心,"飕飕"已退于次要地位。例 13 中,"剑"与"不离匣"是句子的核心成分,是语义表达的重心,"冷"与"飕飕"一起退于次要地位,"飕飕"的语义已退于更加次要的地位,以至于人们不再注意它到底表达了什么意思。人们首先注意到的是"剑"与"不离匣"的语义搭配,其次才会注意到"冷"与"剑"、"不离匣"的语义关系。"飕飕"的意义对于整个句子的表达已无足轻重,处于越来越边缘化的位置。这种变化一方面会促使 ABB 的结构更加紧凑,促进 ABB 的词汇化,另一方面也会导致 BB 意义的淡化与脱落。

二、语义淡化与 BB 的音缀化

宋以前,ABB 的 BB 都是有实义的重言形式。宋代,少数 ABB 的 BB,语义淡化(Semantic bleaching),变成了纯粹的语音性成分,由附加语素变成了音缀。例如:

(14)水外黑洞洞地,而中却明者,阴中之阳也。(朱子语类·卷一·P10)

(15)今言道无不在,无适而非道,固是,只是说得死搭搭地。(朱子语类·卷六十四·P1601)

(16)六十四卦,只是上经说得齐整,下经便乱董董地。(朱子语类·卷六十七·P1672)

(17)黄龙下儿孙,一个个硬剥剥地,只有真净老师较些子。(五灯会元·卷十七·宝峰克文禅师)

"黑洞洞"的"洞洞"、"死搭搭"的"搭搭"、"乱董董"的"董董"、"硬剥剥"

的"剥剥"等都已没有什么实在的词汇意义,是一种音缀。

这些叠音音缀都是由 AA 式重言变来的。因为文献不足,许多 ABB 的 BB 音缀化的过程大都已无法弄清楚了。但是我们仍然能观察到某些 BB 音缀化的历程。

(一)BB 的音缀化过程

在 ABB 形容词中,单音状态形容词重叠而成的 BB、单音动词重叠而成的 BB 和单音拟声重叠而成的 BB 都有可能变为音缀。

1. 单音状态形容词重叠的音缀化

现代汉语里,"娇滴滴"是一个音缀式形容词,"滴滴"是两个无义的叠音音缀。"滴"本写作"的",在秦汉是一个单音状态形容词,意义是"鲜艳"。例如,《文选·宋玉·神女赋》:"眉联娟以蛾扬兮,朱唇的其若丹。""的"重叠为"的的",形容(妇女)艳丽的样子。例如,梁·刘孝绰《都县遇见人织率尔寄妇》诗:"笼笼隔浅沙,的的见妆华。"宋·郑僅《调笑令》词:"吴姬绰约开金盏,的的娇波流盼。"宋代,"的的"与单音性质形容词"娇"构成"娇的的",指"娇媚而艳丽的样子"。例如,宋·欧阳修《盐角儿》词:"施朱太赤,施粉太白,倾城颜色。慧多多,娇的的。天付与,教谁怜惜。""娇的的"又写作"娇滴滴"。例如,元·王仲诚《粉蝶儿》套曲:"娇滴滴香脸嫩如花,细松纤腰轻似柳。""娇滴滴"本指颜色娇嫩,后又转指声音的娇嫩。又如,《老残游记》第九回:"只听身后边娇滴滴的声音说道:'饭用过了罢?怠慢得很。'"这时候,"滴滴(的的)"的语义淡化,"鲜艳"之色已荡然无存。"滴滴"变成了音缀。

现代汉语里,"美滋滋"是一个音缀式形容词,"滋滋"是两个无义的音节。其实,"滋"的本字应是"姿"。"姿"是单音状态形容词,"温柔娇媚"的意思,常与同义的"媚"连用,构成"姿媚"。例如,三国·魏·阮籍《咏怀》:"流盼发姿媚,言笑吐芬芳。"南朝·梁·徐防《长安有狭斜行》:"小妇多姿媚,红纱映削成。"宋代,"姿媚"重叠为"姿姿媚媚"。例如,宋·柳永《击梧桐》:"香靥深深,姿姿媚媚,雅格奇容天与。""姿姿媚媚"又写作"孜孜媚媚"。宋·毛滂《代赠》词:"端端正正人如日,孜孜媚媚花如颊。"同时,连用的"姿媚"中,"姿"重叠而"媚"不重叠,构成"媚孜孜"。例如,元·关汉卿《碧玉箫》曲:"院后那娇娃,媚孜孜整绛纱,颤巍巍插翠花。""媚"也可以被同义的"美"替换,构成"美姿姿"或"美孜孜",在意义上与"姿媚""姿姿媚媚""孜孜媚媚""媚孜孜"同义,都是描写女子外形温柔美丽的样子。例如,《元曲选·金钱记》一折:"我见他簇双鸦,将眼梢儿斜抹,美姿姿可喜煞。"《元曲选·抱妆盒》二折:"管领他美孜孜八百姻娇,守定这艳亭亭三千粉黛。"以上的"姿姿""孜孜"都是有实义的单音状态形容词"姿"的重叠形式。"美孜孜"的进一步发展才使得"孜孜"由重言形式变为了音缀形式。作为单音性质形容词的"美",语义范围宽泛,义项也较多。至少有"美丽"和"得意"两个义项。"美丽"的"美",意义较具体形象,可以指女子形体的"娇媚";"得意"的"美",意义较抽象,主观性强,指内心的"得意"与"高兴"。在"美丽"这一义项上,"美"和同义的"孜孜""姿姿"构成了 ABB 形式。在词义发展的过程中,"美孜孜"由形容女子外表的"温柔美丽"发展成为形容内心的"高兴"与"得意"。例如,《元曲选·望江亭》三折:"俺这里美孜孜在芙蓉帐笑春风,只他那冷清清杨柳岸伴残月。"在"美孜孜"的发展过程中,"美"的意义可以由外表的美丽发展为内心的得意,"孜孜"的意义不可能也如此发展,只能从有义变为无义,成为一个音缀。现代汉语里,"美孜孜"已写成"美滋滋",义为"形容很高兴或很得意的样子"(《现代汉语词典》)。

有些音缀式 ABB,其 BB 音缀化的过程已难以探究,但它们的本字在各种文献中还能发现。"黑洞洞"的"洞洞"是叠音音缀,可它的本字应是"霘"。"霘"与"洞"在《集韵》中是同一个小韵的字,读音相同。《集韵·东韵》:"霘,黑皃。"由此可知,"洞洞"可能是单音状态形容词"霘"的重叠式。因字形变化,本字不明,被重新分析成音缀。

2. 单音动词重叠的音缀化

宋以前,动词的重叠主要是动作形象性较强的不及物动词的重叠。重叠的意义也不表"短时"或"尝试",而是表状态,表动作的连续。

"腾"是单音动词,有"升腾"之义。例如,《礼记·月令》:"(孟春之月)是月也,天气下降,地气上腾。"唐代,"腾"重叠为"腾腾",形容日、月、烟、气等不断上升的样子。例如,唐·李绅《忆汉月》:"燕子不藏雷不蛰,烛烟昏雾暗腾腾。"唐以后,"腾腾"的意义越来越丰富,与多个单音性质形容词构成 ABB。如:"黑腾腾""慢腾腾""昏腾腾""急腾腾""乱腾腾""远腾腾""闷腾腾""困腾腾"等。明代,单音性质形容词"热"与"腾腾"构成"热腾腾",形容热气蒸腾的样子。例如,《金瓶梅词话》六十九回:"须臾大盘大碗,就是十六碗热腾腾美味佳肴。"此处的"腾腾"还有实义,指热气不断上升的样子。"热"作为单音性质形容词,义项也较多,至少有"气温高"和"热闹"两个义项。"气温高"的意义比较具体,有可感性,温度高形成的水汽蒸腾与"腾腾"的意义有关联,构成了 ABB。当"热腾腾"用于"热"的较为抽象的"热闹"这一义项时,"腾腾"的语义淡化,变成了音缀。例如,《金瓶梅词话》三十七回:"自古养儿人家热腾腾的,养女儿家冷清清。"此处的"热腾腾"指热闹,"腾腾"已失去烟气升腾的意义。

"溜"是单音动词,有"滑动、滑落"义。例如,南唐·李煜《浣溪沙》词:"佳人舞点金钗溜,酒恶时拈花蕊嗅。"宋代,"溜"重叠为"溜溜",指"水、酒等物体的滑动貌"。例如,宋·陆游《鱼池将涸车水注之》诗:"清波溜溜入新渠,邻曲来观乐有余。"明代,"溜溜"引申出"光滑"义,与形容词"光"构成"光溜溜"。例如,明·吴承恩《西游记》八十二回:"山脚下有一块大石,约有十余里方圆;正中间有缺口大的一个洞儿,爬得光溜溜的。""溜溜"与"光"又构成"溜溜光光"。例如,明·金木散人《鼓掌绝尘·月集》三十三回:"一个个衣服儿着得精精致致,头髻儿梳得溜溜光光,都在那斗纸牌儿耍子。"形容词"光"至少有"光滑"与"一点儿不剩"两个义项。"光溜溜"到了现代汉语中发展出"一点儿不剩"的意思。例如,邓友梅《追赶队伍的女兵们》:"二嫂住在东屋。光溜溜的席、光溜溜的地,什么摆设都没有,可收拾得干净明快。""光溜溜"由"光滑"发展到"一点儿不剩"是"光"的意义在发展,"溜溜"不可能也发展出"一点儿不剩"的意思,只能变成音缀。

3. 叠音拟声词的音缀化

拟声词的主观性最强,本就没有多少词汇意义,是表音性成分,无所谓音缀化。我们此处说的音缀化是指 ABB 中的拟声语素由拟声发展到不拟声的过程。如前面多次分析的"冷飕飕"的"飕飕"由模拟风声发展到不模拟任何声音的过程就是音缀化的过程。

单音性质形容词与 AA 式拟声词构成 ABB,其结合的认知基础是通感。"冷"的感觉和风"飕飕"的感觉有关联性,所以才导致"冷飕飕"的结合。哪些单音性质形容词能够与哪些 AA 式拟声词结合,有明显的民族性、地域性和时代性。这一点还有待于进一步研究。这里,我们只能简单地举两个例子以说明 AA 式拟声词音缀化现象的存在。

"乱哄哄"的"哄哄"又写作"吅吅""鬨鬨"等,是叠音拟声词,形容声音嘈杂。例如,《广韵·东韵》:"吅吅,市人声。"《朱子语类》卷一百三卷:"未几,外面鬨鬨地,谓上往建康。"可能"乱"的混乱状态与"哄哄"的众人嘈杂声引起的状态有相关性,宋代,"乱"与"哄哄"结合构成"乱哄哄",又写作"乱烘烘"。例如,《清平山堂话本·快嘴李翠莲记》:"诸亲九眷闹丛丛,姑娘小叔乱哄哄。"《宋人话本七种·碾玉观音》:"则听得街上闹炒炒,连忙推开楼窗看时,见乱烘烘道:'井亭桥边有遗漏。'"以上两例的"哄哄"(烘烘)还有拟声的功能。元代,"乱烘烘"的发展使得"烘烘"有时已不拟声了。例如,《元曲选·蝴蝶梦》四折:"我叫化的乱烘烘一陌纸,拾得粗垄垄几根柴。"此句的"烘烘"已没有拟声的作用,变成了音缀。

"冷丁丁"的"丁丁"本也是拟声词,可以模拟多种声音,如"伐木声""敲击木桩声""鸟鸣声""啄木声""敲门声""器乐声""滴漏声"等等(汪维懋,1999:287—290)。例如,北周·庾信《燕歌行》:"寒雁丁丁渡辽水,桑叶纷纷落蓟门。"此"丁丁"模拟的是鸟鸣声。唐·陆龟蒙《方响》诗:"击霜寒玉乱丁丁,花底秋风拂坐生。"此"丁丁"模拟的是器乐声。唐·方干《陪李郎中夜宴》诗:"间世星郎夜宴时,丁丁寒漏滴声稀。"此"丁丁"模拟的是滴漏声。不管模拟什么声音,"丁丁"多与"寒"或"冷"的意象结合在一起,因此有"寒丁丁""冷丁丁"的搭配。例如,唐·牛殳《琵琶行》:"飘飘摇摇寒丁丁,虫豸出蛰鬼神惊。"元·姚燧《冬怨》曲:"朔风掀倒楚王宫,冻雨埋藏神女峰,雪雹打碎桃源洞,冷丁丁总是空。"以上的"寒丁丁"和"冷丁丁"中,"丁丁"还在拟声,模拟的是琵琶弹奏声和雪雹落地的声音。"冷丁丁"的进一步发展,只强调"冷"的意义,"丁丁"的拟音功能消失,变成音缀。例如,《元曲选·救孝子》二折:"哭吖吖的连身唤救人,冷丁丁的慌忙用水喷。"同时,"冷丁丁"由状态词变为副词,形容突然、冷不防的样子,只能作状语。例如,元·关汉卿《新水令》曲:"冷丁丁舌尖上送香茶,都不到半霎,森森一向遍体麻。"此处的"丁丁"是地道的音缀。

(二)BB音缀化过程与语义淡化

ABB词中,BB的音缀化是BB语法化过程中的一个较晚的阶段。"在语法化的早期阶段,意义的变化和促使它们变化的认知策略是最重要的……在晚期阶段,当语法化继续进行而且语言形式变得被惯常使用的时候,意义丢失或语义淡化现象经常会发生。"(Paul J.Hopper and Elizabeth Closs Traugott,2001:68)。唐代,ABB词汇化的过程是BB从句法成分向构词成分变化的过程;宋代,ABB音缀化的过程是BB由构词成分向语音成分变化的过程。在这两个过程中都有语义淡化

(semantic bleaching)现象。

BB 的语义淡化是 ABB 在成词过程中或成词后继续发展时产生的。这一过程的发生与 A 和 BB 的语义发展不协调有关。因语义域狭窄的限制,自唐以后 AA 式重言的发展一直处于衰弱的状态。在 ABB 词汇化的过程中,A 和 BB 与句子的主语匹配不一致,导致 BB 的语义开始淡化;在 ABB 词进一步发展的过程中,ABB 的发展实际上是 A 的发展,BB 的语义渐次失落,一步步变成了音缀。

BB 的语义淡化与 ABB 句法功能的变化也有关系。唐代,ABB 处于谓语位置,某些 BB 的语义变化也只是部分淡化(partial semantic-bleaching)。宋元以后,ABB 从谓语位置可转移至状语、定语和补语的位置,有些 BB 的语义则全部淡化(full semantic-bleaching)。

三、主谓式 ABB 短语的词汇化

怎样判定一个主谓式 ABB 是词而不是短语呢？这同样存在着使用什么标准的问题。

徐浩(1998)谈到主谓式 ABB 词的出现时所用的标准是:在 ABB 之前还有别的话题,而且 A 不是该话题的一部分,这时的主谓式 ABB 是词。具体一点说,徐先生在分析汉代的 ABB 时说:"这一时期还出现了很像是词的主谓结构的 ABB 式,我们说它很像词是因为在 A 之外还有别的话题,ABB 是用来对这个话题进行说明的。"他举的例子是:

(18)田圃田者莠乔乔,思远人者心忉忉。(扬雄·法言·修身)

上例中,"莠乔乔"另有"田圃田者"这个话题,"心忉忉"另有"思远人者"这个话题。因为"莠"与"心"仍然跟前面话题所指事物有"部分-整体"关系,所以 ABB 象词,还不是词。谈到唐代的主谓式 ABB 时,徐先生明确地说:"唐诗中有些主谓结构的 ABB 形式的语言成分可以看作是 ABB 词,一是因为它以 ABB 整体来说明句子的主题,描写主题所表事

物的态貌；二是因为 A 不是该事物的一部分。这是和《楚辞》、两汉魏晋时期最大的区别。"我们觉得，ABB 之前还有别的话题这一个标准还不能证明 ABB 就不是短语。主谓短语作谓语还是比较常见的。

董秀芳(2002:200)在谈到主谓短语词汇化时说："由于名词不能被副词修饰，所以主谓短语之前就不能加副词；当主谓短语成词以后，原主语部分与谓语部分的分立性减弱，二者变为一个组合紧密的整体，而这个整体如果是谓语性的，副词就可加在前面了。因而前面能不能加副词，是判定一个形式是主谓短语还是词的一个重要标准。"这一点对我们很有启发。

其实，不能修饰名词的不只是副词。有些谓词性指代词也是不能修饰名词的。如不能说"这么桌子""那么椅子"等。主谓式 ABB 形容词也是状态形容词，是谓词性成分。主谓式 ABB 短语的 A 还是名词，是体词性成分。因此，我们判定主谓式 ABB 词汇化的标准是：凡不能修饰体词的语言成分修饰了主谓式 ABB，那么该主谓式 ABB 是词，不是短语。

根据这条标准，我们发现主谓式 ABB 形容词在宋代才出现。例如：

(19)者老汉寻常口吧吧地，不消一问。(古尊宿语录•卷三十九)

(20)道吾怎么血滴滴地为他。(近代汉语语法资料汇编•宋•碧岩录)

(21)拿住你，你还那等嘴巴巴的！(金瓶梅词话•八十五回)

例 19 中，"口吧吧"是主谓式 ABB，受副词"寻常"修饰，是词。例 20、21 中，"血滴滴""嘴巴巴"分别受谓词性指代词"怎么""那等"修饰，也是词。例 20 的"血滴滴"还作状语，这也是主谓式 ABB 词汇化的表现。

四、名词性重叠结构进入 ABB 式形容词

宋以前,能进入 ABB 中 BB 位置的成分有单音状态形容词的重叠形式、单音性质形容词的重叠形式,单音动词的重叠形式、拟声词的重叠形式和量词的重叠形式。宋元以后,单音名词的重叠形式也可以进入这一格式。例如:

(22)问:"古镜未磨时如何?"师曰:"照破天地。"曰:"磨后如何?"师曰:"黑漆漆地。"(五灯会元·卷八·龙济绍修禅师)

(23)其心都冷冰冰地了。(朱子语类·卷一百二十五·P2998)

(24)若是添一句甜蜜蜜地,好好观来正是毒药。(近代汉语语法资料汇编·宋·碧岩录)

(25)西山映水碧潭潭,楚老长谣泪满衫。(宋·王安石·和张仲通忆钟陵绝句)

(26)明晃晃马鞍枪尖上挑,白雪雪鹅毛扇上铺。(全元散曲·睢景臣·高祖还乡)

"漆漆""冰冰""蜜蜜""潭潭""雪雪"都是单音名词的重叠形式。这些 ABB 的 A 只能是单音性质形容词,如"黑""冷""白""甜""碧"等。BB 与 A 有一种比拟关系。如"黑漆漆"有"如漆一样黑"的意思。

五、ABB 的外部结构

宋代,ABB 主要带词尾"地",个别 ABB 还可带词尾"底"和"然"。例如:

(27)疏篱横出,绿枝斜露,笑盈盈地。(全宋词·赵长卿·探春令)

(28)十字街头闹浩浩地,声色里坐卧去。(五灯会元·卷十六·云峰志璿禅师)

(29)释氏所谓"敬以直内",只是空豁豁地,更无一物,却不会"方外"。(朱子语类·卷一百二十六·P3015)

(30)佛氏只是空豁豁然,和有都无了。(朱子语类·卷一百二十六·P3011)

(31)又不用里面许多节拍,却只守得个空荡荡底。(朱子语类·卷九十四·P2370)

(32)奔到府中看时,已搬挈得罄尽,静悄悄地无一人。(宋人话本七种·碾玉观音)

宋代的 ABB 式形容词大都带词尾。以《朱子语类》为例,ABB 形容词共出现 68 次,其中 54 次带"地",4 次带"底",1 次带"然";不带词尾的 ABB,出现仅 9 次。唐代,韵文中的 ABB 都不带词尾;宋代,《全宋词》的 ABB 有许多也带词尾。

第四节 元明清的 ABB 式形容词及其发展

我们重点调查了《元曲选》《金瓶梅词话》《醒世姻缘传》和《七侠五义》等几部作品中的 ABB 式形容词,发现 ABB 形容词在元明清时期有如下发展:第一,重叠式 ABB 的形成;第二,音缀式 ABB 的音变;第三,ABB 的句法功能与外部结构有变化;第四,ABB 形容词的语法意义有发展。

一、重叠式 ABB 形容词的形成

元明清,ABB 式形容词又增加了新的成员,那就是重叠式的 ABB。例如:

(1)吓的我战钦钦系不住我的裙带,慌张张兜不上我的罗鞋。(元曲选·争报恩·二折)

(2) 虚飘飘离乱人,孤另另多病身。(元曲选·梧桐叶·一折)

(3) 他娘拿着鞋底,望着狄员外肩膀上结实实的打了一下。(醒世姻缘传·三十三回)

"慌张张"是"慌张"的不完全重叠,不等于"慌＋张张","张张"不成词。"孤另另"是"孤另"的重叠,"另另"不成词。"结实实"是"结实"的重叠,"实实"的意义与"结实实"毫不相干。因此,"慌张张""孤另另"和"结实实"都不是附加式 ABB,而是重叠式 ABB。

ABB 重叠式是如何形成的呢?可能会有这样一种分析,"慌张张"来源于"慌慌张张"、"孤另另"来源于"孤孤另另"、"结实实"来源于"结结实实"。因此,ABB 重叠式来源于 AABB 重叠式。的确,AABB 重叠式形成于唐,成熟于宋,比 ABB 重叠式出现要早。但是,这样的分析要遭遇到两重困难。第一,并非所有的 ABB 重叠式词语都有相应的 AABB 重叠形式。如:"跌趵"可以重叠为"跌趵趵",却没有相应的"跌跌趵趵";"黑暗"可以重叠为"黑暗暗",却没有相应的"黑黑暗暗"[①]。"跌趵趵"和"黑暗暗"这两个 ABB 式词语也是重叠式 ABB 词,说它们来源于 AABB 显然没有根据。第二,从历史文献上看,"慌张张"与"慌慌张张"、"孤另另"与"孤孤另另"、"结实实"与"结结实实"等都是同时出现的,并不是 AABB 在前,然后有 ABB。因此,看不出"慌张张"有从"慌慌张张"演变而来的痕迹。我们在此要讨论的并不是"慌张张"等某几个 ABB 词是怎么出现的,我们要了解的是 ABB 这种重叠格式是如何形成的。"慌张张"和"慌慌张张"等词语的存在,只能证明有些双音节形容词(如"慌张")可能会有 ABB 和 AABB 两种重叠方式,不能证明 ABB 重叠形式是如何形成的。

[①] 张美兰(2001)也发现:有些重叠式 ABB 有相应的 AABB 重叠形式,如"冷落落""絮叨叨""冷清清""稳当当"等;有些重叠式 ABB 则没有相应的 AABB 重叠形式,如"沉默默""气愤愤""沸腾腾""静悄悄"等。

我们认为:ABB重叠式可能会来源于ABB附加式。具体地说,附加式ABB的重新分析,导致了ABB准重叠式的形成;ABB准重叠式的类推导致了真正ABB重叠式的出现。

(一)ABB附加式的重新分析与ABB准重叠式的形成

有些ABB的结构关系存在着歧解,既可以把它们分析成"A+BB"的附加式,又可以把它们分析成"AB"重叠为ABB的重叠式。例如:

(4)听疏剌剌晚风,风声落万松;明朗朗月容,容光照半空。(元曲选·张生煮海·一折)

(5)黑黯黯冻云垂,疏剌剌寒风起。(元曲选·杀狗劝夫·二折)

(6)这明月满江,又静悄悄无一艘船来往。(元曲选·青衫泪·三折)

"明朗朗""黑黯黯""静悄悄"等在结构关系上都是有歧解的ABB词语。以"明朗朗"为例,"明朗"和"朗朗"在元明以前均已成词。例如:唐·韩愈《贺太阳不亏状》:"自卯及巳,当亏不亏,虽隔阴云,转更明朗。"《世说新语·容止》:"时人目夏侯太初'朗朗如日月之入怀',李安国'颓唐如玉山之将崩'。"因此,元明时"明朗朗"的结构就可能有两种分析。一是可以分析为"明+朗朗",此为附加式ABB;二是可以分析为"明朗"重叠为"明朗朗",此为重叠式ABB。"黑黯黯""静悄悄"等因"黑黯"与"黯黯"并存,"静悄"与"悄悄"同现,它们的结构关系都可以作出两种分析。

从ABB的历史发展来看,"明朗朗""黑黯黯""静悄悄"都应是按附加式的方式构成的ABB式形容词。"明""黑""静"是单音性质形容词,"朗朗""黯黯""悄悄"是AA式重言。单音的A与叠音的BB基本同义,已词汇化为一个ABB式形容词。因为双音形容词"明朗""黑黯""静悄"等的形成,使得语言使用者可能会把附加式ABB重新分析成重叠式ABB。这样就导致了一种新的结构——重叠式ABB的产生。这种重叠式还有歧解,还不是真正的重叠式,我们暂称之为ABB准重叠

第四节　元明清的 ABB 式形容词及其发展

式。

这种 ABB 准重叠式在宋代就已出现,但只有个别用例。例如:

(7)曹溪路坦平,为什么休登陟？曹溪路绝尘迹,露躶躶、赤洒洒、平坦坦。(近代汉语语法资料汇编·宋·碧岩录)

宋以前,"平坦"与"坦坦"两词都已出现。因此,"平坦坦"是 ABB 准重叠式词语。

(二)类推与 ABB 重叠式的出现

一旦 ABB 被认为是一种重叠格式,那么双音形容词就会进入这一框架,构成真正的 ABB 重叠形式。最为典型的 ABB 重叠式是双音联绵式状态词构成的 ABB。例如:

(8)那厮热拖拖的才出气,那厮跌踅踅的恰还魂。(元曲选·燕青博鱼·二折)

(9)我数日前笃速速眼跳,昨夜里便急爆灯花。(元曲选·薛仁贵·四折)

(10)那厮见了我便走,我就骨碌碌一个翻身,跳起来跟着他后面,急急的赶。(元曲选·硃砂担·一折)

"跌踅踅""笃速速""骨碌碌"是"跌踅""笃速""骨碌"等词的重叠式。与 ABB 准重叠式不同的是,它们只能分析为重叠式,不能分析为附加式,因为"踅踅""速速""碌碌"在此都是两个无意义的音节。

江蓝生(2004)指出:"蹀"是可以独立使用的单音节动词,其义为踏,蹈。"蹀躞"是"蹀"的变形重叠式。"蹀"是基式,"躞"是变式,"蹀躞"是顺向变声重叠。"蹀"重叠出"躞",韵母未变,声母由定母变成了心母。因此,"躞"实际上是"蹀"通过改变声母的方式而重叠出的一个无意义的音节。动词"蹀"重叠为"蹀躞"后,新产生了状态形容词的用法,描状小步行走貌。"笃速"是"蹀躞"的变体。"蹀躞"二次重叠则形成为"蹀躞躞"和"滴羞蹀躞","笃速"二次重叠则形成为"笃速速"和"滴差笃速"。"毂"本指车轮的中心部位,后又代称车轮,"轱辘"应是其顺向变声重叠式。其作名词写作"轱辘",其作动词写作"骨碌"。"骨碌"二次重叠则构成为"骨碌碌"和"急留骨碌",这些都是状态形容词。

由此可知,"跌蹬""笃速""骨碌"都是变声重叠形成的联绵词,以它们为基式构成的 ABB 只能是重叠式,不可能是附加式。

再进一步,两个同义的单音性质形容词构成的双音形容词也能构成 ABB 式重叠。例如:

(11)我急忙忙取得文移,趱程途不敢耽迟。(元曲选·酷寒亭·二折)

(12)每日碗酒块肉,吃的肥胖胖的,专一只奈何人。(金瓶梅词话·三十八回)

(13)见明间内明亮亮点着灯烛,武大灵牌供养在上面。(金瓶梅词话·八十七回)

"急忙忙""肥胖胖""明亮亮"等是"急忙""肥胖""明亮"的重叠形式。

ABB 是双音形容词的不完全重叠式。双音形容词的重叠式因有 AABB 的存在,ABB 是一个非常不能产的重叠格式。自元至今,重叠式 ABB 形容词都不多。

二、音缀式 ABB 的音变

元明清时期,有许多所谓的 ABC 式形容词。如"闹镬铎""短古取""滑七擦""热忽剌""冷急丁""黑咕咚"等等。它们大多是附加式 ABB 和音缀式 ABB 的变音形式。

附加式 ABB 的变音与音缀式 ABB 的变音在方式上很不相同。附加式 ABB 的 BB 都是有词汇意义的附加叠音语素,这类 BB 的变音是变声变韵;音缀式 ABB 的 BB 都是一些没有词汇意义的音节,这类 BB

的变音有其特有的规律。因为音缀式 ABB 的变音对现代汉语状态形容词的形成有影响,是本部分讨论的重点。

(一)附加式 ABB 的变声变韵

金元时期,附加式 ABB 形容词中的 BB 有变声或变韵的现象。下面举 5 例为代表来说明这种音变现象。

1. 胀膨膨→胀膨脝

(14)买花钱滴溜溜杖上挑着,沽酒店闹炒炒桥边问也,载诗囊胀膨膨驴背上驮者。(全元散曲·无名氏·春日即事)

(15)别家作酒全是米,我家作酒只靠水。吃的肚里胀膨脝,虽然不醉也不馁。(元曲选·盆儿鬼·一折)

例 14 中,"胀膨膨"是附加式 ABB 形容词,"膨膨"是附加语素,有词汇意义,表"胀貌"。例如,《素问·至真要大论》:"肺䐜腹满,膨膨而喘欬,病本于肺。"例 15 中,"胀膨脝"是"胀膨膨"的变音形式。"膨膨"变成了"膨脝",也是表"胀貌"。例如,《全唐诗·寒山·携残荒草庐》:"饱食腹膨脝,筒是癡顽物。"历史上,"脝"只出现在"膨脝"一词中,从不独用,是"膨"变声重叠出的一个没有意义的音节。"膨膨"与"膨脝"的拟音如下:

膨膨 [pʻəŋ平阳 pʻəŋ平阳]

膨脝 [pʻəŋ平阳 xəŋ平阴]

两相对比就会发现,第二音节(脝)的韵母未变,声母由滂母变成了晓母。这是顺向变声重叠。

2. 闹火火→闹濩铎

(16)背着这闹火火,亲身自向莲台拜。(元曲选·留鞋记·二折)

(17)我则见扬尘蔽日罩荒郊,更和那人马可便闹濩铎。(元曲选外编·伊尹耕莘·二折)

"闹火火"与"闹㲿铎"都形容非常喧闹的样子。"火火"是有词汇意义的,不知道本字是什么。"闹㲿铎"又写作"闹镬铎""闹和朵",字形不固定。"镬铎"也单用,指"扰乱,喧闹"。例如,《元曲选·后庭花》一折:"那壁厢欢喜杀三贞妇,这壁厢镬铎杀五脏神。""镬铎"应是"火火"(或"镬镬")的变音形式,第二音节"铎",韵母未变,声母变了。

以上两组是ABB第三音节变音的例子,这两例都是顺向变声构成的ABC。

3. 淡氲氲→淡氤氲

(18)乱纷纷叶满空山,淡氲氲烟迷四野渡。(明·康海·中山狼·三折)

(19)我受用淡氤氲香喷鹊尾炉,光潋滟酒倾蕉叶杯。(元曲选·误入桃源·三折)

"淡氲氲"与"淡氤氲"都形容薄烟弥漫的样子。"氲氲""氤氲"都能独用,都指"烟雾弥漫貌"。历史上,"氲"可以独用,也可以重叠为"氲氲";而"氤"不能独用,只出现于"氤氲"一词中,可能是"氲"变音重叠出的一个音节。两词的拟音如下:

氲氲 [iuən$_{平阴}$　iuən$_{平阴}$]

氤氲 [iən$_{平阴}$　iuən$_{平阴}$]

两相对比就会发现,"氤氲"的第一音节(氤),声母没变,韵母变了,丢掉了圆唇的介音。这是逆向变韵重叠。

4. 湿浸浸→湿淋浸

(20)咱也曾湿浸浸卧雪眠霜,咱也曾磕擦擦登山蓦岭。(元曲选·气英布·二折)

(21)湿淋浸满身香露侵毛骨,吉丁珰过耳清飔响珮琚。(全元散曲·汤式·梦游江山为友人赋)

"湿浸浸"与"湿淋浸"都形容湿润、浸透。"浸浸"是附加语素,有词汇意义,"浸润湿貌"。例如,《全元散曲·汤式·京口道中》:"露浸浸芳杏洗朱颜,云冉冉晴峦闪翠鬟。""淋浸"应是"浸浸"的变音形式。"淋浸"的第一音节(淋),韵母没变,声母变成了边音。比较"湿淋淋"与"湿淋浸","湿淋淋"有"湿得往下滴水"的意思,"湿淋浸"没有"滴水"的状态。因此,"淋浸"的"淋"与动词"淋"在意义上没有关联,也是一个无义的音节。从变声变韵重叠的一般规律来看,双音节词的逆向变音应变韵母[①]。但在 ABB 三音节词的框架内,第二音节的变音可能会受到第一音节重读的影响,因此,声母变成了响度较高的边音,以适应第一音节的重音。

以上两组是 ABB 第二音节变音的例子。"淡氤氲"变了韵母,"湿淋浸"变了声母,它们都由 ABB 变为了 ABC。

还有的 ABB,第二音节可变音,第三音节也可以变音。如"短促促"。

5. 短促促→短卒律/短局促/短秃促/短古取

(22)见一日买几遍龟儿卦,似这般短促促携云握雨,几时得稳拍拍立计成家。(全元散曲·兰楚芳·思情)

(23)怎想他短卒律命似颜回。(元曲选·青衫泪·第二折)

(24)眼见得有家难奔,畅好是短局促燕尔新婚。(元曲选·秋胡戏妻·一折)

(25)风吹帽,裘敞貂,短秃促青驴鞴断了稍。(六十种曲·邯郸记·第四出)

---

① 朱德熙(1982)发现:"在潮阳话和北京话的几种重叠式象声词里,变声重叠都是顺向的,变韵重叠都是逆向的。"马庆株(1987)、陈亚川、郑懿德(1990)、包智明(1997)、项梦冰(1997)、李小凡(1998)、孙景涛(1998、1999)分别考察了普通话拟声词的变形重叠、福州话形容词的变形重叠、晋语分音词的构造、连城客家话拟声词的变形重叠、苏州方言拟声词的变形重叠和古汉语联绵词的内部构造,一致认为:变声重叠顺向,变韵重叠逆向,是汉语变形重叠的共性。

(26)好轻乞列薄命,热忽剌姻缘,短古取恩情。(元曲选外编·调风月·三折)

从意义上讲,"短促促""短卒律""短局促""短秃促"和"短古取"都是"短促"的意思。"促促"是附加语素,形容时间短促。例如,《先秦汉魏晋南北朝诗·晋·张华·轻薄篇》诗:"促促朝露期,荣乐遽几何。"从语音上说,"卒律""局促""秃促""古取"都是"促促"的变音形式。《元曲选》音释:"促,音取。"显然,"促""取""卒"三字的读音是相同的。我们首先拟出它们的近代音,再分析其语音变化。

短促促 [ts'iu$_{入作上}$ ts'iu$_{入作上}$]

短卒律 [ts'iu$_{入作上}$ liu$_{入作去}$]

短局促 [kiu$_{入作上}$ ts'iu$_{入作上}$]

短秃促 [t'u$_{入作上}$ ts'iu$_{入作上}$]

短古取 [ku$_{上声}$ ts'iu$_{入作去}$]

从语音变化看,"短促促"变为"短卒律",第三字(律)的声母和声调发生了变化。声母由清母变成了来母,这是顺向变声重叠。声调遵循"浊上变去"的变调规律,由上声变为了去声。"短促促"变为"短局促"是第二字(局)的声母发生了变化,由清母变成了见母。"短促促"变为"短秃促"和"短古取"也是第二字(秃、古)的语音变了。"促"变为"秃"和"古"既不是变声,也不是变韵,与后面谈到的音缀式 ABB 的变音方式相同。

(二)音缀式 ABB 的音变

音缀式 ABB 的 BB 都是没有词汇意义的音缀,它们的音变方式与附加式 ABB 不同。首先请看例句分析。

1. 滑擦擦→滑七擦

(27)怎当这头直上急簌簌雨打,脚底下滑擦擦泥淤。(元曲选·潇湘雨·三折)

(28)我这刚移足趾,强整身躯,滑七擦争些跌倒,战笃速直恁

艰虞。(元曲选•生金阁•一折)

"滑擦擦"与"滑七擦"都是"滑溜"的意思。"擦擦"是由拟声词虚化而成的叠音音缀,"七擦"是"擦擦"的变音形式。

2. 热刺刺→热忽剌

(29)休假温存絮叨叨取撮,伴问候热刺刺念合。(元曲选•对玉梳•二折)

(30)秀才家能软款,会安详,怎作这般热忽剌的勾当?(元曲选•张生煮海•三折)

"热刺刺"和"热忽剌"都形容亲热、热情的样子。"刺刺"是元明最常用的叠音音缀,可以接在许多单音性质形容词之后;"忽剌"是"刺刺"的变音形式。

3. 冷丁丁→冷急丁

(31)冷丁丁舌尖上送香茶,都不到半霎,森森一向遍身麻。(全元散曲•关汉卿•新水令)

(32)冷急丁将人拆散,叫青天叫不应青天。(孤本元明杂剧•明•无名氏•雷泽遇仙•五折)

"冷丁丁"与"冷急丁"都是"冷不防"的意思。"丁丁"是叠音音缀;"急丁"是"丁丁"的变音形式。

4. 呆邓邓→呆不邓

(33)我为甚的呆邓邓把衣裳袒裼,乱蓬蓬把鬈发婆娑。(元曲选•赚蒯通•三折)

(34)呆不邓的大河西受了那家们制伏。(六十种曲•汤显祖•紫钗记•第三十出)①

---

① "呆不邓"常变音为"呆不腾",都指痴呆的样子。例如《元曲选•燕青博鱼•四折》:"为甚么乾支剌吐着舌头,呆不腾瞪着个眼脑。"

"呆邓邓"与"呆不邓"都指痴呆的样子。"邓邓"是叠音音缀;"不邓"是"邓邓"的变音形式。

5. 悄促促→悄没促

（35）虽然是背巷里悄促促没个行人,只怕雪地里冷冰冰冻坏了你。（元曲选·杀狗劝夫·二折）

（36）投至我黑塔窟悄没促的僧归禅宝。（明·朱有燉·豹子和尚·四折）

"悄促促"与"悄没促"都是寂静无声貌。"促促"是叠音音缀;"没促"是"促促"的变音形式。

6. 黑洞洞→黑咕咚

（37）眼见得王文用在明晃晃刀头上遭危难,王从道在黑洞洞井底下何时旦?（元曲选·硃砂担·三折）

（38）舌尖舔破窗上纸,看见绣楼黑咕咚。（小八义·三十五回）

"黑洞洞"和"黑咕咚"都形容很黑暗的样子。"洞洞"是叠音音缀,它的变音形式写作"咕咚",也写作"古董"。如,明·沈榜《宛署杂记·民风》:"不明亮曰黑古董。"

7. 软脓脓→软骨农

（39）玉纤纤手儿,一捻捻腰儿,软脓脓肚儿,翘尖尖脚步儿。（水浒传·四十四回）

（40）古怪! 这软骨农的是甚么东西?（醒世姻缘传·五十二回）

"软脓脓"与"软骨农"都形容柔软的样子。"软脓脓"又写作"软浓浓"（《金瓶梅词话》）、"软哝哝"（徐渭《雌木兰》）和"软囊囊"（《后西游记》）。"脓脓"是叠音音缀。"软骨农"是"软脓脓"的变音形式,又写作"软古囊"。黄肃秋校注《醒世姻缘传》:"软骨农的,绵软没有筋骨的东西。也写作软古囊的。"

音缀式 ABB 变为 ABC 的现象在现在北方的许多方言里还存在。据周一民《北京口语语法》(词法卷)记载：现在的北京话口语里还有"美不滋""傻的乎""慢的悠""酸不叽""甜不丝"等 ABC 式形容词。它们都可能是"美滋滋""傻乎乎""慢悠悠""酸唧唧""甜丝丝"等音缀式 ABB 形容词的变音形式。

除音缀式 ABB 外，个别附加式 ABB 也有变为 ABC 的现象。例：

8. 笑盈盈→笑没盈

(41)慢脸笑盈盈，相看无限情。(南唐•李煜•《菩萨蛮》词)

(42)常子是笑没盈弄盏传杯。(全元散曲•乔吉•套数•杂情)

"笑盈盈"与"笑没盈"都指满面含笑的样子。"盈"有"充满"之义，如"早则解放愁怀，喜笑盈腮"(元曲选•蝴蝶梦•四折)。"盈盈"是"盈"的重言形式，有实义。

(三) 音缀式 ABB 形容词变音的动因与变音规律

自元代以来，音缀式 ABB 形容词为什么要变为 ABC 呢？这些变音现象的背后有没有什么规律性？

1. 音缀式 ABB 的音变动因

唐以前，ABB 的 BB 是能独立充当句子谓语、定语、状语和补语的 AA 式重言形式，是独立的词，也是自由的句法成分。唐代，ABB 的 BB 因词汇化而由句法成分(词)变成了构词成分(词素)。这是 BB 的功能弱化。宋代，随着 ABB 式形容词使用范围的扩大，ABB 中的 BB 语义淡化，变成了音缀。这是 BB 的语义弱化。至此，我们发现：AA 式重言由词变为词素，再由词素变为音缀的过程实际上就是 AA 式重言的语法化过程。江蓝生(1999)在研究语法化程度的语音表现时已经发现："语法化往往伴随着音变，这已有古今大量的语言事实为证。"Lehmann (1995)、Heine & Reh (1984)、Traugott & Heine (1991a)、Hopper & Traugott (1993)等学者已发现：语法化的演变过程是以"词汇成分＞

语法成分"或"较少语法化＞较多语法化"这种特定方向进行的。这就是语法化的单向性。一个典型的语法化过程包括语义-语用、形态-句法和语音-音系三个子过程。单向性通常在以上三个层面都有相应的表现：

  语义-语用：抽象性逐渐增加：具体义＞较少抽象义＞更多抽象义

      主观性逐渐增加：客观性＞较少主观性＞更多主观性

  形态-句法：黏着性逐渐增加：自由＞较少黏着＞更多黏着

      强制性逐渐增加：可选性＞较少强制性＞强制性

      范畴特征逐渐减少：多范畴特征＞较少范畴特征＞完全丧失范畴特征

  语音-音系：音系形式的逐渐减少或弱化：完整的音系形式＞弱化的音系形式

（转引自吴福祥 2003）

看来，元明清时期，音缀式 ABB 的 BB 在"语义-语用"层面上具有"更多抽象义"和"更多主观性"；在"形态-句法"层面上更紧地黏着于 A，并完全丧失范畴特征；在"语音-音系"层面上语音形式也开始弱化，产生变音现象。因此，音缀式 ABB 变为 ABC 的过程，实际上是 BB 语音弱化的过程。

  由此看来，元明清音缀式 ABB 变音的动因是 BB 语法化的单向性所决定的。也就是说，根据语法化的一般规律，ABB 发展到元明清时期，已开始由功能弱化、语义弱化发展到语音弱化了。

  2. 音缀式 ABB 的变音规律

  了解了音缀式 ABB 形容词变音的动因，我们有必要回过头来再看看 ABB 变为 ABC 的语音变化过程：

    滑擦擦—滑七擦 热剌剌—热忽剌

    冷丁丁—冷急丁 呆邓邓—呆不邓

第四节　元明清的 ABB 式形容词及其发展

黑洞洞—黑咕咚　　软脓脓—软骨农

短促促—短秃促　　悄促促—悄没促

美滋滋—美不滋　　傻乎乎—傻的乎

笑盈盈—笑没盈

通过对比就会发现：音缀式 ABB 变为 ABC，既不是某音节变声，也不是某音节变韵，有两个变化特别引人注目。第一，所有的变音都发生在 ABB 的第二个音节。第二，演变之后的字大多是中古的入声字。如："滑七擦"的"七"、"热忽剌"的"忽"、"冷急丁"的"急"、"呆不邓"的"不"、"短秃促"的"秃"、"悄没促"的"没"、"软骨农"的"骨"、"美不滋"的"不"、"傻的乎"的"的"①。只有"黑咕咚"的"咕"是例外②。

"擦"变为"七"、"剌"变为"忽"、"促"变"没"、"促"变"秃"，这是入声韵的字（如"擦"）变为入声韵的字（如"七"）；"丁"变"急"、"邓"变"不"、"脓"变"骨"、"盈"变"没"，这是阳声韵的字（如"丁"）变为了入声韵的字（如"急"）；"滋"变"不"、"乎"变"的"，这是阴声韵的字（如"滋"）变为了入声韵的字（如"不"）。这就说明，音缀式 ABB 第二个音节不管它是入声韵字、阳声韵字还是阴声韵字，变为 ABC 时都倾向于变为入声韵的字。

看看北方方言中 ABB 式形容词的变化就会发现：ABB 第二音节加入声字或变入声在北方方言区是具有普遍性的。贺巍（1959、1984）先后发现：河南中和方言和河南获嘉方言的 ABB 式形容词的 A 与 BB 之间，多加一些衬字。河南中和方言多加"呌""骨""圪"。例如："热呌腾腾""灰不答答""黑骨出出""绿圪缨缨""酸圪溜溜"等等。河南获嘉

---

① 入声字起衬音作用已见于唐代。江蓝生、曹广顺（1997：29）发现《敦煌变文集》中的入声字"不"就是一个无义的衬音字。例如，《燕子赋》："雀儿烦恼，两眉不皱。""两眉不皱"就是"两眉皱"的意思。

② "古""咕"有时也写作入声字"骨"。例如："软古囊"又写作"软骨农"。

方言多加"圪""骨""卜""没""即"等。例如:"脆圪剥剥""乱骨东东""满卜当当ₙ""光即牛牛""光没泥ₙ泥ₙ"等。孙也平(1988)发现:黑龙江方言的 ABC 式形容词的第二个音节多是"得""不""没""答""古"等字。例如:"轻得溜""胖不出""醉没哈""粉答拉""黑古洞"等。郭校珍(2000)发现:山西娄烦方言的 ABB 式形容词的 A 与 BB 之间多加"圪""忽""不"等字。例如:"白圪洞洞ₙ地""光圪秃秃ₙ地""能忽及及ₙ地""甜忽腻腻ₙ地""软不脓脓ₙ地""酸不几几ₙ地"等。以上的"呸、骨、圪、卜、没、即、得、不、答、忽"等都是中古的入声字,只有"古"字是一个例外。

音缀式 ABB 变为 ABC 时,为什么倾向于第二个音节变音呢?第二个音节为什么又倾向于变为入声呢?

我们推测:在音缀式 ABB 变为 ABC 的过程中,ABB 的轻重音模式在起作用。元明清 ABB 式形容词的第二个音节可能是全词的轻音位置。因为汉语使用的是表意文字体系,没有记录下元明清时期 ABB 的轻重音情况。我们只能根据现代汉语三音节词的轻重音模式并结合普通话和现代方言中 ABB 的韵律模式进行一些理论上的推论。颜景助、林茂灿(1988)对北京话不带轻声的三字组进行声学实验后发现:"在不带轻声的三字组里,可以有两种重音。一种是'中轻重'格式的,它叫正常重音。……另一种重音是由于发音人把意念放在首字或中字之上,使首字或中字加重……叫做加强重音。"看来,在正常情况下,北京话三字组词语(如"天安门")的第二个音节是全词最轻音。那么,具体到 ABB 这种三字组,它的轻重音节律又如何呢?朱德熙(1956)在分析普通话中带后附成分的形容词时说:形容词的后附成分有的是双音节的,如"黑乎乎"的"乎乎";有的是三音节的,如"黑咕隆咚"的"咕隆咚"。"无论是双音节或三音节的后附成分,第二个音节都读轻声。"李宇明(1996a)对河南泌阳话形容词重叠的节律进行了考察,发现河南泌阳话的附加式 ABB 形容词有甲、乙两种节律模式。甲种节律模式是："ABB 式的音强模式一般为'中轻重'……,音长模式为'中短长'。"如"硬邦邦哩"。乙种节律模式是："音强模式为'中轻轻',音长模式为'中短中'。"如"油乎乎哩"。不管是哪一种节律模式,ABB 的第二个音节在语音上都有"轻"而"短"的特点。同时,李先生还发现,泌阳话的 ABC(如"灰不出")式形容词的节律模式与 ABB 式形容词的乙种节律模式也是相同的。即"音强模式为'中轻轻';音长模式为'中短中'"。看来,无论是普通话还是北方方言中,ABB 的第二个音节是全词的轻音位置。

元明清的 ABC 式形容词,第二个音节多为中古入声字。而入声字的语音特点就是"轻而短促"。由此看来,元明清音缀式 ABB 的第二个音节也可能是全词的最轻音,是语音最容易弱化的位置。因此,元明清音缀式 ABB 的音变可能是根据其轻重音模式而作出的选择。

(四) ABC 式形容词的进一步发展

元明清,由音缀式 ABB 发展而形成的 ABC 式形容词又有了进一步的发展。发展的趋势是由三音节变为四音节。发展的途径有三条:

第一,ABC 的 C 再一次变声,衍生出一个音节。如"黑洞洞"变为"黑咕咚"或"黑古董"之后,又变为"黑古拢洞"。例如:

(38′) 这个说:"黑古拢洞,毛毛轰轰鬼吹风。"(济公全传·五十回)

"黑咕咚"变为"黑古拢洞"是"咚"的声母变化再衍生出一个音节"拢"。

第二,ABC 的 C 不变音,再重叠一次。如"软囊囊"变为"软骨农"或"软古囊"之后,又变为"软古囊囊";"美滋滋"变为"美不滋"之后又变为"美不滋滋"。有些 AxBB 的第四个音节有再变声的情况。如"酸溜溜"变为"酸不溜",再重叠为"酸不溜溜"。第四音节的"溜"再一次变声为"丢",构成"酸不溜丢"。

第三,在变声或变韵的 ABC 式词语的 A 与 BC 之间再加入一个入声的衬字。如"黑湫湫"(黑卒卒)变为"黑流鳅",再加"不"构成"黑不溜鳅"。例如:

  (43)你道像些甚麽,黑流鳅好象个灶王。(六十种曲·梁辰鱼·浣纱记·第十六出)

  (44)一个浓眉大眼黑不溜鳅的小旦唧噜了半天。(清·儿女英雄传·三十二回)

还有,"软刺答"加衬字"不"构成"软不拉塌"等等。

我们称这些四音节状态形容词为 AxBC 式形容词。这些形容词的"xBC"三个音节有的由附属性音节变为了可以构词的多音语素。如"黑咕隆冬"的"咕隆冬"可以脱离"黑",与"圆""肉"等形容词构成"圆咕隆冬"和"肉咕隆冬"。田文玉(1987)注意到:"酸里巴叽"的"里巴叽"可以和五六十个形容词构成"A 里巴叽"。如"傻里巴叽""呆里巴叽""软里巴叽""苦里巴叽""绿里巴叽""短里巴叽"等等。带这些三音词尾的形容词都带有贬义的感情色彩。

这种由音缀又变成为独立语素的现象似乎对语法化的单向性构成了反例。

三、ABB 式形容词句法功能和外部结构的变化

(一) ABB 式形容词句法功能的发展

宋以前,ABB 结构只作谓语;宋代,ABB 形容词主要作谓语,也产生了作定语、状语和补语的用法;元明清,ABB 形容词主要作状语,其次作定语,再次作谓语,作补语的最少。

ABB 形容词作状语的,例如:

第四节 元明清的 ABB 式形容词及其发展

(45)我睡呵黑甜甜倒身如酒醉,忽喽喽酣睡似雷鸣。(元曲选·陈抟高卧·一折)

(46)武松自在房中,气忿忿的自己寻思。(金瓶梅词话·一回)

(47)寄姐慢腾腾的从内出来相见。(醒世姻缘传·九十六回)

(48)那一双贼眼,直勾勾的瞧着小姐。(七侠五义·三十五回)

ABB 形容词作定语的,例如:

(49)怎得个清耿耿的官员厮撞着,劈头儿把冤情报告。(元曲选·冯玉兰·三折)

(50)红馥馥的腮颊,蓝郁郁的头皮。(醒世姻缘传·二十一回)

(51)又见北侠从怀中掏出三个软搭搭的东西,递给丁大爷。(七侠五义·六十回)

ABB 形容词作谓语的,例如:

(52)开开门观觑了,山崦中静悄悄。(元曲选·任风子·四折)

(53)刘婆急波波的,一步高,一步低走来。(金瓶梅词话·五十三回)

ABB 形容词作补语的,例如:

(54)珍哥果然走到下面,跪得直挺挺的。(醒世姻缘传·十一回)

(55)再往脸上看时,已然喝得红扑扑的,似有醉态。(七侠五义·六十二回)

我们全面考察了《元曲选》《金瓶梅词话》《醒世姻缘传》和《七侠五义》等四部著作中 ABB 形容词的使用情况。《元曲选》共有 ABB 形容词 467 个,使用 1333 次;《金瓶梅词话》共有 ABB 形容词 198 个,使用 407 次;《醒世姻缘传》共有 ABB 形容词 105 个,使用 163 次;《七侠五义》共有 ABB 形容词 87 个,使用 218 次。

元明清 ABB 形容词的具体用法如下表:

	《元曲选》	《金瓶梅词话》	《醒世姻缘传》	《七侠五义》
总例数	1333	407	163	218
作状语	822	196	92	120
作定语	339	115	46	68
作谓语	146	83	18	25
作补语	18	13	7	3
作宾语	8			2

(二)ABB式形容词外部结构的发展

元明清,ABB形容词外部结构的发展包括两个方面:一是ABB词尾的变化;二是ABB的儿化。

1. ABB词尾的变化

元明清,ABB形容词的词尾多数为"的"。例如:

(56)我怕见生人,羞答答的。(元曲选·燕青博鱼·二折)

(57)桂姐,你心里热刺刺的,不唱罢。(金瓶梅词话·五十一回)

(58)没的撅溜子捱工夫儿,翻的他恁乱腾腾的。(金瓶梅词话·二十八回)

"羞答答""热刺刺""乱腾腾"都带词尾"的"。有少数ABB形容词带词尾"地"。例如:

(59)叔待,怎生黑洞洞地?(元曲选·斜头巾·二折)

(60)你看这些蠢头村脑的秃驴,止会吃酒噇饭,把这古佛道场弄得赤白白地。(金瓶梅词话·五十七回)

元明清时期的ABB式形容词,多数带词尾,少数不带词尾。以《金瓶梅词话》为例,ABB作谓语共83次,其中48次带词尾,35次不带词尾。以《醒世姻缘传》为例,ABB作谓语共18次,14次带词尾,4次不带词尾。

2. ABB 的儿化

形容词 ABB 的儿化出现于明代,与形容词 AA 式重叠的儿化时间相同。例如:

> (61)见他瘦的黄恹恹儿,不比往时,两个在屋里大哭了一回。(金瓶梅词话·六十一回)

> (62)不想韩道国兄弟韩二捣鬼,要钱输了,吃的光睁睁儿的,走来哥家,问王六儿讨酒吃。(金瓶梅词话·三十八回)

不过,元明清时期,ABB 形容词儿化的并不多见。除了《金瓶梅词话》,我们在元明清其他白话文献中,很少发现 ABB 儿化的用例。像现代汉语某些方言那样,ABB 的两个 BB 都儿化(如"美滋儿滋儿")的用例,目前,我们在元明清文献中还没有发现。

四、ABB 语法意义的发展

(一)元明清 ABB 的分类

我们在前面的讨论中已经发现:重叠的意义与重叠的结构密切相关;结构不同,意义也不同;结构的发展总会带来意义的变化。元明清,随着结构类型的不同,各类 ABB 表现的语法意义也有差别。元明清的 ABB 式形容词有四种结构类型:

第一类:附加式 ABB(红彤彤)

第二类:重叠式 ABB(慌张张)

第三类:音缀式 ABB(黑洞洞)

第四类:主谓式 ABB(泪汪汪)

这四类格式原本都为表状态而产生,但后来的发展使得它们的语法意义开始分化。四类格式中,附加式 ABB 的数量最多;重叠式 ABB 和音缀式 ABB 的数量较少;主谓式 ABB 的数量最少。主谓式 ABB 的语法意义变化不大,一直是表状态。下面,着重介绍附加式、重叠式和音缀式 ABB 语法意义的发展。

(二)附加式 ABB 语法意义的发展

附加式 ABB 的语法意义是什么呢?黎锦熙、刘世儒(1959:281)认为是"加强各色各样的客观性态"。马克前(1957)认为 ABB 的作用并不是表客观性态,"而是表达抽象的语法范畴——量(或程度)的"。应该说,几位先生的看法都有道理。黎锦熙、刘世儒看到了许多 ABB 的意义——表状态;马克前看到了一部分 ABB 意义的发展——表程度。的确,自元明清至今,附加式 ABB 的意义有的由表状态发展到表程度。唐宋时期是 ABB 式形容词形成的时期,ABB 的意义是"很生动地描绘一种情景,令对话人或读者俨然如见"(王力 1943)。ABB 当然是表状态。表状态的 ABB 大多也会留传到现代汉语里来。但是,也有一部分附加式 ABB 由表状态发展为表程度。例如:宋代产生的"黑漆漆"是用名词"漆"重叠去比拟"黑"的状态,增强"黑"的形象性。宋代的"黑漆漆"应该是为了表现"黑"的状态(形象性)而产生的。可是,元明清"黑漆漆"大量使用,使得语言使用者关注的是"黑",而不太理会"漆漆"的形象。到了现代汉语,"黑漆漆"有了表程度的意义。王国璋等(1996:149)编著的《现代汉语重叠形容词用法例释》解释"黑漆漆"有二义:①颜色很黑;②光线很暗。从副词"很"可以看出:现代学者认为"黑漆漆"就是"很黑"。ABB 表程度,表状态的意义已淡化了。意义变了,语音和字形也跟着变化,"黑漆漆"又变为"黑黢黢"。

ABB 由表状态发展到表程度主要是 BB 的语义抽象化和主观化的结果。单音状态形容词重叠、名词重叠和动词重叠与 A 构成 ABB 后都有可能发展出表程度的意义。

1. 单音状态形容词重叠构成的 ABB 表程度

"红彤彤"是附加式 ABB。我们在第二章已论述过,"彤"是单音状态形容词,"红"的意思;"彤彤"是单音状态形容词的重叠,表"红"的状态。"红彤彤"在构成之初也是为了表现"红"的某一种状态。因使用过久,到了现代汉语中,"红彤彤"有了表程度的意义。《现代汉语词典》:"红彤彤,形容很红。""彤彤"似乎成了后附式程度副词。意义变了,字形也跟着变化。"红彤彤"又写作"红通通"。另外,与"红彤彤"同义的"通红"("彤红"的变体)也表程度。"硬帮帮"也是附加式 ABB,"帮帮"是单音状态形容词的重叠,也是"硬"的意思。例如,《六十种曲·汤显祖·南柯记》第二十一出:"山妻叫俺外郎外郎,猾浪。吏巾儿糊得翅帮帮,官样。""硬帮帮"构成后本为了描写"硬"的状态。例如,《元曲选·救孝子》二折:"粗滚滚的黄桑杖腿筋,硬邦邦的竹签着指痕。"现代汉语里,"帮帮"的状态都已模糊不清了,"硬帮帮"指的就是"很硬",谁也不去管"帮帮"是何义。"硬帮帮"在南方某些方言里又说成"帮硬",重音在"帮"字上,意思是"非常硬"。

不是所有附加式 ABB 都可以发展出程度义的。"白茫茫"就不能说是"很白";"瘦亭亭"也不能说是"很瘦"。为什么呢?这与 A 和 BB 的意义关系有关。A 与 BB 的意义关系决定了附加式 ABB 语法意义的发展方向。当 A 与 BB 的意义相同时,ABB 表现的是单一状态。只有单一状态才衍生出程度义。如:"红"与"彤彤"都是"红"的意思,"硬"与"帮帮"都是"硬"的意思。"彤彤"确定"红"的某一状态时,也确定了"红"的某一个等级;"帮帮"在表现"硬"的状态时也限定了"硬"的某一个很主观的"档次"。因此,"红"与"彤彤"、"硬"与"帮帮"的意义关系中有"量"的因素,可以产生程度义。当 A 与 BB 的意义不同时,ABB 表现的是二元状态。二元状态不可能衍生出程度义。如:"白茫茫"形容一望无边的白,这里面有"白"和"一望无际(茫茫)"两种相关状态,因此不能产生程度义。"瘦亭亭"形容细长而瘦削,里面有"瘦"和"细长(亭亭)"两种相关状态,因此也不能产生程度义。A 与 BB 同义是 ABB 产生程度义的必要条件,但也不是有了这一条件ABB就一定表程度的。如"白皑皑"就没有"很白"的意思。

2. 名词重叠构成的ABB表程度

有些附加式ABB,BB是名词的重叠。如:"冷冰冰"的"冰冰"、"白雪雪"的"雪雪"、"甜蜜蜜"的"蜜蜜"、"黑漆漆"的"漆漆"等。性质形容词"冷""白""甜""黑"等意义本很抽象,只有用具有形象感的名词重叠紧接其后,才能增加ABB的形象感和生动性,表示"像冰一样冷""像雪一样白""像蜜一样甜""像漆一样黑"等意义。用具体形象的名物去比拟抽象的属性。可是,"冷冰冰"使用久了之后,"冰冰"的形象感开始消退,变得更加主观化,比拟变成了比较,由比较而产生了程度。"冰"由表"冷"的形象变成了表"冷"的等级。"冷冰冰"也就有了表程度的意义。《现代汉语词典》:"冷冰冰,形容物体很冷。"

"冷冰冰"表现的也是单一状态。"冷"抽象出了"冷"的总的属性,"冰冰"表现了"冷"的某一种个体特性。

3. 动词重叠构成的ABB表程度

有些附加式ABB,BB是动词的重叠。如:"圆滚滚"的"滚滚"、"香喷喷"的"喷喷"、"轻飘飘"的"飘飘"、"直挺挺"的"挺挺"等。这些ABB的BB是通过动作的形象感来表现A的状态。例如,"圆滚滚"是用滚动的形象来表现"圆"的状态。"圆滚滚"已见于清代。无名氏《说唐后传》三十七回:"未曾出戟,心中混乱,头圆滚滚,曲了腰,双手拿定戟杆,楞在判官头上,戟尖朝上。""圆得能滚动""轻得能飘起""香得能喷出""直得能挺立"这样的表述既表现了"圆""轻""香""直"的生动状态,又表现了它们形象中所暗含的程度。使用久了,状态会淡化,程度会凸显。现代汉语里,"圆滚滚"有了"很圆"的意义。《现代汉语词典》:"圆滚滚,形容非常圆。"同时,与"圆滚滚"同义的"滚圆"也表程度。《现代汉语词典》:"滚圆,非常圆。""香喷喷"也就变成了"喷香",方言中"喷"

的读音都发生了变化,韵母由前鼻音变为后鼻音。

"圆滚滚"表现的也是单一状态。"圆"抽象出了"圆"的总的属性,"滚滚"表现了"圆"的某一种特定动态。

从上面的分析可以发现:元明清至现代,附加式 ABB 形容词中,有一部分 ABB 的 BB 正由表状态向表程度发展。这种发展趋势导致了一些类似程度副词性的语素也可以作 ABB 的 BB。如:"白煞煞"的"煞煞"、"尖溜溜"的"溜溜"等。

(三)重叠式 ABB 语法意义的发展

重叠式 ABB 的基式 AB 是一个词,表现的是单一状态。因此,所有的重叠式 ABB 基本上都在状态义的基本上衍生出了程度义。如:"慌张张"就是很慌张;"孤另另"就是很孤另;"结实实"等于很结实。

(四)音缀式 ABB 语法意义的发展

音缀式 ABB 的 BB,语义淡化,客观意义消退,主观意义增强。如:"热刺刺","热"是一种感觉,"刺刺"表达了"热"的主观感受。因此,音缀式 ABB,随着 BB 的意义淡化,ABB 的主观性越来越强。现代汉语里,有的 BB 音缀主观化为专表贬义的音缀。如音缀"兮兮"多与贬义的形容词组合。像"脏兮兮""傻兮兮""惨兮兮""戆兮兮""神经兮兮"等等。

由音缀式 ABB 变音构成的 ABC 和 AxBC 等大多是贬义词。周一民(1998:124)称音缀式 ABB 的变音形式为形容词的多音后缀。如:"酸不叽"的"不叽"、"脏不拉叽"的"不拉叽"、"傻不愣登"的"不愣登"等。他发现:"与叠音后缀不同的是,多音后缀大都有贬义色彩。"褒贬义是形容词最主观化的意义。

总起来说,元明清 ABB 的语法意义有两大发展方向:一是由表状态向表程度发展。如少数附加式 ABB 和所有重叠式 ABB 语法意义的发展就是如此。另一个发展方向是由表客观意义向表主观意义发展。

音缀式 ABB 的发展就是如此。语音形式越来越弱化,语法意义就会越来越主观化。

五、元明清 ABB 使用的变化

元明清时期,形容词 ABB 在使用上的变化是能受弱度程度副词"有些"和"有点"的修饰。

明末清初,弱度程度副词"有些"开始修饰 AA 式重叠;明代,"有些"可以修饰 AABB。与 AA 和 AABB 相比,ABB 是最早受弱度程度副词修饰的状态形容词。《元曲选》中,"有些"已开始修饰 ABB 了。例如:

(63)你没病?我看着你这嘴脸,有些黄甘甘的。(元曲选·张天师·三折)

(64)嗐是个粗卤武将,到得那里,只有些气勃勃的,可半句也说不过来。(元曲选·气英布·一折)

不过,《元曲选》中的"有些 ABB"还只出现于宾白中,曲文中未见。明代中叶的《金瓶梅词话》中,"有些"也开始修饰 ABB 了。例如:

(65)而今才住得哭,磕伏在奶子身上睡了,额子上有些热剌剌的。(金瓶梅词话·五十三回)

(66)怎的夜夜干卜卜的,今晚里面有些湿答答的?(金瓶梅词话·五十三回)

(67)又连忙把酒过下去,喉舌间只觉有些腻格格的。(金瓶梅词话·五十三回)

清代,弱度程度副词"有点子""有点"开始修饰 ABB。例如:

(68)这个人来得有点子酸溜溜,还外带着些累赘。(儿女英雄传·十七回)

(69)今日晚上,有点凉飕飕的。(负曝闲谈·二十四回)

(70)弄的他老人家心上有点酸挤挤的不高兴。(官场现形记·六十回)

第五节 结 论

综观汉语形容词 ABB 式重叠的发展历史,本章得出如下结论:

(一)形容词 ABB 式重叠发展的总趋势是 ABB 短语的词汇化。大致过程是:并列式衍生出述补式,述补式词汇化变为附加式形容词,附加式形容词衍生出音缀式形容词和重叠式形容词。主谓式 ABB 形容词也是由主谓式 ABB 短语词汇化而来的。

(二)并列式 ABB 是短语,是 ABB 的最早形态。A 与 BB 在语义上平等,没有说明与被说明、修饰与被修饰、补充与被补充的关系。如"杳冥冥","杳"是单音状态形容词,"冥冥"是单音状态形容词"冥"的重言。

(三)述补式 ABB 也是短语,战国时代才出现。A 与 BB 在语义上有主次之分,BB 补充说明 A,结构上构成补充关系。如"远漫漫"。"远"是单音性质形容词,"漫漫"是单音状态形容词"漫"的重叠,补充说明"远"的状态。

(四)附加式 ABB 是词,晚唐才出现。附加式 ABB 中,BB 的语义不再指向句法上的主语,仅指向构词成分 A。如"冷飕飕"。

(五)音缀式 ABB 是词,宋代才出现。音缀式 ABB 中,BB 的语义淡化,变成了纯粹的语音性成分,由附加语素变成了音缀。如"黑洞洞"。

(六)重叠式 ABB 是词,元代才出现。重叠式 ABB 由 AB 重叠而成,不是 A+BB 的附加式结构。如"慌张张"是"慌张"的不完全重叠,不等于"慌"+"张张","张张"不是词。重叠式 ABB 是附加式 ABB 通过重新分析而形成的。

(七)主谓式 ABB 在宋代以前是短语,在宋代已词汇化。

(八)汉语形容词 ABB 式重叠语法结构的发展趋势。ABB 的结构也分为内部结构和外部结构两种情形。A 与 BB 的结构关系是 ABB 的内部结构。ABB 内部结构的发展趋势也是由松散到紧凑。唐及其以前的 ABB 是单音状态形容词或单音性质形容词与 BB 重言形成的连用,中间可加入"以""兮""乎""焉""其""哉"等虚词。晚唐特别是宋以后,ABB 都已词汇化为一个整体,结构很紧凑。ABB 外部结构的发展趋势是晚唐五代以后 ABB 带词尾"地""底""的",明代以后 ABB 可儿化。

(九)汉语形容词 ABB 式重叠语法意义的发展有两大趋势:一是由表状态向表程度发展;二是由表客观意义向表主观意义发展。

(十)汉语形容词 ABB 式重叠语法功能的发展趋势是:宋以前,ABB 结构只作谓语;宋代,ABB 形容词主要作谓语,也产生了作定语、状语和补语的用法;元明清,ABB 形容词主要作状语,其次作定语,再次作谓语,作补语的最少。

第六章　形容词 A 里 AB 式重叠的来源与发展

A 里 AB 是现代汉语形容词的重叠方式之一，有其特殊的结构形式和语法意义。我们对它的结构和来源向来不十分清楚，至少在认识上还相当模糊。张寿康(1985:67)认为：A 里 AB 来源于 AABB。"一部分的双音节形容词重迭后，还可以用'变音'的形式表示语法意义。如'胡胡涂涂'变成'胡里胡涂'，'懵懵懂懂'可以说成'懵里懵懂'。"黎良军(1994)论证说："A 里 AB"来源于"A 里八 B"，而"A 里八 B"又来源于"A 七八 B"。我们不同意上述两种看法，认为"A 里 AB"来源于金元时期的一种变形重叠格式。为了说清楚这个问题，我们觉得很有必要分析一下 A 里 AB 的历史形成过程，弄清楚其形式变化的轨迹和意义演变的途径。

第一节　金元曲文中的变形重叠四字格

在《元刊杂剧三十种·张鼎智勘魔合罗》中有这样一段曲文：

淋得俺湿漉漉，显那吉彪古堆波浪渲成渠。汲留忽剌水流乞留屈吕路，失留疏剌风摆奚留急了树，乞纽忽哝泥，匹彪扑答淤。急张拘住慢行早尺留出吕去，我子索滴留滴列整身躯。

面对"吉彪古堆""汲留忽剌""乞留屈吕""失留疏剌""奚留急了""乞纽忽哝""匹彪扑答""急张拘住""尺留出吕""滴留滴列"等这一类四字格词语，长期以来不知如何去分析它。周法高(1953)、马思周、潘慎

(1982)、杨建国(1982)、向熹(1993:639—641)的研究指出:第一,这些词都是拟声词或状态形容词;第二,这些词的第一字和第三字有双声关系,第二字与第四字有双声关系,如"吉飚古堆"(k-d-k-d)、"匹飚扑答"(p-d-p-d);第三,这类四音节词并不是元代剧作家的创造,而是元以前汉语发展演变的结果。这些结论无疑是正确的。

但这些四音节拟声词和状态形容词是如何构成的?为什么第一字与第三字双声、第二字与第四字双声呢?它们后来又是如何发展的呢?这些问题还是没有很好解决。朱德熙(1982)《潮阳话和北京话重叠式象声词的构造》和江蓝生(2004)《浅论单音词的多次变形重叠》两篇文章对上述问题的解决起了关键性的指导作用。经全面考察分析,我们认为:"吉飚古堆"等一类词是金元时的变形重叠词。

为了讲清这个问题,我们有必要先介绍一组概念。

一、变形重叠、变声重叠、变韵重叠与多次变形重叠

朱德熙(1982)提出了"变形重叠""变声重叠""变韵重叠"三个相关的概念。朱文认为:"我们可以把汉语方言里常见的重叠形式区分为两种类型,一种是不变形重叠,另一种是变形重叠。"所谓不变形重叠就是基式与重叠式完全相同。如"啪啦"重叠为"啪$_1$啦$_1$啪$_2$啦$_2$"。基式"啪$_1$啦$_1$"与重叠式"啪$_2$啦$_2$"在语音上没有变化。所谓变形重叠就是基式与重叠式不完全相同。与基式相比,重叠式的语音发生了变化,因此字也写得不同了。如"啪啦"重叠为"噼里啪啦"。基式是"啪啦",重叠式却变成了"噼里"。也就是基式的"啪"声母不变,韵母变[i],变为了重叠式的"噼";基式的"啦"声母不变,韵母变[i],变成了重叠式的"里"。因此说,"噼里啪啦"是"啪啦"的变形重叠。

在变形重叠里,相对于基式而言,重叠式改变了声母而韵母不变的重叠叫"变声重叠"。如拟声词"啪"重叠出"啪啦"。"啪"是基式,"啦"

是重叠式。基式与重叠式韵母相同,都是[a],声母不同,基式的声母[pʻ]变成了重叠式的声母[l]。重叠式改变了韵母而声母不变的重叠叫"变韵重叠"。如拟声词"啪"重叠出"劈啪"。"啪"是基式,"劈"是重叠式。基式与重叠式声母相同,都是[pʻ],韵母不同,基式的韵母[a]变成了重叠式的韵母[i]。朱德熙最后总结说:"在潮阳话和北京的几种重叠式象声词里,变声重叠都是顺向的,变韵重叠都是逆向的。""变声重叠顺向,变韵重叠逆向,是不是所有汉语方言的共性,这还有待于事实的验证。"

随后,马庆株(1987)、陈亚川、郑懿德(1990)、王洪君(1994)、包智明(1997)、项梦冰(1997)、李小凡(1998)、孙景涛(1998、1999、2008)分别考察了普通话拟声词的变形重叠、福州话形容词的变形重叠、晋方言的嵌L词、连城客家话拟声词的变形重叠、苏州方言拟声词的变形重叠和古汉语联绵词的内部构造,一致认为:变声重叠顺向,变韵重叠逆向,是汉语变形重叠的共性。

江蓝生(2004)提出了"多次变形重叠"的概念。江先生认为:"团"顺向变声重叠构成"团栾",这是第一次变形重叠;"团栾"再一次逆向变韵重叠构成"剔留团栾",这是第二次变形重叠。"剔留团栾"是"团栾"的AʼBʼAB重叠形式。"变形重叠是使词产生描状性、变为状态形容词的语法手段,当一次变形重叠不足以产生状态形容词时,就需要进行二次变形重叠……由此看来,多次变形重叠是为了满足增强词汇描状性的需要而采用的语法手段。"

二、金元曲文中的四字格变形重叠式举例

AʼBʼAB重叠式最早见于12世纪的《董西厢》,13、14世纪的《元刊杂剧三十种》《全元散曲》《元曲选外编》《元曲选》等的曲文中也有一些用例。我们将在以上材料的范围内进行调查,从意义和语音两方面

来证明这种重叠关系。在这一部分,我们首先从意义入手,发现基式与重叠词之间的意义联系。

金元曲文中的四字格变形重叠式根据基式的词性不同可以分为拟声词的重叠、拟态词的重叠和形容词的重叠三类。

(一)基式为拟声词的变形重叠

1. 撲鼕[pʻu tʻuŋ]—劈丢撲鼕[pʻi tiəu pʻu tʻuŋ]①

(1)手抱着顽石,撲鼕的身跳在江里。(元曲选·伍员吹箫·第三折)

(2)将他来难移难动,没歇没空,厮推厮擁,劈丢撲鼕,水心里打沐桶。(元曲选·柳毅传书·第二折)

"撲鼕"与"劈丢撲鼕"都是拟声词,都用来模拟鼓声、重物落地或落水的声音。例1模拟的是人跳到水里的声音;例2模拟的是火龙与泾河龙作战落入水中的声音。"劈丢撲鼕"应是"撲鼕"的变形重叠式。拟声词音近则通,字形也不固定,所以"撲鼕"又写作"撲通","劈丢撲鼕"又写作"劈颩撲桶、疋颩撲鼕、辟留扑同"。例如:

(3)你则说金水桥撲通的丢下个半生半死小孩儿。(元曲选·罗李郎·第一折)

(4)一个将尧民歌乱唱的令儿差,一个疋颩撲鼕擂鼓无高下。(全元散曲·王大学士·点绛唇)

(5)番鼓儿劈颩撲桶擂,火不思必留不剌扑。(全元散曲·无名氏·水仙子)

(6)你休踏着砖瓦,辟留扑同敢漾我在阶直下,不是磕碎脑袋,就是抢了鼻凹。(元刊杂剧三十种·薛仁贵衣锦还乡)

2. 搕叉[kʻo tʃʻa]—乞抽搕叉[kʻi tʃʻiəu kʻo tʃʻa]

---

① 这一部分的拟音依据杨耐思的《中原音韵音系》。

第一节　金元曲文中的变形重叠四字格　253

(7)史牙恰束手才争斗,狄将军去他顶门上搭叉的则一刀。(元曲选外编·衣袄车·第二折)

(8)凭着我这蘸金巨斧,乞抽扢叉,砍他鼻凹。(元曲选·昊天塔·第二折)

"搭叉"与"乞抽扢叉"都模拟的是刀砍的声音,"乞抽扢叉"应是"搭叉"的变形重叠式。"搭叉"又写作"扢插、可叉、磕叉、磕擦"等。例如:

(9)把头发披开砧子上,斧举处吓杀刘郎,救不迭扢插地一声响。(刘知远诸宫调·第二)

3. 各邦[kau paŋ]—急彪各邦[ki piəu kau paŋ]

(10)则听则听的狗儿咬各邦捣碓处。(元曲选外编·黄花峪·第三折)

(11)我这里急煎煎整顿了衣服,急周各支荡散了枪竿篓,急彪各邦踏折了剑菖蒲,见一道小路儿荒疎。(元曲选外编·黄花峪·第三折)

"各邦"与"急彪各邦"用来模拟捣碓声或物体断裂时发出的声响,"急彪各邦"应是"各邦"的变形重叠式。"急彪各邦"又写作"急并各邦"。例如:

(12)那秃二姑在井口上将辘轳儿乞留曲律的搅,瞎伴姐在麦场上将那碓臼儿急并各邦的捣。(元曲选外编·黄鹤楼·第二折)

4. 支剌[tʃi la]—直留支剌[tʃi liəu tʃi la]

(13)休则管我跟前声支剌叫唤因甚的。(元曲选·勘头巾·第三折)

(14)他两个一上一下,直留支剌,唱叫扬疾。(元曲选·神奴儿·第一折)

"支剌"与"直留支剌"都用来模拟口角、吵闹之声。"直留支剌"应是"支剌"的变形重叠式。

5. 忽剌[xu la]—忽剌剌/吸留忽剌[xi liəu xu la]

(15)袄庙锁磋塔的对岩,蓝桥下忽剌剌的水淹,将一对小小夫妻送的来他羞我惨。(全元散曲·曾瑞·怀离)

(16)你看他吸留忽剌水流乞留曲律路,更和这失留疎剌风摆希留急了树。(元曲选·魔合罗·第一折)

"忽剌剌"与"吸留忽剌"都模拟风声和水流声,它们应有一个共同的基式——"忽剌","忽剌剌"是"忽剌"的不完全重叠,"吸留忽剌"是"忽剌"的变形重叠。因书面文献记录口语的不完善性,我们在元代白话文献中已难以找到"忽剌"的存在,只见到它的 ABB 和 A'B'AB 重叠式。"吸留忽剌"又写作"吸里忽剌"。例如:

(17)则被这吸里忽剌的朔风儿那里好笃簌簌避。(元曲选·杀狗劝夫·第二折)

6. 各支[kau tʃi]—各支支/急周各支[ki tʃiəu kau tʃi]

(18)我把那厮脊梁骨各支支生搋作两三截。(元曲选·黑旋风·第二折)

(19)[蔡净云]这个是甚麼搋折了?[正末唱]急周各支搋折我些红匙筯。(元曲选外编·黄花峪·第三折)

"各支支"与"急周各支"都模拟的是断裂之声,它们应是"各支"的重叠式。"急周各支"是"各支"的变形重叠。

7. 疎剌[ʃu la]—疎剌剌/失留疎剌[ʃi liəu ʃu la]

(20)黑黯黯冻云垂,疎剌剌寒风起,偏长空六出花飞。(元曲选·杀狗劝夫·第二折)

(21)寒森森朔风失留疎剌串,舞飘飘瑞雪踢良秃旋。(元曲选外编·贬黄州·第二折)

"疎剌剌"与"失留疎剌"都模拟的是风声和水流声,它们应是"疎剌"的重叠式。"失留疎剌"又写作"失溜疎剌、失流疎剌、赤溜束剌"。例如:

第一节 金元曲文中的变形重叠四字格

(22)凄凄凉凉恹渐病,悠悠荡荡魂魄消,失溜疎剌金风送竹频摇。(全元散曲·杨讷·怨别)

(23)希壤忽浓泥又滑,失流疎剌水渲的渠。(元曲选外编·黄花峪·第三折)

(24)头直上渐零渐零雨,半空里赤溜束剌风。(全元散曲·无名氏·秋景)

(二)基式为拟态词的变形重叠

1. 踥蹀[tiɛ siɛ]—滴羞踥蹀[ti siəu tiɛ siɛ]

(25)御酒淋漓袍袖湿,宫花踥蹀帽簷偏。(元曲选·玉壶春·第一折)

(26)桑园里只待强逼作欢娱,唬的我手儿脚儿滴羞踥蹀战笃速。(元曲选·秋胡戏妻·第三折)

"踥蹀"与"滴羞踥蹀"都形容颤抖的样子,"滴羞踥蹀"应是"踥蹀"的变形重叠。"滴羞踥蹀"又写作"滴羞跌屑、的羞剔薛、的羞剔痒、的留的立、滴留滴列"。例如:

(27)不由我滴羞跌屑怕怖,乞留兀良口絮。(元曲选·后庭花·第二折)

(28)子觉我兢兢战战心怕,不由我的羞剔痒腿胫摇。(元刊杂剧三十种·萧何月夜追韩信)

(29)我则见的留的立不住腿胫摇。(元曲选外编·三夺槊·第二折)

(30)急张拘住慢行早尺留出吕去,我子索滴留滴列整身躯。(元刊杂剧三十种·张鼎智勘魔合罗)

2. 摩娑[muo suo]—迷羞摩娑[mi siəu muo suo]

(31)老夫人手执着棍儿摩娑看,粗麻线怎透得针关?(元曲选外编·西厢记·三本二折)

(32)扭得身化一道金光,索甚你回来回去迷羞摩娑慌,分付取臭肉皮囊。(元刊杂剧三十种•泰华山陈抟高卧)

"摩娑"与"迷羞摩娑"有"不断搜索""连续抚摸"的意思,"迷羞摩娑"应是"摩娑"的变形重叠。"摩娑"又写作"摩挲","迷羞摩娑"又写作"婆娑没索"。例如:

(33)我把手摩挲揪住马。(元曲选•燕青博鱼•第一折)

(34)那寨驴儿柳荫下舒着足乞留恶滥的卧,那汉子去脖项上婆娑没索的摸。(元曲选•黄粱梦•第四折)

3. 秃刷[tʻu ʃau]—踢收秃刷[tʻi ʃiəu tʻu ʃau]

(35)那里有野鸳鸯眼秃刷的在黄金殿,则这夥木鹦哥嘴骨邦的在仙音院。(元曲选•两世姻缘•第一折)

(36)他把我踢收秃刷觑觑,子觉我兢兢战战心怕。(元刊杂剧三十种•萧何月夜追韩信)

"秃刷"与"踢收秃刷"都是形容人着慌时眼快速转动或打量的样子。"踢收秃刷"应是"秃刷"的变形重叠式,又写作"剔抽秃刷、剔抽秃揣"。例如:

(37)他剔抽秃刷廝觑,迷留没乱踌躇。(元曲选•后庭花•第二折)

(38)眼脑又剔抽秃揣的慌,口角又劈丢扑搭的喷。(元曲选•虎头牌•第一折)

4. 笃速[tu su]—笃速速/滴羞笃速[ti siəu tu su]

(39)我数日前笃速速眼跳,昨夜里便急爆灯花。(元曲选•薛仁贵•第四折)

(40)一口气不回来抵住喉咽,气的我手儿脚儿滴羞笃速战。(元刊杂剧三十种•霍光鬼谏)

"笃速速"与"滴羞笃速"都形容颤抖,它们应有一个共同的基式——"笃速"。"笃速"是"蹀躞"的变音形式(参见江蓝生 2004)。"笃速速"是"笃速"的不完全重叠,"滴羞笃速"是"笃速"的变形重叠。"笃速速"又写作"笃簌簌、都速速","滴羞笃速"又写作"滴羞都苏、滴修都速"。例如:

(41)不刺刺征宛似纱灯般转,都速速把不定浑身战。(元曲选外编·三夺槊·第四折)

(42)你气的我手儿脚儿滴修都速战。(元刊杂剧三十种·张千替杀妻)

(43)唬的我慌慌张张手脚滴羞都苏战。(元曲选·青衫泪·第二折)

5. 骨碌[ku lu]—骨碌碌/急留骨碌[ki liəu ku lu]

(44)唬得项王在坐上骨碌碌滚将下来。(元曲选·气英布·第三折)

(45)我则见五箇镘儿乞丢磕塔稳,更和一个字儿急留骨碌滚。(元曲选·燕青博鱼·第二折)

"骨碌碌"与"急留骨碌"都用来形容物体的转动、滚动,它们应有一个共同的基式——有"滚动"义的"骨碌"。在金元曲文中虽难以见到,但元以前的文献中的确存在过。唐·刘恂《岭表录异》卷上:"涧中有石鳞次,水流其间……或有乘牛过者,牛皆促敛四蹄,跳跃而过。或失,则随流而下。见者皆以为笑。彼人谚曰:'跳石牛骨碌,好笑好笑。'"此处的"骨碌"就是"滚动"的意思。由此看来,"急留骨碌"应是"骨碌"的变形重叠。"骨碌碌"又写作"古鲁鲁、古鹿鹿、骨噜噜、骨鲁鲁、骨辘辘"等,"急留骨碌"又写作"急留古鲁"。例如:

(46)将匕首拔,觑着你软肋上扎,教古鲁鲁鲜血浸寒沙。(元曲选外编·豫让吞炭·第三折)

(47)看沙场血浸横尸首,直杀的马头前急留古鲁,乱滚滚死、

死、死人头。(元曲选·气英布·第三折)

6. 七林[tsʻi lim]—七林林/七留七林[tsʻi liəu tsʻi lim]

(48)我这里七林林转过庭槐,慢腾腾行过厅堦。(元曲选·黄粱梦·第二折)

(49)我这里七留七林行,他那里必丢不搭说。(元曲选·黑旋风·第二折)

"七林林"与"七留七林"都形容低头快行的样子,它们共同的基式应是"七林"。"七留七林"是"七林"的变形重叠。"七林林"又写作"缉林林、齐临临","七留七林"又写作"七留七力"。例如:

(50)咱也曾磕擦擦登山蓦岭,咱也曾缉林林劫寨偷营。(元曲选·气英布·第二折)

(51)可又早七留七力来到我跟底,不言不语立地。(元曲选·谢天香·第三折)

7. 出律[tʃʻiu liu]—出出律律/赤留出律[tʃʻi liəu tʃʻiu liu]

(52)见一个宿鸟儿忒楞楞腾出出律律忽忽闪闪串过花梢。(全元散曲·王廷秀·怨别)

(53)则听啾啾唧唧聒耳山禽唱,唬的那呆呆邓邓的麋鹿赤留出律的撞。(元曲选外编·黄花峪·第一折)

"出出律律"与"赤留出律"都用来形容奔窜的样子,它们应有一个共同的基式——"出律"。"出出律律"是"出律"的 AABB 式重叠,"赤留出律"是"出律"的 A'B'AB 式重叠。"赤留出律"又写作"尺留出吕、出留出律"。例如:

(54)急张拘住慢行早尺留出吕去,我子索滴留滴列整身躯。(元刊杂剧三十种·张鼎智勘魔合罗)

(55)我见他出留出律两箇都迴避。(元曲选·谢天香·第三折)

(三)基式为形容词的变形重叠

1. 曲律[k'iu liu]—乞留曲律[k'i liəu k'iu liu]

(56)待不吃呵又被这酒旗儿将我来迤逗,他、他、他舞东风在曲律竿头。(元曲选·李逵负荆·第一折)

(57)你过的这乞留曲律蚰蜒小道,听说罢官人你记着。(元曲选外编·黄鹤楼·第二折)

"曲律"与"乞留曲律"都指的是弯弯曲曲的样子,"乞留曲律"应是"曲律"的变形重叠式。"曲律"又写作"曲吕、崛㟲","乞留曲律"又写作"乞留曲吕、乞留屈律、乞留屈吕、溪流曲律、乞量曲律"。例如:

(58)本待作曲吕木头车儿随性打,原来是滑出律水晶球子怎生拿。(全元散曲·乔吉·杂情)

(59)你看怪石嵯峨,奇泉崛㟲,花开掩暎,树影婆娑。(元曲选外编·猿听经·第一折)

(60)过了些乞留曲吕涧,重重叠叠山。(全元散曲·无名氏·水仙子)

(61)乞留屈律归鸿行断,必飑不答寒驴步懒。(全元散曲·汤式·京口道中)

(62)汲留忽剌水流乞留屈吕路,失留疏剌风摆奚留急了树。(元刊杂剧三十种·张鼎智勘魔合罗)

(63)怎生向溪流曲律坡前去,吉飂古突山上逃。(元曲选外编·西游记·第九出)

(64)将这领希留合剌的布衫儿扯得来乱纷纷碎,将这双乞量曲律的胧膝儿罚他去直僵僵跪。(元曲选·杀狗劝夫·第二折)

2. 团栾[t'on lon]—剔留团栾[t'i liəu t'on lon]

(65)这供愁的景物好依时月,浮着个钱来大绿蒙蒙荷叶,荷叶似花子般团圞。(元曲选外编·拜月亭·第三折)

(66)皎皎洁洁照橹篷剔留团栾月明,正潇潇飒飒和银筝失留

疎剌秋声。(全元散曲·郑光祖·梦中作)

"团栾"与"剔留团栾"都有"极圆"或"团团转"的意思,"剔留团栾"应是"团栾"的变形重叠式。"剔留团栾"又写作"剔留秃栾、踢良秃栾"。例如:

(67)那独角牛身凛凛,貌堂堂,身长一丈,膀阔三停,横里五尺,竖里一丈,剔留秃圞,恰似个西瓜模样。(元曲选外编·独角牛·第二折)

(68)寒森森朔风失留疎剌串,舞飘飘瑞雪踢良秃栾旋。(元曲选外编·贬黄州·第二折)

"秃栾"是"团"的分音词①。

3. 没乱[muo lon]—迷留没乱[mi liəu muo lon]

(69)一会没乱,一会心酸,都撮来眉上攒。(全元散曲·曾瑞·闺怨)

(70)我见他自推自跌自僝僽,迷留没乱把双眉皱。(元曲选·马陵道·第二折)

"没乱"与"迷留没乱"都形容心绪烦躁、精神恍惚。"迷留没乱"应是"没乱"的变形重叠。"没乱"在宋、金两代原写作"懑乱"和"闷乱",都是"烦闷"之意。例如,宋·苏辙《上皇帝书》:"纾则乐易,乐易则有所不为;窘则懑乱,懑乱则无所不至。"金·《董西厢》卷七:"好恓楚,空闷乱,长叹吁。"由此看来,"没乱"应是"懑乱""闷乱"的语音变异形式。"迷留没乱"又写作"迷留闷乱""没留没乱""没撩没乱"。例如:

(71)莺莺尽劝,全不领略,迷留闷乱没处着。(董西厢·卷七)

---

① 江蓝生(2004)《浅论单音词的多次变形重叠》指出:"团"的反切分音词是"突栾"(宋·宋祁《宋景文公笔记·释俗》:"孙炎作反切,谓'团'曰'突栾'……"宋·洪迈《容斋三笔·切脚语》:"世人语音有以切脚而称者,亦间见之于书史中。如以'蓬'为'勃笼'……'团'为'突栾'"),分音词是单音词在词的双音化过程中音节求偶的产物,大多数分音词有音无字,用同音字替代。

(72)没留没乱,不言不语,尽夫人问当,夫人说话,不应一句。(董西厢·卷三)

(73)哀哀怨怨,一曲琵琶。没撩没乱离愁,悲悲切切,恨满天涯。(全元散曲·武林隐·昭君)

4. 乞良[kʻi liaŋ]—乞留乞良[kʻi liəu kʻi liaŋ]

(74)我不怕烦恼杀他爷爷,我则怕乞良煞他奶奶。(元刊杂剧三十种·看钱奴·第二折)

(75)您两個忑作的出,空教我乞留乞良,迷留没乱,放声啼哭。(元曲选·鲁斋郎·第三折)

"乞良"与"乞留乞良"都形容悲愁、凄凉的样子。"乞良"又写作"乞两、疙俩";"乞留乞良"又写作"赤留乞良"。例如:

(76)[带云]不争夫人死呵[唱]枉乞两的两个小冤家不快,那凄凉日月索尪揸。(元曲选·黄梁梦·第二折)

(77)然如此省艰难,怕疙俩的成病了。(元刊杂剧三十种·周公摄政·第二折)

(78)一会儿赤留乞良气,一会家迷留没乱倒。(元曲选外编·哭存孝·第四折)

5. 胡突[xu tu]—希飑胡都[xi tiəu xu tu]

(79)人道你聪明,我道你胡突。(全元散曲·王晔·问黄肇)

(80)见希飑胡都茶客微醒,细寻寻思思双生双生,你可闪下苏卿。(全元散曲·郑光祖·梦中作)

"胡突"即"糊涂",又写作"糊塗、胡鹘、糊突、鹘突、渨濆"等等(参见顾学颉、王学奇 1983,龙潜庵 1985,李崇兴等 1988),与"希飑胡都"同义,应是其基式。

6. 疙疸[kau ta]—吉丢疙疸[ki tiəu kau ta]

这组词有些特别,基式是名词,指"不平的突起物",一般特指皮肤上突起的或肌肉上结成的硬块。但重叠后变成了形容词,形容不规则的突起,又指"不平滑""不顺利"。

(81)俺两个说下咒愿,有一个私去看病的,嘴上就生疆疙疸。(元曲选外编·降桑椹·第二折)

(82)那石头急流骨都,吉丢疙疸①。(孤本元明杂剧·明·无名氏《暗度陈仓》第二折)

"疙疸"又写作"胳胝","吉丢疙疸"又写作"吉丁疙疸"。例如:

(83)迭迭薄薄眼,瑰瑰赖赖肉,胳胳胝胝筋,生几根采采色色血今髭。(宋元平话集·秦并六国平话·卷下)

(84)俺是乍出外,不曾行得惯。这路途吉丁疙疸的,蚤蹅破我这脚也呵。(元曲选·盆儿鬼·第一折)

三、金元曲文中的四字格变形重叠式音变分析

为了讨论的方便,我们将四字格变形重叠式分为三组:

A 组

吸留忽剌 [xi liəu xu la]
失留疏剌 [ʃi liəu ʃu la]
赤溜束剌 [tʃ'i liəu tʃ'u la]
急留骨碌 [ki liəu ku lu]
剔留秃鲁 [t'i liəu t'u lu]
赤留出律 [tʃ'i liəu tʃ'iu liu]
乞留曲律 [k'i liəu k'iu liu]
剔留团栾 [t'i liəu t'on lon]
剔留秃栾 [t'i liəu t'u lon]

B 组

乞量曲律 [k'i liaŋ k'iu liu]
踢良秃栾 [t'i liaŋ t'u lon]
急并各邦 [ki piəŋ kau paŋ]
吉丁疙疸 [ki tiəŋ kau ta]
辟留扑同 [p'i liəu p'u t'uŋ]
吉飀古突 [ki liəu ku tu]
吸里忽剌 [xi li xu la]

---

① 此例引自顾学颉、王学奇《元曲释词》(二)117 页。

迷留没乱 [mi liəu muo lon]　　C 组

直留支剌 [tʃi liəu tʃï la]　　的溜的立 [ti liəu ti li]

滴羞笃速 [ti siəu tu su]　　滴溜滴列 [ti liəu ti liɛ]

滴羞蹀躞 [ti siəu tiɛ siɛ]　　乞留乞良 [kʻi liəu kʻi liaŋ]

迷羞摩娑 [mi siəu muo suo]　　七留七林 [tsʻi liəu tsʻi lim]

劈丟撲鼕 [pʻi tiəu pʻu tʻuŋ]　　出留出律 [tʃʻiu liəu tʃʻiu liu]

吉丟疙疸 [ki tiəu kau ta]　　没留没乱 [muo liəu muo lon]

希飈胡都 [xi tiəu xu tu]

急周各支 [ki tʃiəu kau tʃi]

乞抽挖叉 [kʻi tʃʻiəu kʻo tʃʻa]

踢收禿刷 [tʻi ʃiəu tʻu ʃua]

急彪各邦 [ki piəu kau paŋ]

这三组重叠式中，A 组是四字格变形重叠式的常用格式，B 组是 A 组的变化形式，C 组虽总的格局与 A 组相同，但显示了 A'B'AB 重叠式的结构已开始发生变化。

在 A'B'AB 中，基式不会有规律性的语音变化，重叠式的音变有一定的规律。因此，四字格变形重叠式的音变规律也就是第一、第二音节音变的规律。

(一)第一音节音变的规律

第一音节重叠第三音节时在韵母和声调两方面都有较整齐的规律性。韵母方面，不管基式(第三音节)的韵母是什么，重叠式(第一音节)的韵母一律变为舌面前高元音[i]，只有"出""没"两字例外[①]。声调方面，不管基式(第三音节)的声调是什么，重叠式(第一音节)的声调一律变为入声，只有"希""迷"两字例外。"支剌"没有重叠为"支留支剌"而

---

① "出留出律"的"出"的韵母是[iu]；"没留没乱"的"没"的韵母是[uo]。

重叠为"直留支剌"就充分体现了第一音节的声调有倾向于变为入声的特点。

四字格变形重叠式第一音节的语音特点是：声母与基式保持一致；韵母倾向于变为舌面前高元音[i]；声调倾向于变为入声。

(二)第二音节音变的规律

第二音节因 A、C 两组与 B 组的情形有些不同,我们分开来谈。

A 组和 C 组里,第二音节重叠第四音节时在韵母和声调两方面也都有很整齐的规律性。韵母方面,不管基式(第四音节)的韵母是什么,重叠式(第二音节)的韵母一律变为尤侯韵的[ieu]。声调方面,不管基式(第四音节)的声调是什么,重叠式(第二音节)的声调一律变为平声。声母是次浊声母的变阳平,如"留"[1]；声母是清声母的变阴平,如"羞、丢、飚、周、抽、收、彪"。

四字格变形重叠式第二音节的主要语音特点是：声母与基式保持一致；韵母倾向于变为尤侯韵的[ieu]；声调倾向于变为平声；又以阳平的"留"为最常见。

B 组是 A 组的变式。B 组的第二音节与 A、C 两组相比,韵母、声调和声母都有些独特性。韵母不是尤侯韵的[ieu],而分别是江阳韵的[iaŋ]、庚青韵的[iəŋ]以及齐微韵的[i]。声调除了有平声的"良、量[2]、丁、并[3]、留、飚"外,还有上声的"里"。声母方面,"同"变为"留"(辟留扑同),"突"变为"飚"(吉飚古突),非边音的"同""突"有边音化的趋势。不过,这种边音化还仅限于同一发音部位(舌尖中)的声母。B 组里的四字格都有相应的正常格式。如："乞量曲律"有相应的"乞留曲律","踢良秃栾"有相应的"踢留秃栾","急并各邦"有相应的"急飚各邦",

---

[1] "赤溜束刺""的溜的立""滴溜滴列"的"溜"变阴平,属例外。
[2] "量"有平、去两读,此处应读平声。
[3] "並"是去声；"并"为平声。

"吉丁疙疸"有相应的"吉丢疙疸","辟留扑同"有相应的"劈丢扑鼕","吸里忽剌"有相应的"吸留忽剌"。

尽管 B 式在金元还不是主要格式,但它出现了两个新的变异现象:(Ⅰ)第二音节的"里"字化,如"吸里忽剌";(Ⅱ)第二音节非边音声母的边音化,如"辟留扑同"和"吉飂古突"。

(三)四字格变形重叠式的音韵结构及其变化

至此,我们发现金元曲文中的变形重叠四字格词语有着和谐的音韵结构:第一音节是一个高细而短促的音;第二音节是一个主要以复合元音[∗iəu]为主的过渡音,前接细音,后接洪音,声调平缓而悠长(阳平调);第三、四音节一般比第一、二音节开口度大,是语音上最响亮的部分。这种结构也是一种音义融合的结构,第三、四音节是有词汇意义的双音词,第一、二音节是该双音词变形重叠出的无意义的音缀。王洪君(1996)发现,现代汉语中的"噼哩啪啦"一类四音拟声词在韵律上有一种前暗后亮的特点。我们注意到,金元曲文中的变形重叠四字格词语具有前轻后重的特点。特别是,第一音节是一个短促的入声,韵尾已没有塞音,整个音节有轻而短的特点,早期很可能是轻音节,是四字格的轻音之所在。

C 组与 A、B 两组主要的不同在于:第一、三音节完全同音,形成了 A 留 AB 结构。C 组的词都是有词汇意义的拟态词和形容词,又存在两种情况:"的留的立、滴留滴列、乞留乞良、七留七林"构成一类;"出留出律、没留没乱"构成另一类。

第一类,基式第一音节的韵母本就是前高元音[i],而且声调又是入声。如"的立"的"的"、"滴列"的"滴"、"乞良"的"乞"、"七林"的"七"。它们变形重叠后,要体现四字格变形重叠式第一音节的特点,即韵母倾向于变为前高元音[i],声调倾向于变为入声,唯一的选择就是:在重叠的过程中,第一音节拷贝第三音节。这自然就形成了 A 留 AB 格式。

这一类是语音的原因造成的 A 留 AB，在变音规则上跟 A 组并无二致。

第二类，基式 AB 本有符合当时韵律格局的 A 组变形重叠式"赤留出律"和"迷留没乱"（A'B'AB）。"出留出律"和"没留没乱"是一种变异形式，也是一种创新的格式。它的出现打破了原有的韵律格局，第一音节的韵母不再是[i]。语言的使用者为了强化其语义，让第一音节不再变音，完整地重复第三音节，使整个四字格的意义更加明晰。这一类是语义的原因造成的 A 留 AB。至于为什么要完整地重复第三音节而不是第四音节呢？这与基式的结构有关。

四、变形重叠四字格基式的结构

前面分析了重叠式（第一、二音节）的音变特点，下面分析基式（第三、四音节）的构成特点。

各种不同格式的重叠对基式都有不同程度的限制。哪些能重叠，哪些不能重叠，有一定的规律性。我们通过分析发现：变形重叠四字格词语在数量上是很有限的，不是所有的词语都能构成这种重叠的，其基式也是一些拟声词和以语音构词的方式构成的词，主要分为两类。

第一类都是元代新出现的复合拟声词，如"撲鼕、搕叉、各邦、忽剌、疏剌、各支、支剌"等；第二类是按语音构词方式构成的拟态词和形容词，如"蹀躞、滴列、摩挲、笃速、骨碌、出律、七林、曲律、团栾、秃栾、闷乱、乞良、胡突"等。语音构词包括变形重叠、合音、分音等几种方式。就我们所知，"曲律、团栾、蹀躞、摩挲、笃速、出律"是通过变形重叠构成的语音词，两音节韵母都相同；"秃栾、滴列、七林、乞良"是通过分音构成的语音词，第二音节的声母都是边音。现在举数例证明于下：

1. 曲—曲曲/曲律

"曲"是形容词，"弯曲"的意思。唐代，"曲"重叠为"曲曲"，这是不变形重叠。例如,《全唐诗·刘禹锡·梦扬州乐妓和诗》:"夜深曲曲湾湾月,万里随君一寸肠。"元代,"曲"变形重叠构成"曲律"。例如,《元曲选外编·黄花峪》一折:"曲律竿头悬草荐,绿杨影里拨琵琶。""曲律"基式在前,重叠式在后。重叠式与基式相比,韵母不变,声母由[k']变为[l]。这是顺向变声重叠。"律"在此处无义,是重叠出的一个音节。现在福建的建瓯话,"曲"还可扩衍为"曲律","律"就是无义的音节(潘渭水 1994)。

2. 团—团团/团栾

"团"也是形容词,"圆"的意思。汉代,"团"重叠为"团团",这是不变形重叠。例如,《先秦汉魏晋南北朝诗·汉·班婕妤·怨歌行》:"裁为合欢扇,团团似明月。"唐代,"团"顺向变声重叠,构成"团栾"。例如,《全唐诗·唐彦谦·秋葵》:"月瓣团栾剪赭罗,长条排蕊缀鸣珂。"重叠式与基式相比,韵母不变,声母由[t']变为了[l]。此词中的"栾"是重叠出的一个音节,没有意义。

3. 踥—踥踥/踥躞

"踥"是基式,可单独使用,可构成不变形重叠"踥踥",也可构成变形重叠"踥躞"。汉代,"踥""踥踥"已出现,形容脚步趑趄的样子。例如,《淮南子·俶真》:"虽目数千羊之群,耳分八风之调,足踥阳阿之舞,而手会《绿水》之趋……。"《全上古三代秦汉三国六朝文·全后汉文·马第泊·封禅仪记》:"稍疲,咽唇焦,五六步一休,踥踥据居顿,地不避湿暗,前有燥地,目视而两脚不随。"南北朝,"踥"重叠为"踥躞",形容小步行走貌。例如,《先秦汉魏晋南北朝诗·宋·鲍照·拟行路难》诗之六:"丈夫生世会几时,安能踥躞垂羽翼?""踥躞"也是顺向变声重叠。"躞"是重叠式,不能单独使用,只能出现在"踥躞"(或"躞踥")一词中,是一个没有词汇意义的音节。

4. 团—秃栾

"团"构成"团栾"是顺向变声重叠式构词,构成"秃栾"是分音式构词。例如,《全元散曲》郑光祖《梦中作》:"皎皎洁洁照槛篷剔留团栾月明,正潇潇飒飒和银筝失留疏剌秋声。"《元曲选外编·独角牛》第二折:"那独角牛身凛凛,貌堂堂,身长一丈,膀阔三停,横里五尺,竖里一丈,剔留秃圞,恰似个西瓜模样。""剔留团栾"与"剔留秃圞"都形容"圆","秃圞"就是"团栾"的意思,是"团"的分音词。

5. 啑—滴列

"啑"构成"啑蹔"是顺向变声重叠式构词,构成"滴列"是分音式构词。例如,《元刊杂剧三十种·张鼎智勘魔合罗》:"急张拘住慢行早尺留出吕去,我子索滴留滴列整身躯。"同样的一句,在《元曲选·魔合罗》第一折中"滴留滴列"写作"滴羞跌屑"。可见,"滴列"就是"啑蹔"的意思,也就是"啑"的分音词。"滴列"有时也音变为"的立",再重叠为"的留的立"。"滴"保留了"啑"的声母,韵母变为了前高元音[i];"列"保留了"啑"的韵母,声母变为了边音[l]。

以上顺向变声构成的双音变形重叠词,它的第一音节是实语素,第二音节是表音性成分,无义。这就导致了当这些词变韵重叠为四音节词时,只有第三音节有语义。因此,当 A'B'AB 变为 A 留 AB 时就只能重复第三音节的语义了。分音词的意义因被分之词不出现而变得难以捉摸,释义时各家分歧也大。只有弄清其语音关系,找到被分音之字,才能弄清楚它的意义。

变形重叠和分音等语音构词现象在上古汉语里就已存在,并引起了许多学者的注意。向熹(1980)分析了"猗猗"变"猗傩"、"勉勉"变"黾勉"等变声变韵现象。严承钧(1987)分析了"勿勿"与"密勿"的音转字变现象。严廷德(1989)指出了"迟迟—峙蹰""卒卒—造次"的变换。李国正(1990)考察了从"便便"到"便蕃"的变化。刘又辛(1993)分析了"拘拘—拘栾""团团—团栾""蒙蒙—鸿蒙""孔孔—窟窿"等的声韵变化情况。徐振邦(1998:63)分析了"巍巍—巉巍"等的语音变化。孙景涛(1999、2008)运用韵律构词法的理论全面研究了上古汉语联绵词的内部结构,把它们归纳为三种重叠模式,即:顺向重叠(progressive reduplication)、逆向重叠(retrogressive reduplication)和裂变式重叠(Fission reduplication)①。

孙景涛的研究显示:在顺向重叠中,第二音节的声母常变为流音[﹡l-、﹡r-]、鼻音[﹡m-、﹡n-、﹡ŋ-]、喉塞音[﹡ʔ-]、擦音[﹡x-]以及复辅音[﹡sr-、﹡tsr-、﹡tsʰ-],而流音又占绝大多数。在裂变式重叠中,第二音节的声母基本上只有流音[﹡l-、﹡r-]。

我们的研究发现:能做 A'B'AB 基式的主要是顺向重叠构成的语音词和极少数裂变式重叠构成的分音词。逆向重叠构成的词不能做 A'B'AB 的基式。这就形成了 A'B'AB 格式的两个倾向性:(Ⅰ)第三音节一般是实语素;如不是,则基式可能是分音词;(Ⅱ)第四音节的声母大多是边音,因此第二音节多是"留"字。"留"的声母是单音节顺向变声的产物,"留"的韵母是双音节逆向变韵的产物。

第二节 从"A'B'AB"到"A 里 AB"

前面的论述显示:"A'B'AB"存在于 12 至 14 世纪,是一种逆向变韵重叠式,AB 是基式。下文将分析:16 至 20 世纪,"A'B'AB"向"A 里 AB"的演变。两个格式中的第三、四音节都是基式,没有语音变化,要证明的是两点:(Ⅰ)第二音节由"留"向"里"发展;(Ⅱ)第一音节由音节向语素的发展。在论证之前,先介绍所用的语料。

---

① 孙景涛的"裂变式重叠"就是我们说的分音构词。

一、语料说明

我们主要调查了 32 种明清白话小说。从时间上划分,它们分属于三个时期:①16、17 世纪;②18、19 世纪;③20 世纪初。

属于 16、17 世纪的小说有:《西游记》《金瓶梅词话》《拍案惊奇》《醒世姻缘传》《说岳全传》《隋唐演义》。属于 18、19 世纪的小说有:《说唐》《儒林外史》《红楼梦》《说唐三传》《绿野仙踪》《呼家将》《红楼复梦》《绮楼重梦》《红楼圆梦》《补红楼梦》《镜花缘》《儿女英雄传》《七侠五义》《小八义》《小五义》。属于 20 世纪初的小说有:《老残游记》《官场现形记》《二十年目睹之怪现状》《孽海花》《负曝闲谈》《九命奇冤》《济公全传》《九尾龟》《七剑十三侠》《三侠剑》《红楼真梦》[①]。

二、从"A'B'AB"到"A'里 AB"

这部分要说明"A'B'AB"的第二个音节 B'有向"里"变化的趋势。换句话说,这一部分也就是要证明"A 里 AB"式"里"的来源。前文说过,"A'B'AB"式的第二音节 B'主要是"留(溜)"音节,但也有"羞、丢、抽、周、收、彪"等非"留"音节。因此,要说明从"A'B'AB"到"A'里 AB"的变化必须说明两个问题:第一,"留"向"里"的变化(韵母的变化);第二,非"留"音节向"里"的变化(声母的变化)。

(一)明清小说中"A'B'AB"式的沿用

在我们调查的明清小说中,"A'B'AB"式四字格一直在使用,最晚到 19 世纪中晚期的《儿女英雄传》还能见到。例如:

(85)才上房,后脚一带,又把一溜檐瓦带下来,唏溜哗啦,闹了

---

① 各部小说的刊刻时间依据江苏省社科院明清小说研究中心编《中国通俗小说总目提要》。

半院子。(儿女英雄传·第三十一回)

第二音节字的韵母几乎都是尤侯韵的[iəu],以"留"字为主,"羞、抽、周、收、彪"等字已不见,仅"丢"有个别用例。"留"又写作"溜""嚼""遛""流"。例如:

(86)一语未了,只听得屋里嘻嚼哗喇的乱响,不知是何物撒了一地。(红楼梦·第六十四回)

(87)到了黑夜,那符希流刷拉的怪响。(醒世姻缘传·第六回)

(88)小童往前一扑,唧哝咕咚,栽倒在地。(七侠五义·第六十一回)

第二音节的韵母不是尤侯韵的,我们只发现几例。例如:

(89)那个小孩子才下草,也不知道羞明,挣着两个眼狄良突卢的乱看。(醒世姻缘传·第二十一回)

(90)又拿上一片滴零搭拉的破衣,与四爷穿上。(七侠五义·第十回)

"狄良突卢"的"良"属江阳韵;"滴零搭拉"的"零"属庚青韵。

(二)"留"向"里"的变化

在金元曲文中,我们已发现了"A'B'AB"向"A'里AB"的变化趋势,如"吸留忽刺"变为"吸里忽刺"。明清小说中这种变化的情形已比较突出。下面举数例来证明这一变化过程。

1. 劈溜撲剌—劈哩扑辣

(91)又不曾吃個,怎么两片口里劈溜撲剌的。(元曲选·陈州粜米·第三折)

(92)将金箍棒,幌一幌,变作三根金箍棒,劈哩扑辣的,往东打一路,往西打一路。(西游记·第四十回)

"劈溜撲剌"和"劈哩扑辣"都是拟声词,模拟的声音相近。除第二音节外,其他音节的读音两词都相同。这就证明两者本是一个词,金元曲文中,读作"劈溜撲剌",明代小说中读成了"劈哩扑辣"。第二音节的读音由"溜"变为了"哩"。

2. 唏嚼哗喇—唏哩哗喇

(93)只听得园内的风自西边直透到东边,穿过树枝,都在那里唏嚼哗喇不住的响。(红楼梦·第八十七回)

(94)此时正是十月天气,忽然起了一阵北风,吹得门窗户扇唏哩哗喇的响。(官场现形记·第四十三回)

"唏嚼哗喇"和"唏哩哗喇"模拟的都是风声。"唏嚼哗喇"出现于18世纪的《红楼梦》中;"唏哩哗喇"出现于20世纪初的《官场现形记》。"嚼"向"哩"的变化一目了然。

3. 急留古鲁—叽哩咕噜

(95)看沙场血浸横尸首,直杀的马头前急留古鲁,乱滚滚死、死、死人头。(元曲选·气英布·第三折)

(96)将那棍也就逼住,拢过来往怀里一带,又向外一推,真成了屎蛋咧,叽哩咕噜滚在一边。(七侠五义·第四十四回)

"急留古鲁"和"叽哩咕噜"都是拟态词"古鲁(咕噜)"的重叠,都描摹的是物体滚动的样子。"留"变为了"哩"。

4. 滴溜搭拉—滴里答腊

(97)再搭上四露五落的一挂元宝,还配着滴溜搭拉的几片千张。(七侠五义·第九十回)

(98)一个个都是捐现成的二品顶戴,大红顶子,翡翠翎管;手指头上翡翠搬指,金钢钻戒指;腰里挂着打璜金表,金丝眼镜袋,什么汉玉件头,滴里答腊东西,着实带得不少。(官场现形记·第十九回)

"滴溜搭拉"和"滴里答腊"是拟态词"搭剌(答腊)"的重叠,形容物体下垂的样子。"溜"变为了"里"。

"里"形成之初,字形不太固定,还可以写作"哩""沥""利"等。例如:

(99)刘吉甫听了,便取过一面算盘来滴沥搭拉的算了一阵。(九尾龟·第一百一十六回)

(100)咱们看了几天的家,希利花拉都改了,一定要落不是的。(红楼真梦·第三十一回)

由"A'B'AB"变为"A'里AB"的多是拟声词,也有少数几个拟态词。拟声词变为"A'里AB",其语用功能是拟声;拟态词变为"A'里AB",其语用功能是描写状态①。

"留"和"里"声母相同,都是边音;变化的是韵母,由复合元音变成了单元音。这是韵母弱化的结果。导致第二音节韵母弱化的主要是语音方面的原因。随着北方话入声的消失,第一音节轻音的地位开始动摇。又因为拟声词三、四音节多变得同韵(如"唏哩哗啦"),这会促使一、二音节也向同韵的方向发展。第一、二音节同韵,都是[i];第三、四音节同韵,都是非[i],现代汉语拟声词"前轻后重"的韵律结构于此形成。

(三)第二音节声母的变化

上文讨论了在声母都是边音的前提下,第二音节韵母的变化——"留"变"里"。那么,第二音节的声母不是边音的"羞、丢、抽、周、收、彪"等怎么在明清小说中不见了?它们也都变为"里"了?我们的考察发现:这些非"留"音节的声母的确曾发生过"边音化"现象。

1. 劈丢撲鼕—劈溜扑同

(101)将他来难移难动,没歇没空,厮推厮搪,劈丢撲鼕,水心

---

① 形容词也有这类格式,只有"稀里糊涂"1例。我们推测它应是由"希馳胡都"变化而来,但在我们调查的范围内,"稀里糊涂"出现仅1次,而且是出现在20世纪初的《三侠剑》。中间七八百年不见"稀里糊涂"的用例,这一点令人生疑。

里打沐桶。(元曲选·柳毅传书·第二折)

(102)你休踏着砖瓦,辟留扑同敢漾我在阶直下,不是磕碎脑袋,就是抢了鼻凹。(元刊杂剧三十种·薛仁贵衣锦还乡·第四折)

"劈丢撲鼕"与"劈溜扑同"是一个词的不同写法。"劈丢撲鼕"是一种正常的变形重叠式,"劈溜扑同"是变异形式。我们从这种变异中发现:"丢"的声母变为了边音,因此字也写作"溜"。

2. 滴羞蹀躞—蹀里蹀斜

(103)桑园里只待强逼作欢娱,唬的我手儿脚儿滴羞蹀躞战笃速。(元曲选·秋胡戏妻·第三折)

(104)虽然有这小丫头迎儿,奴家见他拿东拿西,蹀里蹀斜,也不靠他。(金瓶梅词话·第一回)

"蹀里蹀斜"是"滴羞蹀躞"的变化形式。第一音节由无义的成分变成了有义的语素。第二音节声母韵母都变了,"羞"的声母也变成了边音,字写作"里"。

3. 乞抽扢叉—喊哩喀喳

(105)凭着我这蘸金巨斧,乞抽扢叉,砍他鼻凹。(元曲选·昊天塔·第二折)

(106)就是有些行不动的,也不能不管好歹、轻重,喊哩喀喳的都毁掉他。(红楼真梦·第六十一回)

"抽"变为"哩",声韵都发生了变化,声母也边音化了。

第二音节声母的边音化是一种类化。前面分析过,变形重叠四字格的基式多是顺向变声重叠和分音构词形成的,基式第二音节的声母多是边音。它们再逆向变韵重叠,就使得四字格的第二音节的声母也多是边音。这种强势语音格局产生类化影响,就使得非边音声母也变成了边音声母。

三、从"A'B'AB"到"A 里 AB"

A'里 AB 模式主要是拟声词的构成模式,极少数拟态词也可用这种模式构成。A 里 AB 模式主要是形容词和拟态词的构成模式。

形容词和拟态词有实在的词汇意义,其模式的发展与拟声词模式开始分道扬镳,第一音节变成了有意义的语素,重叠第三音节不用变音了。下面的例子显示这种发展过程。

1. 急留骨碌—骨里骨碌

(107)弯弯曲曲,骨里骨碌一路接着滚了来。(儒林外史·第四十五回)

"急留骨碌"和"骨里骨碌"都是"骨碌"的重叠式,都是"滚动貌"。前者是 A'B'AB 式重叠;后者是 A 里 AB 式重叠。后者是前者变化而来的。

2. 滴羞笃速—哆里哆嗦

(108)黄爷哆里哆嗦画了供,砸镣收狱。(三侠剑·第六回)

"笃速""哆嗦"原本一词,都是"颤抖"的意思。金元按 A'B'AB 式重叠;明清则按 A 里 AB 式重叠。

3. 希胆胡都—糊里糊涂

(109)你糊里糊涂,还不如张华明白。(绿野仙踪·第五十三回)

"糊里糊涂"是从"希胆胡都"变化来的。第一音节重叠,第三音节不再变音,第二音节的"胆"也变成了"里"。

4. 吉丢疙疸—疙里疙瘩

(110)破僧衣,短袖缺领。腰系丝绦,疙里疙瘩。(济公全传·第七十七回)

"吉丢疙疸"与"疙里疙瘩"都是"不平"的意思。前者指路不平,后者指脸多疙瘩,长得不平滑。"疙里疙瘩"是从"吉丢疙疸"变化来的。第一音节重叠第三音节不再变音,第二音节的"丢"也变成了"里"。

拟态词的 A 里 AB 式最早见于明代。16 世纪的《金瓶梅词话》已出现了"蹀里蹀斜"。其后有"骨里骨碌""晃里晃荡""唠里唠叨""咧里咧蹶"①"哆里哆嗦"等。例:

(111)那日天色将晚,小人刚然出来,就瞧着郑申晃里晃荡由东而来。(七侠五义·第九十七回)

(112)忽听隔壁房中有小孩子啼哭之声,又有个山西人唠哩唠叨不知说什么。(七侠五义·第五十八回)

(113)两人出去看时,忽见刘姥姥一轱辘爬起来,咧里咧蹶的往外就跑。(补红楼梦·第九回)

形容词的 A 里 AB 式最早见于明末清初。17 世纪的《醒世姻缘传》已出现了"齷哩齷龊""齷离齷龊"。其后有"冒里冒失""糊里糊涂""古里古东""慌里慌张""勒里勒得""懵里懵懂""扎里扎煞""邋里邋遢"等。例如:

(114)再要不齷哩齷龊的,这也叫是做哩?(醒世姻缘传·第五十五回)

(115)床上齷离齷龊,差不多些象了狗窝。(醒世姻缘传·第九十二回)

(116)这粉嫩的手,怎的冒里冒失,捏他一把?(说岳全传·第二回)

(117)哥哥,那路上都是沙漠,吃的是飞禽走兽,自然生出人来都是那古里古东。(呼家将·第三十三回)

(118)刚刚吃了早饭,看一个老婆子在上房迸乌龟算命,忽见

---

① "咧蹶"应是"趔趄"的异体。

兰哥儿慌里慌张跑来。(绮楼重梦·第十九回)

(119)只见那人穿戴的衣冠,全是包公在庙时换下衣服,又肥又大,勒里勒得的,并且帽子上面还捏着褶儿。(七侠五义·第七回)

(120)人瑞惊觉,懵里懵懂的,睁开眼说道:"呵,呵!信写好了吗?"(老残游记·第十六回)

(121)一脸的油泥,苍白胡须扎里扎煞。(三侠剑·第二回)

(122)见他邋里邋遢,比清虚观剪蜡花的小道士还要寒碜,一点也不像宝玉。(红楼真梦·第五十六回)

拟声词和拟态词的"A'里AB"式在13、14世纪的元曲中已出现;形容词的"A里AB"式在17世纪的明清小说中才出现。可见,第二音节的"里"形成时间早,是在语音弱化的条件下形成的;第一音节的"A"形成时间晚,是在语义强化的动因下形成的。"A里AB"的"里"首先在"A'里AB"格式中形成,然后在"A里AB"格式中变得稳定。随着第一音节的实义化,第二音节的"里"无可选择地成为了全词的轻音节,其读音只能朝着弱化的方向发展。

四、A里AB基式的特征

前面分析过,A'B'AB的基式主要是顺向变声重叠和分音构成的语音词,两音节的韵母相同,构成叠韵关系。A里AB基式的特征又如何呢?

通过分析我们发现:A里AB的基式继承了A'B'AB基式的结构特征,都是有叠韵关系的联绵词。拟态词"踥斜""骨碌""晃荡""唠叨""咧飘""哆嗦"都是叠韵联绵词。形容词除"冒失"的结构不清楚外,"龌龊""糊涂""古东""慌张""勒得""懵懂""疙瘩""扎煞""邋遢"等都是联绵词。除"古东""疙瘩"外,其余的都有叠韵关系。

五、现代汉语中 A 里 AB 式的发展

20 世纪后，A 里 AB 式重叠又有了一些新的发展。一是 A 里 AB 基式的特征有了很大变化；二是音缀"里"的读音也起了变化。

在现代汉语里，拟态词 A 里 AB 式的发展受到限制，没有产生新的以拟态词为基式的 A 里 AB。形容词 A 里 AB 式却得到了发展。不仅联绵词可以作 A 里 AB 的基式，附加式双音性质形容词也可作 A 里 AB 的基式。例如：

  傻里傻气 妖里妖气 老里老气 土里土气

  尖里尖气 匪里匪气 小里小气 洋里洋气

  流里流气 娇里娇气 怪里怪气 粗里粗气

  秀里秀气 虎里虎势 二里二乎 结里结巴

以上 A 里 AB 的基式都是后缀"气""势""乎""巴"与一个实语素（名素和形素）结合而构成的。附加式双音性质形容词与顺向变声重叠词一样，只有第一音节意义实在，符合这种格式对基式的要求。这些基式以"A 气"为主，它的重叠式我们不妨称之为"A 里 A 气"式。"A 里 A 气"式的出现标志着形容词 A 里 AB 式的发展又开始与拟态词分道扬镳了。附加式构成的词比联绵式构成的词意义更加明晰，"明晰性原则"可能是这种格式形成的动因。以上词语除"秀里秀气"外，都带有贬义。

根据蒋明（1957）、谢自立、刘丹青（1995）的研究，我们发现：在现代南方言中，A 里 AB 的基式又有所扩大，不仅联绵词、附加式的词可以作基式，一些双音复合词也能作 A 里 AB 的基式。如："特里特别""赖里赖皮""随里随便""冤里冤枉"等。"特别""赖皮""随便""冤枉"是并列或动宾式复合词。这证明 A 里 AB 的基式有进一步扩大范围的趋势。

随着 A 里 AB 基式的意义更加明晰，音缀"里"的读音在北京话口

语中却越来越弱化,由"里"[li]变成了"了"[lə],主要元音由舌面前高元音变成了央元音。因此,周一民(1998:115－116)把这类 A 里 AB 直接记为"A 了 AB"。如:

  别了别扭 古了古怪 糊了糊涂 迷了迷乎

  马了马乎 毛了毛糙 流了流气 结了结巴

"里"变"了",这也是人们在使用这种结构的过程中遵循"省力原则"的结果。

六、小结

总结一下 A 里 AB 式重叠形式的发展,可以归纳如下:

$$A'B'AB \begin{cases} 拟声词(唏留哗喇) \rightarrow A'里AB(唏哩哗喇) \\ 拟态词(急留骨碌) \begin{cases} A'里AB(叽哩咕噜) \\ A里AB(骨里骨碌) \end{cases} \\ 形容词(吉丢疙瘩) \rightarrow A里AB(疙里疙瘩) \begin{cases} 傻里傻气 \\ 特里特别 \end{cases} \end{cases}$$

第三节 形容词 A 里 AB 重叠式
语法意义的来源

一、A 里 AB 重叠式的语法意义

形容词 A 里 AB 式重叠的语法意义是什么?朱德熙(1956)认为,形容词构成 A 里 AB 重叠有"表示憎恶、轻视的意味"。太田辰夫(1987:161)认为,形容词使用 A 里 AB 重叠形式"当然是为了强调,但还带着憎恶的感情"。刘叔新(1996)认为,A 里 AB 表示"性质程度加重","总带贬义并多出一种生动性","褒贬感和生动性都是附丽于抽象意义的感情色彩"。

综上所述,各家对形容词 A 里 AB 式重叠语法意义的看法归纳起来有如下几种:①表憎恶;②表强调;③表程度加重;④表生动性。

我们认为,以上几种意义是对各种不同层次重叠的意义的概括,不能在一个平面上笼统言之。"表强调"是所有各类重叠的语法意义,包括名词、动词、形容词、副词、量词、拟声词等的重叠。可以说,重叠是对基式语义特征的强调。基式不管有什么语义特征,通过重叠都会将这种特征凸显。"生动性"是指拟声词、拟态词、部分形容词和部分动词重叠以后的意义。这些词的基式中有形象生动的附加意义。如拟声词以声音表现形象感,拟态词以形态表现形象感、部分可变音状态形容词(如"曲律")以状态表现形象感,部分可变音动词以动作的连续性表现形象感。重叠的意义就是凸显它们的生动性。"表程度加深"是指性质形容词重叠的语法意义。性质形容词的语义范围比较宽泛,意义比较抽象,可以受程度副词修饰,有数量语义特征。重叠就会凸显这种数量语义特征,因此表程度加深。"表憎恶"是指具有贬义的形容词的重叠。有些形容词多含有褒贬语义特征,带有较强的主观性。而 A 里 AB 的基式又多是贬义形容词。A 里 AB 重叠凸显了语义的主观色彩,带有"憎恶"的意味。因此,我们同意朱德熙的看法:形容词 A 里 AB 的语法意义主要是表"憎恶"。

A 里 AB 表"憎恶"的意义是怎么形成的呢?为什么拟声词和拟态词重叠而成的 A 里 AB 不表憎恶而形容词重叠的 A 里 AB 表憎恶?这个问题还很少有人给过明确的回答。我们认为,A 里 AB 由不表"憎恶"到表"憎恶"是一个主观化的过程。

二、形容词与主观性

谈到主观化,不能不谈主观性。主观性(subjectivity)是指语言的这样一种特性,即在话语中多多少少总是含有说话人"自我"的表现成

第三节 形容词 A 里 AB 重叠式语法意义的来源

分。也就是说,说话人在说出一段话的同时表明自己对这段话的立场、态度和感情,从而在话语中留下自我的印记。已有的研究表明,语言的主观性主要表现在三个方面:说话人的情感、说话人的视角、说话人的认识。这三个方面互相联系,经常交织在一起(沈家煊 2001b、2002)。我们谈形容词的重叠,有必要了解形容词的主观性。

严格地说,任何话语都带主观性,不带有说话人态度、感情、视角的语句是不存在的。但主观性有程度的差别。不同的词类或同一词类中不同的小类在主观性的程度上就有差别。李善熙(2003:8)认为,汉语各词类的主观性等级应如下:

实词＜虚词

名词＜动词＜形容词＜副词＜连词／介词／代词＜叹词

客观性 ──────────────→ 主观性

也就是说,形容词的主观性高于名词和动词,低于其他虚词。

形容词又分为性质形容词、状态形容词和非谓形容词[①]。非谓形容词跟性质形容词以及名词、动词"都有一定程度的瓜葛"(吕叔湘 1981),有的以名词性成分为基础,如"西式、大型";有的以动词性成分为基础,如"野生、人造";有的以形容词性成分为基础,如"正方、大红"。它在语义特征上不能不受名词指称性和动词陈述性的影响,因此主观性的程度低于性质形容词。非谓形容词只有区别性,没有描写性。状态形容词"表示的属性都跟一种量的观念或是说话的人对于这种属性的主观估价作用发生联系"(朱德熙 1956),"主观性比性质形容词强"(沈家煊 2002)。状态形容词只有描写性,没有区别性。性质形容词是

---

① 胡明扬(2001)分形容词为性质形容词、状态形容词、非谓形容词、唯谓形容词、情状形容词、文言复杂形容词等几类。从语用功能上说,性质形容词与情状形容词可归为一类,它们既有描写性又有区别性;状态形容词与文言复杂形容词、唯谓形容词可归为一类,它们只有描写性;非谓形容词自成一类,只有区别性。

形容词的典型形式,可以派生状态形容词和非谓形容词,既有描写性,又有区别性。当其位于谓语位置时凸显其描写性;当其位于定语位置时凸显其区别性。因此,性质形容词的主观性高于非谓形容词,低于状态形容词。三类形容词的主观性程度可构成如下等级:

非谓形容词＜性质形容词＜状态形容词

客观性 ——————→ 主观性

状态形容词包括如下几类:①AA 的(红红的);②ABB(红彤彤);③AABB(干干净净);④A 里 AB(马里马虎);⑤A 不 BC(黑不溜湫);⑥BA(雪白);⑦AB(巨大、矮胖);⑧重言词与联绵词(皑皑、旖旎)(朱德熙 1956;郭锐 2002:201)[①]。除了⑥、⑦两类外,其他都是单音或双音形容词重叠及其重叠变音的结果。这就意味着状态形容词的主观性主要是重叠带来的,重叠可以增强形容词的主观性,形容词的重叠格式是一种带有主观性的格式。

就现代汉语而言,形容词重叠的基式多是性质形容词。性质形容词表现说话人态度、感情、视角的最显著的方式就是它的褒贬色彩。褒贬色彩是性质形容词主观性的最突出表现。

三、A 里 AB 的意义发展与主观化

"主观化"(subjectivisation)是指语言为表现主观性而采用相应的结构形式或经历相应的演变过程。"主观化"既是一个"共时"的概念,即一个时期的说话人采用什么样的结构或形式来表现主观性,又是一个"历时"的概念,即表现主观性的结构或形式是如何经历不同的时期通过其他结构和形式演变而来的(Traugott1989、1995;沈家煊 2001b)。就形容词的 A 里 AB 式重叠而言,它既体现了"共时"的"主

[①] 郭锐(2002)把拟声词与状态形容词合并为一类——状态词。

观化"过程,又体现了"历时"的"主观化"过程。重叠式本就是一种带有主观性的格式,由基式构成重叠的过程就是一种"主观化"的过程。这是"共时"层面的主观化。但是,形容词各个重叠格式的主观性程度又是不一样的。就现代汉语而言,A 里 AB 式与其他重叠格式相比,主观性的程度最高,有表"憎恶"的感情色彩。从历时角度看,A 里 AB 格式并非形容词所专有,并不一定都表"憎恶",由不表"憎恶"到表"憎恶"有一个发展过程。这是"历时"层面的"主观化"。

A'B'AB 是拟声词、拟态词、形容词共用的重叠式。拟声词有"劈丢扑鼕、乞抽扢叉、急彪各邦、吸留忽刺、急周各支、失留疏刺"等;拟态词有"滴羞蹀躞、迷羞摩娑、踢收秃刷、滴羞笃速、急留骨碌、赤留出律"等;形容词有"乞留曲律、剔留团栾、迷留没乱、乞留乞良、希飐胡都、吉丢疙瘩"等。这些词语之所以共用同一个重叠格式,是因为它们的基式具有相同的特征——通过变音表现生动性。拟声词和拟态词的主观性弱,因此 A'B'AB 重叠式没有喜爱或憎恶的主观感情色彩。

A 里 AB 是拟态词和形容词共用的重叠式。拟态词有"蹀里蹀斜""骨里骨碌""晃里晃荡""唠里唠叨""咧里咧躁""哆里哆嗦"等;形容词有"齷哩齷龊""冒里冒失""糊里糊涂""古里古东""慌里慌张""勒里勒得""憎里憎懂""疙里疙瘩""扎里扎煞""邋里邋遢"等。因共同的基础(变音)已经弱化,只有基式还保留叠韵的特点,所以共同的语法意义也不复存在,意义开始分化。拟态词的重叠表"动态的连续",依然是生动态;形容词的重叠表"程度加深"。形容词的主观性强,常带褒贬色彩。在长期的使用过程中,除早期的"秀气"能构成 A 里 AB 重叠外,其他褒义形容词都不能构成此重叠。能构成此重叠的都是贬义形容词。因此,形容词的 A 里 AB 格式也带有贬义,形成了憎恶态。客观性与主观性是相对的。拟态词的 A 里 AB 式重叠与其基式相比主观性强,但与形容词的 A 里 AB 式相比,又显得"客观",主观性的等级低。"A 里 A 气"的出现,完全抛弃了 A 里 AB 格式在语音方面的特点,意义更为抽象,主观性更加突出,"憎恶"的意义更加凸显。

在现代方言里,"A 里 AB"格式已产生了"憎恶"的意义。某些基式是中性的双音形容词,"用这种方式重叠后也带上了贬义,如'特里特别'"。(谢自立、刘丹青 1995)

在拟态词"晃里晃荡"里,A 里 AB 格式不含贬义;在形容词"特里特别"里,A 里 AB 让一个中性词"特别"变成了贬义词,A 里 AB 格式已带有贬义。这种贬义是贬义形容词长期占有这种格式的结果。这是形容词的主观性导致了 A 里 AB 格式的主观化。

第四节 结 论

本章通过对 A 里 AB 式结构和语法意义的历时考察,得出如下结论:

(一)金元曲文中的"滴羞笃速"等四字格的拟声词、拟态词和形容词是一种 A'B'AB 式逆向变韵重叠词。

(二)A 里 AB 重叠式来源于 12、13 世纪的 A'B'AB 逆向变韵重叠式。

(三)A 里 AB 的"里"是一个音缀,是历史上变音重叠形成的产物。顺向变声重叠产生了它的声母;逆向变韵重叠形成了它的韵母。

(四)形容词 A 里 AB 重叠出现于 17 世纪。此类重叠是在拟声词和拟态词 A'B'AB 重叠式的影响下形成的。

(五)A 里 AB 的基式有一个由语音构词向形态构词发展的过程。

(六)A 里 AB 式重叠的语法意义由"生动态"发展到"憎恶态"是主观化的结果。

第七章 形容词 ABAB 式重叠的兴起

形容词 ABAB 重叠式是典型的双音形容词的重叠式。因为双音形容词的形成比单音形容词的出现晚得多,所以,ABAB 重叠式是形容词各类重叠格式中出现得最晚的一种格式。形容词 ABAB 重叠式有两类:一类是双音性质形容词的重叠形式,如"热闹热闹","热闹"是双音性质形容词;另一类是双音状态形容词的重叠形式,如"雪白雪白","雪白"是双音状态形容词。前一类出现于明代,后一类出现于清末。本章的目的是考察分析形容词 ABAB 重叠式的结构、功能、意义及形成的动因。全章四节:第一节,明代双音性质形容词 ABAB 式重叠的出现;第二节,清末双音状态形容词 ABAB 式重叠的兴起;第三节,双音状态形容词 ABAB 式重叠产生的动因与影响;第四节,结论。

第一节 明代双音性质形容词 ABAB 式重叠的出现

一、双音性质形容词 ABAB 式重叠及其特点

双音性质形容词的重叠模式一般是 AABB。但某些双音性质形容词却可以按 ABAB 形式重叠。这种重叠式见于明代。例如:

(1)望姐夫明日说说,教我青白青白,到年终他考满之时,图他保举一二,就是姐夫情分。(金瓶梅词话·七十三回)

(2)交付给你,也叫我闲二年,自在自在。(醒世姻缘传·三十六回)

(3)请老祖宗过来散散闷,看着众儿孙热闹热闹。(红楼梦·十一回)

(4)也管不得许多了,横竖要求大妹妹辛苦辛苦。(红楼梦·十三回)

(5)将来你成了人,也叫你母亲风光风光。(红楼梦·一百一十回)

(6)如今,仇是报了,咱们正该心里痛快痛快。(儿女英雄传·十九回)

"青白青白""自在自在""热闹热闹""辛苦辛苦""风光风光""痛快痛快"等都是双音性质形容词"青白""自在""热闹""辛苦""风光""痛快"等的重叠形式。

从外部结构、句法功能、基式的语义特征、重叠形式的语法意义等几个角度看,双音性质形容词的 ABAB 式重叠与形容词的其他重叠格式都不一样,显得很有特点。

从外部结构看,形容词的 AA 式、AABB 式、ABB 式、A 里 AB 式等重叠形式和双音状态形容词的 ABAB 式重叠都可以带词尾"的"。如:"热热的""热乎乎的""热热闹闹的""糊里糊涂的""火热火热的"。而双音性质形容词的 ABAB 式重叠都不能加词尾"的"。如:不能说"热闹热闹的"。

从句法功能上看,形容词的 AA 式、AABB 式、ABB 式、A 里 AB 式等重叠形式和双音状态形容词的 ABAB 式重叠都能充当状语、定语、谓语、补语等多种句法成分,而双音性质形容词的 ABAB 式重叠只能作谓语,而且只有个别的可以带宾语。例如:

(7)叫你这个小冤家先痛快痛快口头儿。(三侠剑·第一回)

第一节 明代双音性质形容词 ABAB 式重叠的出现

从语法意义上说,形容词的 AA 式、AABB 式、ABB 式、A 里 AB 式和双音状态形容词的 ABAB 式等重叠形式,它们有的表状态,有的表程度,有的表贬义,但都具有描写性。而双音性质形容词的 ABAB 重叠形式却含有"尝试、轻微、短时"等语法意义。李宇明(1996b)指出:可重叠为 ABAB 的双音性质形容词一般都可以变为"AB 一下、AB 一次、AB 一回、AB 一会儿"等。例如:

(8)让他们两人都冷静冷静→让他们两人都冷静一下。

(9)你让俺痛快痛快吧→你让俺痛快一次吧。

(10)咱们也神气神气→咱们也神气一回。

(11)让我安静安静→让我安静一会儿。

这种变换说明,ABAB 含有"尝试、轻微、短时"等语法意义,已经具有动词重叠的某些特点,因为双音节动词的 ABAB 重叠式也可以有类似的变换。例如:

(12)学习学习→学习一下　比赛比赛→比赛一回
　　讨论讨论→讨论一次　活动活动→活动一会儿

从基式的语义特征来看,能如此重叠的形容词属动态形容词。邢福义(1980)曾经提出"形容词动态化"的概念:"形容词带上了某种表示性状变化的成分,具有一定的动态,但并未完全转化为动词。"并认为,当形容词出现在

(13)已经……了(否定式为"还没……")

(14)曾经……过一阵(否定式为"从来没……过")

(15)(顿时)……起来

(16)(逐渐)……下去

等格式中,或者带"着"表示性状的正在持续,这些形容词就已经动态化了。能构成 ABAB 式重叠的双音性质形容词基本都能进入以上框架。刘月华(2001:205)、郭锐(2002:194)就把这类词处理为形容词和动词

的兼类词。

二、双音性质形容词 ABAB 重叠式的来源

表示"尝试、轻微、短时"等语法意义的双音性质形容词的 ABAB 重叠式是怎样形成的呢？这可能与动词重叠式的形成有着同样的来源。

范方莲(1964)发现：现代汉语里动词的重叠式 VV 来源于"V 一 V"。例如：

(17)你且坐一坐。

(18)你且略坐坐。(西游记)

(19)你到厨房去看一看。(曹禺)

(20)你到厨房看看去。(曹禺)

(21)我有把银壶鉹跌漏了，你与我整理一整理。(元曲选·鲁斋郎·楔子)

(22)要把各处的人整理整理，又恐邢夫人生气。(红楼梦·一百一十回)[①]

因为"一"是轻声，容易脱落，所以"坐一坐"变成了"坐坐"；"看一看"变成了"看看"；"整理一整理"变成了"整理整理"。动词重叠"所谓量的意义就是(一)V 本身的意义，与前面的 V 无关"。

"热闹"等双音性质形容词也像动词一样，可以带动量补语，可以构成"AB 一 AB"的格式。例如：

(23)我们晚上买些烟火来弄个玩意儿，大家热闹一热闹。(海上尘天影·二十四回)

(24)一家一首，送到府里去，燥脾一燥脾，风光一风光，有何不

---

① 为了说明问题，此例为笔者所补。

可?(飞花艳想・第七回)

(25)我舞一回,给大家高兴一高兴。(花月痕・三十五回)

当"一"因轻声而脱落后,"热闹一热闹""风光一风光""高兴一高兴"就变成了"热闹热闹""风光风光""高兴高兴"。

从重叠的角度看,此类应是动词的重叠形式。

第二节 清末双音状态形容词 ABAB 式重叠的兴起

一、双音状态形容词 ABAB 式重叠的出现与使用状况

清代末年,双音状态形容词开始构成 ABAB 式重叠。例如:

(1)又见对面那山坡上一片松树,碧绿碧绿。(清・刘鹗・老残游记・续第一回)

(2)那虎既到西涧,却立住了脚,眼睛映着月光,灼亮灼亮。(清・刘鹗・老残游记・第八回)

(3)风也息了,雨也止了,云也散了,透出一个月亮,湛明湛明。(清・刘鹗・老残游记・第十四回)

(4)头上戴了一顶新褐色毡帽,一个大辫子,漆黑漆黑拖在后边。(清・刘鹗・老残游记・续第二回)

(5)手里还把着一个雪白雪白的叫做"玉鹁",是好不容易花了重价买来的。(清・蘧园・负曝闲谈・九回)

(6)那房子却造得十分华丽,上下都是用红砖一块一块砌就的,顶上有几处像宝塔一样,溜尖溜尖。(清・蘧园・负曝闲谈・六回)[①]

---

① 以上六例全见于《老残游记》和《负曝闲谈》,这两部作品都是 1903 年出版的。

"碧绿""湛明""灼亮""漆黑""雪白""溜尖"都是双音状态形容词。这是目前我们发现的最早的几例双音状态形容词的 ABAB 重叠形式。

清代,双音状态形容词的 ABAB 重叠形式还极其少见。若要考察此类重叠的结构、功能与意义,还必须以现当代文献中出现的用例为主。

在现当代的语料中,双音状态形容词的 ABAB 重叠式仍然是形容词各类重叠式中用例最少,使用频率最低的一类重叠式。以老舍的《四世同堂》为例,《四世同堂》中的 AABB 式重叠形容词多达 114 例,仅"迷迷糊糊"一词使用达 22 次;AA 式重叠形容词有 82 例,仅"慢慢"一词使用达 252 次;A 里 AB 式重叠形容词虽只有"胡里胡涂""怪里怪气""唠里唠叨"3 个,但"胡里胡涂"使用达 11 次。而双音状态形容词的 ABAB 式重叠词语只有"飘轻飘轻""黑紫黑紫""煞白煞白""油绿油绿""黑绿黑绿"等 5 例。除"煞白煞白"使用 2 次外,其他 4 例都只出现过一次。

二、ABAB 式重叠的结构

(一)基式的结构

可重叠为 ABAB 式的双音状态形容词,结构上颇具特点,多数是偏正式合成词,少数是并列式短语。

1. 偏正式的 AB

偏正式的双音状态形容词,前一个语素修饰限制后一个语素,在意义上以后一个语素为主。后一个语素都是可以单用的单音性质形容词,前一个语素可以是名词性语素、动词性语素、单音状态形容词性的语素,单音性质形容词性的语素和类副词性语素。

第一,前一语素为名词性语素的。

雪白雪白　漆黑漆黑　冰冷冰冷　蜡黄蜡黄

血红血红　猴精猴精　蜜甜蜜甜　火红火红

"雪""漆""冰""蜡""血""猴""蜜""火"都是可独用的名词。

　　第二,前一语素为动词性语素的。

　　　滚圆滚圆　喷香喷香　死静死静

　　　飞快飞快　闪亮闪亮　飘轻飘轻

"滚""喷""死""飞""闪""飘"等都是可独用的动词。

　　第三,前一语素为单音状态形容词性语素的。

　　　遥远遥远　黝黑黝黑　油绿油绿　通红通红

　　　湛蓝湛蓝　殷红殷红　甘甜甘甜　碧绿碧绿

"遥""黝""油""通(彤)""湛""殷""甘""碧"等都是单音状态形容词,历史上曾独用,现在都不独用了。

　　第四,前一语素为单音性质形容词性语素的。

　　　嫩绿嫩绿　黑红黑红　浓绿浓绿

　　　傻高傻高　闷热闷热　紫黑紫黑

"嫩"、"黑""浓""傻""闷""紫"都是可独用的性质形容词。

　　第五,前一语素为类副词性语素的。

　　　稀烂稀烂　煞白煞白　溜尖溜尖

　　　贼亮贼亮　齁咸齁咸　精光精光

"稀""煞""溜""贼""齁""精"在此都只有表程度的意义。但与一般的程度副词不同,它们极少独立使用,只与有限的几个单音性质形容词构成固定的搭配。如"精"只能构成"精光""精瘦"等有限的几个词。我们把这类语素称为类副词性语素。

2. 并列式的 AB

并列式的 AB,两个成分之间不是修饰关系,而是并列关系,在意义上没有明显的主次之分。并列式 AB 的前后两个成分都是单音性质形容词。例如:

瘦高瘦高　白胖白胖　黑瘦黑瘦　短粗短粗
酸甜酸甜　尖细尖细　粗壮粗壮　瘦小瘦小

并列式 AB 构成的 ABAB 格式比偏正式双音状态形容词构成的 ABAB 格式出现要晚。这类并列式 AB 既可以构成为 AABB,又可以重叠为 ABAB。如:"白胖"可构成"白白胖胖",又可重叠为"白胖白胖"。构成 AABB 时只表状态,如"白白胖胖"指"又白又胖";构成 ABAB 时既表状态,又表程度,如"白胖白胖"指"很白很胖"。

我们在第三章分析 AABB 重叠式形成时论述过:当 A 与 B 同义时,A 与 B 就容易词汇化为双音形容词(如"长久""辛苦"),AABB 的同义叠加也就会变成 AABB 式重叠(如"长长久久""辛辛苦苦")。"白"与"胖"意义只是相关而不相同,因此"白"与"胖"构成的 AABB 只能是叠加式,不是重叠式。现在,这一类意义相关而不相同的"白胖""黑瘦""短粗""瘦高""尖细"等双音形式也能构成 ABAB 式重叠了。这证明,继意义相同的 AB 词汇化之后,意义相关的 AB 也开始有词汇化的迹象了,因此它们也能作为基式构成为 ABAB 式重叠。看来,"瘦高""白胖""黑瘦""短粗""酸甜"等双音形式正在由并列式短语向复音形容词的方向发展。

(二)重叠形式的结构

从内部结构来看,ABAB 重叠形式只有重叠一种结构方式,不像 AABB 那样有重叠和叠加两种结构方式。

从外部结构来看,清代末年出现的最早一批 ABAB 重叠形式都不带词尾"的"。现在的 ABAB 带词尾"的"是可选性的,不是强制性的。例如:

(7)昙花真美呀! 雪白雪白的。(汪曾祺自选集·昙花·鹤和鬼火)

(8)有一匹马,真是一条龙,高腿狭面,长腰秀颈,雪白雪白。(汪曾祺自选集·职业)

例7去掉"的"和例8加上"的"都不影响句子的完整性。

三、ABAB式重叠的句法功能

由双音状态形容词构成的 ABAB 重叠形式可以作谓语、定语、补语和状语。例如：

(9)他就老那么飘轻飘轻的,好象一片飞在空中的鸡毛那样被人视为无足重轻。(老舍·四世同堂·惶惑)

(10)天池的水,碧蓝碧蓝的。(汪曾祺·自选集·天山行色)

(11)小姑娘们摘取着柿子,火红火红的柿子,盛满她们的筐篮。(萧红·生死场·菜圃)

(12)饭庄门口站着一群艳俗艳俗的新郎新娘。(王朔·一点正经没有)

(13)锅在"洋炉子"上,和炉子都熏得乌黑乌黑,越显出豆腐的白。(朱自清·冬天)

(14)脸上涂抹得粉白粉白的。(方方·埋伏)

(15)我全身冰冷冰冷地僵住了。(曲波·桥隆飙)

(16)小鱼全身银亮银亮的发光。(柯蓝·南湖的鱼和菱)

例9、10 的"轻飘轻飘"和"碧蓝碧蓝"作谓语,例 11、12 的"火红火红"和"艳俗艳俗"作定语,例 13、14 的"乌黑乌黑"和"粉白粉白"作补语,例15、16 的"冰冷冰冷"和"银亮银亮"作状语。

从总体上看,双音状态形容词的 ABAB 重叠形式主要是作谓语和定语。为了弄清 ABAB 重叠式的句法功能,我们调查了现当代下列各位作家的作品,具体是:老舍《四世同堂》《骆驼祥子》,朱自清散文《冬天》《瑞士》,萧红《生死场》,李广田《到桔子林去》,汪曾祺《汪曾祺自选集》,阿城《棋王》,龙凤伟《石门夜话》,老鬼《血色黄昏》,陈建功、赵大年《皇城根》,王蒙《夜的眼》《坚硬的稀粥》,王朔《一点正经没有》,海波《母亲与遗像》,刘心武《黑墙》《小墩子》,王小波《黄金时代》《绿毛水怪》《我的舅舅》,张贤亮《绿化树》《邢老汉和狗的故事》《习惯死亡》,余华《活着》,池莉《让梦穿越你的心》,张正隆《雪白血红》,方方《暗示》《埋伏》,张炜《柏慧》《秋天的愤怒》《海边的雪》等。

在以上作品中,我们共找到双音状态形容词 ABAB 重叠式 62 个,使用 98 次。其中,作谓语 52 次,作定语 35 次,作补语 10 次,作状语 1 次。

黄斌(2001)统计了王国璋等编的《现代汉语重叠形容词用法例释》一书中所收录的 ABAB 式形容词,发现:"所收集的 89 个 ABAB 式词语中,有 72 个词语可以充当谓语,71 个词语可以充当定语,30 个词语可以充当补语,18 个词语可以充当宾语,5 个词语可以充当状语,5 个词语可以充当中心语,受副词的修饰。"从黄先生所举例证来看,那充当宾语的 18 个词语和充当中心语的 5 个词语都是本书所说的谓语。因此,我们从不同的角度进行统计的结果是一致的。

四、ABAB 式重叠的语法意义

重叠形式的语法意义就是对基式语义特征的强化。要了解状态形容词 ABAB 重叠的语法意义首先应了解 AB 的语义特征。

1. 表状态成分的程度化与 AB 语义特征的变化

AB 式双音状态形容词"雪白、滚圆、黝黑"等本是表状态的。因为性质形容词"白""圆""黑"等词义抽象,形象性丢失,所以才前加单音状态形容词(如"黝")、名词(如"雪")和动词(如"滚")以增加它们的形象性和具体性,使"雪白、滚圆、黝黑"等具有表状态的语义特征。但使用时间一长,使用范围一扩大,这些附加成分就会受到单音性质形容词的影响,形象性也会丢失,变得不表状态。AB 双音状态形容词前加成分的状态淡化现象在清代已出现。例如:

(17)但见月光映着石墩上,雪亮如银。(双凤奇缘・十一回)

"雪亮"是 AB 式状态形容词,"雪"本是表现"亮"的状态性成分。因状态淡化,又用"如银"来强调"亮"的形象性。清代,许多的 AB 式双音状态形容词开始两两连用。例如:

(18)今有一串上好滚圆雪白珠子,是一宦家侍妾,央我货卖几百贯钱钞。(禅真逸史·六回)

(19)只觉得一个冰凉挺硬的东西,在嘴唇上咻留了一下子。(儿女英雄传·四回)

(20)光着脑袋,一张焦黄精瘦的刮骨脸,蓬蓬松松的一嘴花白黄须。(红楼复梦·十二回)

"滚圆雪白""冰凉挺硬""焦黄精瘦"等都是两个 AB 式双音状态形容词的连用。这种连用的出现,一方面是为了表现状态的多样性,另一方面也是为了抵消 AB 形容词状态的淡化。

朱德熙(1956)已注意到:"雪白、冰凉、通红"等一类形容词的"前一个音节已经丧失了原来的意义,近于前加成分的性质"。所谓"丧失了原来的意义"指的是它们表状态的意义淡化,但表程度的意义形成。这种发展过程有些方言中表现得比较明显。如:"雪白"本指像雪一样白,因使用频繁,"雪"的形象性淡化,主观性增强,产生了程度义。"雪白"也就指"很白"。在湖南祁东方言中,程度化了的"雪"除构成"雪白"外,还类推出"雪红""雪绿""雪黄"等双音状态形容词。它们都是"很红""很绿""很黄"的意思(伍云姬 1999)。又如,"血红"本指"像鲜血一样红"。因使用频繁,"血"的形象性淡化,产生了程度义。"血红"指"很红"。在辽宁大连,表程度的"血"曾经几乎就等同于"很"和"非常"。"凡'很''非常'能修饰的词语,'血'几乎都能修饰。"(迟永长 1996)如"血甜""血软""血好"等等。

汉语里,处于双音状态形容词前一语素位置上的成分原来有单音状态形容词、名词、动词等。清末以后,类程度副词性的"煞""溜""齁"

"贼"等也能出现于这一位置,构成"煞白""溜尖""齁甜""贼亮"等双音状态形容词。至此,AB 表程度的语义特征已基本形成。

李宇明(2000:228)用 A_x 表示性质形容词,用 f_1 表示附加在性质形容词上的成分,并认为"f_1,就如同是一个程度加强符号",同时把"雪白"一类状态形容词码化为"$f_1 + A_x$"。这就是说,李先生认为,普通话里"雪白"一类双音状态形容词的语义特征就是表程度。在湘方言里,伍云姬(1999)更是直截了当地用公式[很 x 的]来概括"墨黑的""刷白的"等一批双音状态形容词的语义特征。

2. ABAB 的语法意义

既然 AB(雪白)的语义特征是表程度,那么 ABAB(雪白雪白)的语法意义应该是对"程度"的再一次强化,表程度中的"极量"——超最高程度。谢自立、刘丹青(1995)在研究苏州方言变形形容词时就指出:"XA(如"墨黑")都能重叠 X 构成 XXA 或整个儿重叠构成重叠式形容词里的 XAXA,它们都表达同类的程度极高的语法意义,如'墨黑'可以说成'墨墨黑、墨黑墨黑'。"①

第三节 双音状态形容词 ABAB 式重叠产生的动因与影响

探讨 ABAB 式重叠产生的动因也就是要说明双音状态形容词 AB 为什么会在清末形成 ABAB 式重叠。笔者拟从内因和外因两方面去分析。

一、形容词 ABAB 式重叠形成的内因

通过分析发现,AB 式双音状态形容词在形成重叠之前,表状态的

---

① 着重号是笔者所加。

意义发生了很大变化,是意义的发展促成了形式的变化,甚至引起了语音的变化。AB式双音状态形容词意义的变化是ABAB式重叠形成的内因。

(一)AB式状态形容词意义的变化

AB式状态形容词语义变化的总趋势是状态意义的淡化,程度意义的强化。这种变化全表现在A语素意义的变化上,B语素的意义不变。具体表现为三个方面,即A语素状态意义的淡化,A语素状态意义的泛化和A语素意义的主观化。

1. A语素状态意义的淡化

AB式状态形容词,如"雪白""漆黑",其中的B语素"白""黑"等是性质形容词,意义抽象、稳定,不太容易产生变化。其中的A语素"雪""漆"等是表状态的语素,在明清时期的使用中出现了状态意义的淡化现象。例如:

(21)月娥备了酒馔,在房中饮酒行乐,俨如夫妇,二人打得火一般的滚热。(七剑十三侠·四十四)

(22)脸儿朝霞也似的通红,叫了两声也不应。(荡寇志·七十六回)

"通红""滚热"等状态形容词,"通""滚"本来是表状态形象的,"通"形容"红"的状态,"滚"表示"热"的形象。现在,它们的状态义淡化,导致要再用"朝霞"和"火"等物象来强化状态的形象感。

由于AB式状态形容词A语素的形象淡化,人们已想不起它们的形象,因此这就导致了其中的部分语素A的字形都发生了变化,如"漆黑"变为"烁黑""黢黑";"笔直"变为"壁直""逼直";"斩新"变为"崭新""展新";"绯红"变为"飞红";"沸滚"变为"飞滚"。例如:

(23)漆黑的脸,赛过乌金纸儿。(小五义·第七回)

(24)弄得一张烁黑的脸皮贴在两边颧骨上面。(醒世姻缘传·

(25) 你会碰见成千上万歪戴着帽子、晒得黢黑的小伙子。（王朔·空中小姐）

"漆黑"原是状态形象极强的，指"像漆一般黑"。《型世言·三十四回》："面目黑如漆染，须发一似螺卷。"随着"漆"形象感的淡化，"漆黑"变成了"煅黑""黢黑"，"漆"的语音也稍有变化。

(26) 首府挺着胸脯，笔直的站在那里。（官场现形记·二十回）

(27) 那马负疼，壁直立起来。（水浒传·四十七回）

(28) 忽然有一根幡竿，逼直竖将起来。（初刻拍案惊奇·卷二十）

"笔直"原也是状态形象极强的，指"像笔管一样直"。《金瓶梅词话·三十七回》："好不笔管儿般直缕的身子儿。"随着"笔直"形象感的淡化，"笔直"变成了"壁直""逼直"，"笔"的语音也稍有变化。

(29) 楸树馨香倚钓矶，斩新花蕊未应飞。（全唐诗·杜甫·三绝句）

(30) 那四五个乐工都换了斩新双丝的屯绢圆领，蓝绢衬摆。（醒世姻缘传·二十六回）

(31) 比如冬天做就一身崭新绸绫衣服，到夏天典了，又去做纱罗的。（型世言·第五回）

(32) 你女婿给你将房子修造的展新，我听见说同这儿也差不多。（红楼复梦·五十五回）

"斩新"在唐代就已出现，"斩"的形象感现已无法体味。明清，"斩新"继续使用，可能与"斩"的形象感淡化有关，"斩新"又变为"崭新"和"展新"。

(33) 提了裤子就跑，羞的绯红的脸。（醒世姻缘传·三十七回）

(34) 只见晴雯独卧于炕上，脸面烧的飞红。（红楼梦·五十二

第三节 双音状态形容词 ABAB 式重叠产生的动因与影响

回)

(35)地下焰烘烘一个火炉,顿着一壶沸滚的茶。(醒世姻缘传•十四回)

(36)九娃泡了一壶飞滚的茶送来。(歧路灯•二十三回)

"绯红"的"绯"还有"红"义,"沸滚"的"沸"还有"滚"义,而"飞红""飞滚"的"飞"已没有了状态,只表程度了。

2. A 语素状态意义的泛化

随着 A 语素状态意义的消失,部分 AB 式状态形容词的 A 语素使用范围扩大,也可用于其他 AB 式状态形容词里,如"雪白"随着"雪"形象的淡化,除构成"雪白""雪亮"之外,还可构成"雪青""雪红""雪嫩""雪淡""雪尖""雪乱"等。例:

(37)靠南窗户,一张床,雪青的幔帐带飞沿。(三侠剑•第一回)

(38)珊宝看萱宜,穿着一件雪红纺绸洋金花边时镶单衫。(海上尘天影•四十二回)

(39)把那雪嫩的皮肤……弄成三堆白骨。(续金瓶梅•第七回)

(40)金鹅绒头的手套,金钮璀璨,硬领雪清。(孽海花•十五回)

(41)这些浮华早先也已看得雪淡。(后红楼梦•第九回)

(42)从袖筒管里,一把烁亮雪尖的剪刀伸了出来。(官场现形记•四十九回)

(43)见箱笼中间抖得雪乱,知是乘着闹弄了一些去。(野叟曝言•三十回)

"漆黑"的"漆"形象淡化,可构成"漆青"和"漆紫"。同样,"焌黑"的"焌"也可构成"焌青"和"焌紫"。例如:

(44)脸是漆青,手是冰冷,心是乱跳。(儿女英雄传·三十五回)

(45)把一张肉红脸,登时连耳朵带腮颊,憋了个漆紫。(儿女英雄传·十六回)

(46)那昼间看了四面焌青的山,翠绿的树,如镜面湖水。(醒世姻缘传·二十四回)

(47)浑身上不是绯红,脸弹子就是焌紫。(醒世姻缘传·四十八回)

"碧绿"的"碧"形象淡化,不仅可构成"碧青""碧翠",还可构成"碧清""碧香"。例如:

(48)那个烟竟是碧青,连云直上。(红楼梦·四十八回)

(49)两道秀眉碧翠,一双凤眼澄清。(说唐后传·三十三回)

(50)那山坡下两棵桂花开的又好,河里的水又碧清。(红楼梦·三十八回)

(51)我们做客人的,刻刻留心,时时吊胆,身子睡着,心里是碧清的。(野叟曝言·第十五回)

(52)只将……碧香粳米汤煮小米几样过口。(后红楼梦·二十二回)

"绯红""沸滚"淡化为"飞红""飞滚"之后,又出现了"飞利""飞薄""飞热""飞熟""飞灵"等双音状态形容词,例如:

(53)到了四五更的时候,脸上跟火烧的一样,飞热起来。(老残游记·续第三回)

(54)袖中掏出一把飞利的小刀,向脖子上只一抹。(老残游记·五回)

(55)明晃晃掌中一口朴刀,尖长背厚刃飞薄。(三侠剑·五回)

(56)在两天之中把大家的姓名记得飞熟,并且知道他们的籍

第三节 双音状态形容词 ABAB 式重叠产生的动因与影响

贯。(老舍《不成问题的问题》)

(57)在农民势力极盛的县,农民协会说话是"飞灵的"。(毛泽东《湖南农民运动考察报告》)

在 AB 式双音状态形容词中,随着 A 语素意义的泛化,整个 AB 式词语表状态的意义弱化,表程度的意义形成。因此,有些 A 语素渐渐向准程度副词发展。如:"溜"从"溜圆""溜光"中泛化后,构成了"溜尖""溜亮""溜薄""溜急""溜脆"等;"精"从"精光"中泛化后,构成"精空""精穷""精硬""精圆""精松""精瘦"等;"稀"从"稀糟""稀烂"中泛化后,构成了"稀软""稀破""稀脏""稀旧""稀扁""稀清""稀深""稀弱""稀嫩""稀瘦""稀臭""稀碎""稀熟"等等。在个别例句中"稀"还由构词语素衍生出程度副词用法。例如:

(58)可不知怎么个原故儿,稀不要紧的平常事,到了你们文墨人嘴儿里,一说就活眼活现的。(儿女英雄传·三十二回)

(59)若是在别的人呢,这是稀不相干的事。(二十年目睹之怪现状·七十回)

"稀不要紧"就是"很不要紧","稀不相干"就是"很不相干"。

3. A 语素意义的主观化

在 A 语素意义淡化与泛化的过程中,相伴产生的是 A 语素意义的主观化。AB 式状态形容词中,A 语素由不带主观感情的状态性成分向带有厌恶、讨厌色彩的成分发展,出现了"惨白""惨黑""惨绿""傻白""傻大""傻好""死白""死紧""死硬"等双音形式。例如:

(60)又看他面色惨白,心里也替他难受。(老残游记·续第七回)

(61)遍身肌肉枯焦,面目惨黑,无异骷髅。(女仙外史·四十三回)

(62)人静漏残灯惨绿,碧纱窗外一声鹃。(二十年目睹之怪现

状·四十九回)

(63)说金子幌眼,说银子傻白。(西游记·六十七回)

(64)从外边拿着一个焌黑傻大的铁嘴老鸹往后来。(醒世姻缘传·五十八回)

(65)上元县的竺太太有个姑娘,听说长的傻好的。(红楼复梦·四十四回)

(66)见清之介死白的脸色,蹙着眉,垂着头。(孽海花·二十八回)

(67)孙氏气涌心头,把元茂身上一把拧得死紧。(品花宝鉴·五十一回)

(68)就把那山坡下死硬的黄土跌做个二尺浅深之坑。(西游记·七十六回)

从"雪白"到"惨白""傻白""死白",人们对"白"的形象逐渐带上了一些感情色彩。

(二)AB式状态形容词结构的变化

AB式状态形容词状态的弱化主要表现为A语素状态的弱化,为挽救这种弱化的趋势,强化AB式状态形容词的状态性,AB式词语的发展从结构上来说选择了两种变化方式:一是累加状态语素,二是重叠整个词语。重叠整个词语就形成了ABAB式重叠。我们现在讨论累加状态语素的情况。这种累加又有两方面情况:一是异素累加,二是同素累加。

1. 异素累加

因为AB式词语中,B是性质形容词,稳定性强,不易变化,而A是状态性成分,易于变化。因此,需要累加,需要强化的是A语素。所谓异素累加,就是在AB式词语的A语素位置上再加一个不同的状态性语素,如"斩新"加"簇"构成"簇斩新"。所谓同素累加,就是在AB式状态形容词的 A 语素位置上再加上一个相同的状态性语素,如"崭新"再加"崭"构成"崭崭新"。AB 式状态形容词形成的异素累加形式主要有"簇斩新""墨测黑""葱碧绿""碧靛青""溜油光""乌油黑""赤通红""乌油光"等。例如:

第一,簇新+斩新=簇斩新。

(69)我这里得了一件奇物,今日早起方系上,还是簇新的。(红楼梦·二十八回)

(70)时光易过,已是四月初八,芬陀西庵收拾得簇斩新了。(绮楼重梦·三十四回)

第二,墨黑+测黑=墨测黑。

(71)但他是初到省的人员,两眼墨黑,他不认得上司,上司也不认得他。(官场现形记·三十六回)

(72)鼻子上架着一幅又大又圆,测黑的墨晶眼镜。(官场现形记·第三回)

(73)这间屋是墨测黑,连个窗户都没有的。(官场现形记·四十六回)

第三,葱绿+碧绿=葱碧绿。

(74)拔步床上悬着葱绿双绣花卉草虫的纱帐。(红楼梦·四十回)

(75)看见一个壁虎,生得通身碧绿。(二十年目睹之怪现状·六十八回)

(76)套玉环、佩玉佩,葱碧绿衬衫,青缎靴子。(小五义·六十四回)

第四,碧青+靛青=碧靛青。

(77)又命将周围的短发剃了去,露出碧青头皮来。(红楼梦·四十八回)

(78) 越显出这靛青的头,雪白的脸来了。(红楼梦·七十八回)

(79) 只见路傍碧靛青的流水,两岸覆着菊花。(醒世恒言·第三十八回)

第五,溜光+油光=溜油光。

(80) 将头发梳的溜光,挽了一个窝峰的髻儿。(绿野仙踪·八十三回)

(81) 先就看见薛宝钗坐在炕上作针线,头上挽着漆黑油光的髻儿。(红楼梦·第八回)

(82) 原来是一个十七八岁的极标致的一个小姑娘,梳着溜油光的头。(红楼梦·三十九回)

异素累加的 AB 式状态形容词,除以上的加一个语素构成 XAB 形式的三音状态形容词外,还有加两个语素构成 XYAB 形式的四音状态形容词。例如:

第六,乌黑+漆黑+墨黑=乌漆墨黑。

(83) 脚步轻了一轻,眼前乌黑的了。(说唐后传·第十六回)

(84) 院子里堆了半院子的煤炭,把天光都遮住了,觉得乌漆墨黑。(负曝闲谈·第八回)

第七,挺硬+帮硬+铁硬=挺帮铁硬。

(85) 才把张冰冷的面孔放和了些,把条铁硬的肠子回暖了些。(儿女英雄传·二十三回)

(86) 解将下来,已经是笔直挺硬的了。(二十年目睹之怪现状·一百三回)

(87) 或漆黑的素面打那一寸厚的锅盔,挺帮铁硬,嚼也嚼不动。(姑妄言·七回)

例 84 中,"乌漆墨黑"是"乌黑""漆黑""墨黑"三种 AB 式双音状态形容词的融合。当 AB 中的"A"状态弱化后,就用"乌""漆""墨"等三种表状态的语素一起来强化"黑"的状态。例 87 中,"挺帮铁硬"是"挺硬""帮硬""铁硬"三种双音状态形容词的融合,"挺""帮""铁"都是为了强化"硬"的状态[①]。

2. 同素累加

明清时期,AB 式状态形容词形成的同素累加形式主要有"崭崭新""雪雪白""簇簇新""猩猩红"等 AAB 形式。例如:

(88)人家是新开剪、头次上身,崭崭新的衣服,全给油了。(小五义·六十五回)

(89)陶子尧听了,面孔气得雪雪白,一句话也说不出来。(官场现形记·十回)

(90)国师把根禅杖放在佛堂中间,笔笔直竖着。(三宝太监西洋记通俗演义·五十九回)

(91)设若我做出件事来,簇簇新的冤冤相报。(儿女英雄传·第八回)

(92)弯流流翠生生的两道黑眉,猩猩红的一张樱桃小口。(品花宝鉴·三十九回)

"崭崭新""雪雪白"这种累加方式在现代吴方言区还大量存在(徐立芳 1987;谢自立、刘丹青 1995;徐烈炯、邵敬敏 1997;徐波 2001)。

(三)AB 式状态形容词语音的变化

随着"漆黑"的"漆"等表状态的意义淡化,AB 式双音状态形容词除了运用累加与重叠的手段来增强其描写性外,也采用语音强化的方式来增强描写性。现代方言中,AB 双音状态形容词表状态的成分 A 常用重读或增加音节的长度等方式强化其描状性。伍云姬(1999)发

[①] 这种方式在现代南方方言中还常见到。苏州方言的"簇崭全新"等就属于这一类(谢自立、刘丹青 1995)。

现:在湖南方言里,"墨黑的""刷白的"等 AB 式双音状态形容词,"第一个音节重读,音节的长度常为第二个音节的二倍至三倍。第一个音节读得越重,音节拖得越长,表程度的意味越浓"。这就是说,为了表现"黑"的状态,通过拉长"黑"字前面的"墨"的读音来体现。表状态的成分位于哪里,哪里的重音和音节长度就被加强。在笔者的母语(湖南临澧话)里,这类双音状态形容词构成的语序与普通话或别的方言不同,单音性质形容词在前,表状态的语素在后。如:普通话的"漆黑的",笔者的母语要说成"黑漆哒"。要强化"黑"的状态,通过拉长第二字(漆)的读音来完成。第二字的声音拖得越长,状态的程度也越高。

通过以上的分析,我们发现:AB 式状态形容词因 A 语素状态意义的淡化,导致了整个 AB 式词语表状态功能的弱化。为了保持表状态的功能,AB 式状态形容词选择了三种方式:一是延长 A 的语音;二是累加 A 类语素;三是重叠整个 AB 式双音状态形容词。因此,AB 式状态形容词 A 语素状态的淡化是 ABAB 式重叠产生的内因。

二、形容词 ABAB 式重叠形成的外因

前面的分析让我们知道,AB 式状态形容词表状态的功能弱化了,它本可以采用多种方式来增强表状态的功能,为什么 ABAB 式重叠成为了主要的形式呢?笔者认为,AB 式双音拟声词和拟态词的重叠对形容词的 ABAB 重叠有一定的影响。这是 ABAB 式重叠形成的外因。

在形容词 ABAB 式重叠出现之前,ABAB 式拟声词和拟态词已经出现。例如:

(93)抬起脚来咕咚咕咚又跑了。(红楼梦·二十六回)

(94)在房檐底下站着,唿噜唿噜的吸了好几袋烟。(儿女英雄传·第四回)

(95)就见这和尚热汗直流,法台咯吱咯吱直响。(济公全传·

一百三十二回）

(96) 呱哒呱哒，那根总弦断下去了。（小五义·一百二十三回）

(97) 看见那些小珠子儿滴溜滴溜滚到大珠身边来。（红楼梦·九十二回）

(98) 才撅着屁股扭搭扭搭的走了。（儿女英雄传·第四回）

(99) 隐隐的见东北一点灯光，忽悠忽悠而来。（七侠五义·第五十五回）

"咕咚""嗯噜""咯吱""呱哒"是拟声词，"滴溜""扭搭""忽悠"是拟态词。它们在清末以前都已开始构成 ABAB 式重叠了，这为 AB 式状态形容词的重叠准备了一个新的格式。

三、双音状态形容词 ABAB 式重叠的影响

清末形成的双音状态形容词 ABAB 重叠式在现代汉语里成为了一个很重要的重叠形式。它的形成对五四以后的汉语 ABAB 式重叠带来了两大影响：一是"单音程度副词+单音性质形容词"构成的两字组也可以构成 ABAB 式重叠；二是两个单音性质形容词构成的并列组合也能构成 ABAB 式重叠。

(一)"单音程度副词+单音性质形容词"构成的 ABAB 式重叠。

(100) 嘴上有两根长须，就和鲇鱼的须一样，很长很长。（老舍《四世同堂·惶惑》）

(101) 他在槐树下面，极慢极慢的来回绕。（老舍《四世同堂·惶惑》）

(102) 经小顺儿这么一说，他的眼忽然看出老远老远去。（老舍《四世同堂·惶惑》）

(103) 我一定送个顶大顶大的银杯去。（老舍《四世同堂·偷生》）

在"很长""极慢""老远""顶大"等二字组合中,"很、极、老、顶"是程度副词,"长、慢、远、大"是性质形容词。

(二)"单音性质形容词+单音性质形容词"并列式组合构成的ABAB式重叠。

(104)松树是那么黑绿黑绿的,四下里是那么静寂。(老舍《四世同堂·偷生》)

(105)扭着短粗短粗的脖子,滴溜滴溜转着两只圆圆的小眼睛。(管桦《老虎和黑熊》)

(106)凳上卧个白胖白胖的小狮子狗。(老舍《二马》)

(107)他站在一棵白杜梨树下,呼吸了一口杜梨树花那酸甜酸甜的香气。(刘绍棠《田野落霞》)

在"黑绿""短粗""白胖""酸甜"等二字组合中,"黑、绿、短、粗、白、胖、酸、甜"都是单音性质形容词,二字组合都是并列关系。

第四节 结　论

本章通过对ABAB式重叠兴起的考察,得出如下结论:

(一)双音性质形容词ABAB式重叠出现于明代。从重叠的角度看,此类应是动词的重叠形式。

(二)双音状态形容词ABAB式重叠出现于清代末年,"五四"以后才逐渐多起来,但还是各类重叠形式中使用频率最低的。

(三)双音状态形容词ABAB式重叠的语法意义是对"程度"的再一次强化,表程度中的"极量"——超最高程度。

(四)双音状态形容词ABAB式重叠的语法功能主要是作谓语和定语,其次作补语和状语。

(五)双音状态形容词ABAB式重叠形成的内因是AB式双音状

态形容词中 A 语素的意义淡化、泛化和主观化,外因是受到了双音拟声拟态词 ABAB 式重叠的影响。形成的机制是语法强化。

(六) 双音状态形容词 ABAB 式重叠的形成导致了"很大很大"这一类单程度副词与单音性质形容词二字组重叠的出现和"白胖白胖"这一类具有并列关系的两个性质形容词二字组重叠的出现。这两类重叠的出现都在"五四"之后。

第八章 结 语

——汉语形容词重叠形式演变的规律

总结汉语形容词重叠形式的历史发展,我们最后谈谈形容词重叠形式发展的动因、机制、发展趋势以及有待进一步研究的课题。

近年来,语言演变的研究(特别是语法化的研究)有了长足的进步,由关注语言演变的过程转为关注语言演变的动因和机制。什么是动因?什么是机制?各家说法较多[①]。我们此处说的动因指重叠形式产生与发展的语用/认知动因和影响这种变化的诸多因素,机制指某一重叠形式产生与发展的方式或途径。我们所谈的发展趋势指汉语形容词重叠形式发展演变的过程与方向。

一、汉语形容词重叠形式历史发展的动因

(一)语用动因

语言是人类最重要的交际工具和思维工具,它存在的唯一理由是它所依赖的社团在交际和思维的过程中不停地使用它,它发展的重要

---

① 沈家煊认为语法化的动因,"除了语用和心理原因,语言间的接触这种社会因素也应该考虑。"(沈家煊 1994)"虚化的机制有五种:(1)隐喻,(2)推理,(3)泛化,(4)和谐,(5)吸收。"(沈家煊 1998)孙朝奋(1994)介绍了促使虚化发生的动因,"首先是认知学的种种因素造成的,而并非单纯语言结构本身。"机制包括:隐喻、转喻和重新分析。刘坚、曹广顺、吴福祥(1995)认为诱发汉语词汇语法化的因素包括:句法位置的改变、词义变化、语境影响、重新分析。洪波(1998)认为,汉语实词虚化的机制有两种:一是认知因素,一是句法语义因素。张谊生(2000)认为汉语副词虚化的机制大致包括四个方面:结构形式、语义变化、表达方式、认知心理。刘丹青(2001)提出了更新、强化与叠加机制。石毓智、李讷(2001)认为导致人类语言语法变化的动因是多方面的,最重要的机制有两个:重新分析和类推。吴福祥(2004)介绍了三类语言演变的重要机制:重复及频率、语言接触、主观化。

动因也是人们在交际和思维时对它的创造性运用。"语言一经运用,它就会发生变化。这是语言运转的规律。"(徐通锵 1997)

1. 语用矛盾导致形容词重叠的产生

语言的词类都有一定的语用功能。名词主要的语用功能是指称,动词主要的语用功能是陈述(郭锐 2002:89),状态形容词主要的语用功能是描写。言语交际要求状态形容词不断地强化描写性,可状态形容词发展的总趋势是描写性的不断弱化。这种语用矛盾导致了形容词重叠的产生。

在 AA 式重叠产生以前,汉语描写性的功能由单音状态形容词完成。先秦,单音状态形容词功能的弱化,已不能单独完成描状的任务,它需要使用带词尾、加衬字、与相关义的单音状态形容词的连用或者重复自身等手段来加强其描写的语用功能。于是,重叠就在单音状态形容词重复自身的过程中形成了。

清代,双音状态形容词的功能由具体的描状向抽象的程度发展,描写性的弱化导致其运用词汇手段、语音手段和语法手段(重叠)来加强其语用功能。于是,状态形容词的 ABAB 式重叠产生。

2. 语用强化推动形容词重叠的发展

纵观汉语形容词重叠形式的历史发展,语用强化是最重要的动因,它一直伴随着形容词重叠发展的全过程。就形容词重叠的发展历史而言,哪里有弱化迹象,哪里必有强化手段。语用强化的方式有四种:第一,重复;第二,连用;第三,附加;第四,修饰。

形容词 AA 式、A'B'AB 式和 ABAB 式重叠的最初出现都是一种语用上的重复。AA 和 ABAB 是完全重复,A'B'AB 是不完全重复。这种重复的起因一方面是语用矛盾的结果,另一方面也是语用强化的结果。

形容词 AABB 和 ABB 重叠形式最初形成都是一种语用上的连

用。AABB 是 AA 与 BB 的连用,ABB 是 A 与 BB 的连用。后来,它们都演变成了一种新的重叠形式。这两种格式最初出现的动因也是语用强化。

历史上,形容词的各种重叠形式分别可带词尾"然、如、若、尔、焉、底、地、的"等。这是形容词重叠形式外部结构的发展。各种词尾的最初出现也都是为了强化形容词重叠形式的描状性而分别附加在各种重叠形式之后的。附加词尾出现的动因也是语用强化。

AB 式状态形容词随着 A 语素状态义的淡化,也出现了异素累加和同素累加的情况,这也是一种附加。不同的是,形容词的各种重叠形式带词尾是后附加,而 AB 式状态形容词的异素累加和同素累加是前附加。前附加形式出现的动因还是语用强化。

唐代,程度副词"最""甚""太""更"等能够修饰 AA 式重言;明清,程度副词"有些"、"有点"可以修饰形容词的 AA、ABB、AABB 重叠形式;现代,双音状态形容词的 ABAB 重叠式不能受任何程度副词的修饰。这一方面说明了形容词的各种重叠形式的描状性有强弱不同,另一方面也说明了程度副词修饰形容词除表程度外,也有增强描写性的作用,也是形容词重叠形式发展的一种方式。这种方式产生的动因也是语用强化。

3. 语用新奇性促进形容词重叠用法的扩散

从使用的角度看,形容词重叠形式多出现于文学性强的文体中,很少用于政论及科技文献。描写性语言成分对语体有选择性。从发展的角度看,形容词重叠形式的每一次大的变化都是从诗赋曲词等韵文中开始,然后慢慢扩散到散文。《诗经》中 AA 式重言最多;《元曲选》中 ABB 式形容词最多;现代小说中形容词的 AABB 重叠形式较多。诗、词、曲、小说等文学作品追求的是语言的新颖,因此能把新颖的语言形式迅速推广开来。

人类语言交际的一种重要倾向是用新颖的说法取代陈旧的说法以取得更强的语用力量（Lehman1995；刘丹青 2001）。诗、赋、词、曲、小说等对新奇性的追求更甚于普通语言。于此可见，追求新奇也是形容词各种重叠格式得以迅速发展的一大动因。

(二)语言内部动因

1. 形容词的发展导致了形容词重叠的发展

形容词小类的发展对形容词重叠的发展有影响。随着单音状态形容词系统的消失，AA 式重言变成了 AA 式重叠，AABB 重言叠加变成了 AABB 重叠叠加，"单音状态形容词＋BB"变成了"单音性质形容词＋BB"。

形容词双音化的发展趋势对形容词重叠形式的发展有影响。就形容词的重叠格式而言，AA 重叠式是在以单音节为主的上古时期产生的；AABB 和 ABB 重叠形式是在以单音节为主向以双音节为主转化的唐宋时期由连用向重叠发展而成的；A 里 AB 和 ABAB 式重叠是在以双音节为主的近现代形成的。由此可见，形容词双音化的过程推动了形容词重叠格式的演变。

2. 语义因素对形容词重叠形式的发展有影响

语义明晰性的要求对形容词 AA 式重言的发展有影响。纵观唐以前 AA 式重言的发展有如下几种倾向：第一，意义易于理解的 AA 式重言能被后世继续使用，意义不易理解的 AA 式重言多不能流传于后世；第二，基式可独用的 AA 式重言多被后世使用，基式不能独用的 AA 式重言多被历史淘汰；第三，基式语义范围狭窄的 AA 式重言终归消亡，基式语义范围宽泛的 AA 式重叠运用至今。这些都反映出"语义明晰性"在 AA 式重言的发展中起了很大作用。意义越明晰，描写性越不易被弱化。

成分间的语义关系对 AABB 和 ABB 重叠形式的发展有影响。在

AABB 叠加式发展成为 AABB 重叠式的过程中,只有同义叠加的 AABB 能发展成为重叠式,差义叠加和反义叠加的 AABB 不能发展成为重叠式。在 ABB 由并列式发展成为述补式和附加式的过程中,只有语义相关或同义连用的 A 与 BB 才能发展成为述补式 ABB 和附加式 ABB,语义不同或不相关的 A 与 BB 不能发展成为述补式和附加式 ABB。

3. 语音变化对形容词重叠形式的发展有影响

语音变化对形容词重叠形式发展的影响表现在三个方面。第一,AA 式重言的变声变韵形式二次重叠后,对 AABB 和 ABB 重叠形式的发展有影响。例如,"差"逆向变韵重叠构成"参差","参差"二次重叠构成"参参差差"。这种重叠形式对 AABB 重叠的形成有很大影响。"蹀"顺向变声重叠构成"蹀躞","蹀躞"二次重叠构成"蹀躞躞"。这种重叠形式对 ABB 重叠的形成也有很大的影响。第二,A 里 AB 是 A'B'AB 语音变化的结果,而 A'B'AB 就是语音变化形成的重叠。第三,ABC 是音缀式 ABB 语音弱化的结果。

(三)语言外部动因

从 AABB 重言叠加的形成,到 A 里 AB 和 ABAB 重叠形式的出现,我们总能发现 AABB、A'B'AB 和 ABAB 拟声词、拟态词的身影,而且它们总是比形容词的相关重叠形式早出现。这让我们不得不想到,拟声词和拟态词的重叠可能对形容词重叠形式的发展有影响。它们为形容词的重叠提早准备了一个模式,这可能是汉语形容词重叠形式发展的外部动因。

二、汉语形容词重叠形式历史发展的机制

导致汉语形容词重叠形式历史发展的机制有五种:①强化;②更新;③重新分析;④类推;⑤语义指向转移。

(一)强化(reinforcement)

"强化"是语法化学说中的术语。它指在已有的虚语素上再加上同类或相关的虚化要素,使原有虚化单位的句法语义作用得到加强(刘丹青 2001)。

西方语法化理论著作常举的一个典型的强化例子是 on top of。现代英语的 on 是个高度语法化的前置词,语义上相当于汉语中的后置词"上"。它的本义是"在物体的上方表面",但引申出的语义域极其宽泛。例如:on the wall(在墙上)指表面而不指上方;on Monday(在星期一)表日期;on sale(减价中)指时间上的进行状态;on the condition(在此条件下)表抽象的相关性,等等。因此,当说话人真想强化在某物上方表面时,会觉得 on 的意义太宽泛而选用 on top of。这种现象就是强化(刘丹青 2001)。

Lehman(1995)指出:当虚化成分过分弱化时,更新和强化是保存语法力量的两种选择。汉语形容词 AA 式重言和双音状态形容词 ABAB 重叠的产生就是"强化"的结果。不过,AA 和 ABAB 的出现不是为了保存语法力量,而是为了保存语用功能。

(二)更新(renewal)

"更新"也是语法化学说中的术语。指用较自主的单位取代更虚化的单位起同样或类似的作用(刘丹青 2001)。

"更新"与"强化"不同。强化涉及新旧并存,而更新是新旧相替。

就形容词的 AA 式重叠形式而言,AA 式重叠替代 AA 式重言采用的就是"更新"手段。AA 式重言本是单音状态形容词的强化形式,有较强的描写性。使用多了,使用久了,就成了"旧"形式。当它功能弱化,难以发挥作用时,就需要用新的形式去替代它。AA 式重叠替代 AA 式重言是更新;随之,词尾"的"替代词尾"然"也是一种更新。

在 AABB 的框架内,重叠叠加式(如"小小细细")替代重言叠加式(如"穆穆皇皇")是更新;在 ABB 的框架内,"单音性质形容词+BB"

(如"轻霏霏")替代"单音状态形容词+BB"(如"漫霏霏")也是更新。

（三）重新分析(reanalysis)

"重新分析"指一个词语或一类词语表层形式没有明显变化而内部的结构关系发生变化的过程和现象(沈家煊 2001a)。"重新分析基本上涉及线性的、横向组合的、局部的重新组织以及规则变化"(Hopper&Traugott 2001:61)。

西方语法化理论著作中最典型的重新分析的例子是 be going to。英语的 be going to 结构中的 go 从一个表示具体位移过程的动作动词演变为一个表示将来时的助动词,其中就经过了一个重新分析的过程。重新分析发生在目的性的方向结构(purposive directional constructions)中,如:I am going to visit Bill(我要去看比尔)。这句话最初的意思相当于 I am leaving/traveling to visit Bill[我要离开(这里)/到(那里)去看比尔],其中的 go 还是一个实义动词。但在这种结构的目的性语义中已经蕴含了将来时的意思。因为人们行为的目的都是目前还没有实现的。如果我要离开这里到那里去看比尔,那自然就可以推论出"看比尔"(to visit Bill)是将来的事。这就有了重新分析的可能。但重新分析的过程是隐蔽的,因为在发生重新分析的语境中有一种表面的意思,也同时有一种推理义(inference)。这两种意思都寄生在同一个结构中。当语用推理义被后代的语言使用者理解为某个语言形式本身的意思时,重新分析就完成了(Hopper&Tranugott 2001;董秀芳 2002:42)。显然,能够被重新分析的结构是一种有歧解的结构。

AABB 叠加式变成 AABB 重叠式、ABB 附加式变成 ABB 重叠式都是通过重新分析完成的。唐代,"漫漫汗汗"最初是"漫漫"与"汗汗"的连用,也就是 AA+BB 的叠加式。因为单音状态形容词系统的消失,"漫"与"汗"又经常同义连用,最终成为一个复音词。当"漫汗"作为一个复音词存在时,"漫漫汗汗"就有了重新分析的可能。它表面的结构关系是叠加,而同时有一种语用推理得出的结构关系——重叠。前代的语言使用者按叠加的方式构成了"漫漫汗汗",后代的语言使用者按重叠的方式理解"漫漫汗汗"的结构关系。这样,通过重新分析,重叠式 AABB 就在叠加式 AABB 的基础上产生了。同理,元代的"明朗朗"最初构成时,是单音性质形容词(明)加上 AA 式重言(朗朗)构成的附加式。后代的语言使用者却把它分析成了双音形容词"明朗"的重叠。

(四) 类推(analogy)

"类推"就是一个语法格式的扩展。"类推主要涉及纵向的聚合组织、表层搭配的变化以及使用模式的变化。"(Hopper & Traugott 2001:61)"类推"与"重新分析"是相互作用的。重新分析所产生的新的结构通过类推可以从一个有限的领域向更广的领域扩展。这种扩展的过程中又存在着重新分析。

唐代,"重新分析"产生了有歧解的 AABB 准重叠式(如"漫漫汗汗")。这种准重叠式构词方式在构造新词的过程中进一步类推到双音联绵词的领域,就产生了无歧解的真正的双音联绵词(如"参差")的 AABB 重叠式(如"参参差差")。AABB 重叠式继续扩大范围,就出现了双音性质形容词的 AABB 重叠式(如"辛辛苦苦")。

元代,"重新分析"产生了有歧解的 ABB 准重叠式"明朗朗",进一步类推则出现了无歧解的真正的 ABB 重叠式"跌蹬蹬""慌张张""急忙忙"等。

(五) 语义指向转移

如果说"强化""更新""重新分析"和"类推"是语法化(grammaticalization)的机制的话,那么,"语义指向转移"则是词汇化(lexicalization)的一种机制。

"语义指向转移"指某一语言成分由词变为构词成分(语素)的过程中,语义由指向句法成分转为指向构词成分或变得无指向的过程。"语义指向转移"发生在短语变为词的过程中,因此它应是词汇化的一种机制。

先秦,AA 式重言主要作句子的谓语,是句子的主要句法成分。因此,唐以前的 ABB 中,绝大多数的 BB 语义仅指向主语,A 与 BB 是并列关系。唐代,随着 A 由单音状态形容词变为单音性质形容词,也随着 BB 句法功能的弱化,绝大多数的 BB 语义既指向主语又指向谓语。A 与 BB 是述补关系。因为 ABB 使用范围的扩大,唐代,有些 ABB 的 BB,语义指向转移,由既指向主语又指向谓语变为不指向句法上的主语,仅指向词干 A。整个 ABB 的述补短语变为附加式形容词。宋代,当 ABB 的 BB 音缀化的时候,其语义变为无指向。

三、汉语形容词重叠形式的发展趋势

汉语形容词重叠形式的发展有两大总趋势:第一,由唐以前的以状态形容词重叠为主发展到唐以后的以性质形容词重叠为主;第二,由唐以前的单音形容词的重叠发展到唐以后的单音和双音形容词的重叠。具体到形容词重叠的结构、功能和意义的发展趋势有如下几个方面:

(一) 形容词重叠形式在结构上的发展趋势

纵观汉语形容词重叠形式在结构上的发展可以看出,重叠形式的结构在发展,基式的结构也在发展。

基式结构的发展有四大趋势。第一,从音节数量上看,可重叠形容词的基式由单音节向双音节发展。第二,从词性小类上看,可重叠形容词由状态形容词向性质形容词发展。从单音形容词的重叠看,唐以前的 AA 式重言是单音状态形容词的重叠,唐以后的 AA 式重叠是单音性质形容词的重叠。从双音形容词的重叠看,清以前的 A 里 AB 的基式多是联绵式双音状态形容词,如"邋里邋遢"的"邋遢"。现在的 A 里 AB 的基式向双音性质形容词发展,如"小里小气"的"小气"。双音状

态形容词的 ABAB 式重叠的基式也有由双音状态形容词（如"漆黑漆黑"的"漆黑"）向双音性质形容词（如"瘦小瘦小"的"瘦小"）发展的迹象。第三，从独立性上看，可重叠形容词的基式由独立性差向独立性强发展。唐以前的 AA 式重言，其基式的独立性差，叠用的时候多，独用的时候少。现代形容词的各类重叠形式，其基式的独立性强，独用的时候多，叠用的时候少。第四，从常用性上看，可重叠形容词的基式由不常用向常用发展。先秦产生的 AA 式重言，其基式大多难以见到它们独用的时候。由此可见它们是极不常用的。因此，在文字上也表现为大多是些生僻字组成的重言。两汉魏晋产生的 AA 式重言，基式独用的渐多，基式也较为常用。唐以后的各类重叠式的基式越来越常用。

重叠形式结构的发展有三大趋势。第一，从音节数量上看，重叠形式由双音节向四音节发展。第二，从内部结构看，汉语形容词的重叠形式在形成之初，有的是由重叠方式构成的，如"AA""A 里 AB""AB-AB"；有的是由连用方式构成的，如"AABB""ABB"。AABB 和 ABB 的发展趋势是由连用走向重叠，成员间的结构关系由松散变为紧凑。第三，从外部结构看，形容词各种重叠形式的词尾总的发展趋势一是由表义具体（如"然"）向表义抽象（如"的"）发展，二是由词尾多样向词尾单一发展。就各种重叠形式带词尾的强制性来看，音节形式越少的重叠形式（如"AA"），描写性越弱，带词尾是强制性的；音节形式越多的重叠形式（如"AABB""ABAB"），描写性越强，带词尾是可选性的[①]。AA、AABB 和 ABB 等三种重叠形式的外部结构还有一个发展趋势，那就是由不儿化变为儿化。

（二）形容词重叠形式在句法功能上的发展趋势

[①] 沈家煊(1997)发现：(Ⅰ)同样是重叠形式，双音形容词的重叠式倾向于不加"的"，单音形容词的重叠式倾向于加"的"；(Ⅱ)前面有程度词或类似于程度词的语素（如"雪白""冰凉"中的"雪""冰"）不需或不能带"的"。

形容词重叠形式在句法功能上发展的总趋势是由主要作谓语向主要作状语发展。具体到各个重叠形式因出现时间先后不同，演化过程不同，这种发展过程参差不齐。

AA式重言在先秦主要作谓语，两汉魏晋时期发展为以作定语和状语为主。AA式重叠在唐代兴起，继承了AA式重言的功能。元明清，AA式重叠以作状语为主。

AABB重叠形式在唐以前是两类相关的AA式重言的连用，因此大部分独立成句，作并列复句中的分句。唐宋时期，形容词AABB主要作谓语。元明清时期，形容词AABB主要作状语。

ABB重叠形式在宋以前只作谓语。宋代出现了作状语、定语和补语的用法，但仍以作谓语为主。元明清，ABB式形容词主要作状语。

ABAB重叠形式出现得最晚，它目前的功能主要是作谓语和定语，作状语的还极少。

句法功能的变化与语用功能的弱化有关。谓语位置是表现描写性的最佳位置，各种重叠形式描写性的弱化都是从谓语位置开始的。如"带词尾""受程度副词修饰"等这些强化描写性的手段都是针对谓语位置上的重叠形式而产生的。

（三）形容词重叠形式在语法意义上的发展趋势

基式语义特征的变化导致重叠式语法意义的发展。谈重叠形式语法意义的发展不能不关注基式语义特征的发展。

通观从古至今形容词重叠的基式，其语义特征的发展趋势是抽象性越来越强，程度性越来越凸显。先秦，可重叠的单音状态形容词（如"依"）的意义特别具体、形象，多数只用来描写某一类事物的情貌。其语义域狭窄，说不上有量幅；没有可比性，不能用于比较句；没有等级性，不能受程度副词的修饰。唐宋，可重叠的性质形容词（如"红""辛苦"）的意义比较抽象、概括，描写的对象繁多，语义域宽泛，有大小不等的量幅。有可比性,能够用于比较句;有隐性量,能够受程度副词的修饰。清代,可重叠的双音状态形容词(如"漆黑")的意义最为抽象。其语义域被限定在最高程度,量幅指向最高量,隐性量变为显性量,反而不能用于比较句,也不能受程度副词的修饰。

受基式语义特征变化趋势的影响,重叠式语法意义的发展有两大趋势。第一,由表状态向表程度发展。先秦,因基式语义特征具体形象,AA式重言的语法意义表状态。现在,随着基式语义特征的抽象化,单双音性质形容词重叠的语法意义已发展到表程度,双音状态形容词重叠语法意义还表"超最高程度"。第二,重叠式语法意义越来越主观化。形容词重叠的过程,也就是主观性产生的过程。随着基式抽象性的加强,重叠式语法意义的主观性越来越强。意义虚化而产生音变的重叠形式往往带有贬义。褒贬义是形容词最主观化的意义。

四、有待进一步研究的课题

本书的研究侧重于对演变过程的描写,许多问题限于笔者的水平和时间并没有展开。汉语形容词重叠形式的发展是一个漫长而复杂的过程,我们的研究也只是粗略地勾勒了它发展的大致轮廓,有待进一步研究的问题还比较多。我们只能谈几点意见。

(一)形容词重叠与音变的关系值得深入研究

单音状态形容词的重叠和双音联绵式形容词(如"曲律")的重叠都有变声变韵的现象,而性质形容词的重叠只有变调现象。为什么会有这种区别?重叠产生音变的动因与机制是什么?

(二)形容词重叠语法意义的主观化倾向值得研究

元明之后,形容词重叠出现了表贬义的格式(如"A里AB"、AX-BC)和表褒义的儿化。这种形式变化的背后应该有意义主观化的过程。这种主观化的过程是如何产生与发展的?有何规律?

（三）形容词重叠的发展与动词、名词等重叠的发展的比较研究有一定的意义。

观察某一种语言现象的变化只有与同类的变化进行比较才能把握它的特点。对动词、名词等其他词类重叠发展的研究无疑将会加深我们对形容词重叠发展规律的认识。

（四）描状范畴的共性值得研究

指称、陈述、描状等都是一些语用范畴。各民族语言都需要表达这些范畴。汉语主要采用了重叠的方式表现描写性。从类型学的角度看，其他语系的诸语言都采用哪些手段表现描写性呢？

（五）性质形容词与状态形容词发展的不对称性值得研究

先秦，性质形容词和状态形容词很少直接发生关系。如《诗经·唐风·扬之水》："白石皓皓。""白"是性质形容词，"皓皓"是状态形容词，也是"洁白貌"。"白"与"皓皓"被名词"石"隔开，两者不能直接组合，没有"白皓皓""皓白""白皓"这样的组合。秦汉以后，性质形容词和状态形容词在多个层面上可以结合。在发展过程中，两类词是如何相互影响的？为什么性质形容词具有一定的稳定性而状态形容词的变化却纷繁复杂呢？

以上这些问题都还有待于进一步研究。

引书目录及参考文献

一、主要引书目录

《周易》	十三经注疏本　中华书局	1983
《诗经》	同上	
《左传》	同上	
《论语》	同上	
《孟子》	同上	
《礼记》	同上	
《庄子》	二十二子　上海古籍出版社	1986
《墨子》	同上	
《荀子》	同上	
《韩非子》	同上	
《孙子》	同上	
《列子》	同上	
《淮南子》	同上	
《法言》	同上	
《国语》	吴·韦昭注　上海古籍出版社	1978
《战国策》	汉·刘向集录　上海古籍出版社	1985
《楚辞补注》	宋·洪兴祖　中华书局	1983
《吕氏春秋》	战国·吕不韦　中华书局	1985
《韩诗外传集释》	汉·韩婴　许维遹校释　中华书局	2005

书名	作者/编者	出版社	年份
《史记》	汉·司马迁 中华书局		1959
《汉书》	汉·班固 中华书局		1962
《说苑》	汉·刘向 中华书局		1985
《论衡校释》	黄晖撰 中华书局		1990
《全汉赋》	费振刚等辑校 北京大学出版社		1993
《太平经》正读	俞理明著 巴蜀书社		2001
《三国志》	晋·陈寿 中华书局		1959
《宋书》	梁·沈约 中华书局		1974
《世说新语笺疏》	余嘉锡撰 中华书局		1983
《文心雕龙》	梁·刘勰 中华书局		1985
《陶渊明集》	逯钦立校注 中华书局		1979
《抱朴子内外篇》	晋·葛洪 中华书局		1985
《文选》(赋)	梁·萧统编 唐·李善注 中华书局		1977
《先秦汉魏晋南北朝诗》	逯钦立辑校 中华书局		1983
《全上古三代秦汉三国六朝文》	严可均校辑 中华书局		1985
《游仙窟》	近代汉语语法资料汇编(唐五代) 商务印书馆		1990
《全唐诗》	清·彭定求等编 中华书局		1960
《寒山诗注》	项楚著 中华书局		2000
《白居易诗集校注》	谢思炜校注 中华书局		2006
《敦煌变文集》	王重民等编 人民文学出版社		1984
《敦煌变文集补编》	周绍良等编 北京大学出版社		1989
《祖堂集》	南唐·静筠二禅师 孙昌武等点校 中华书局		1993

书名	作者/编者 出版社	年份
《全宋词》	唐圭璋编　中华书局	1965
《朱子语类》	宋·朱熹　中华书局	1986
《五灯会元》	宋·普济　中华书局	1984
《古尊宿语录》	宋·赜藏主　中华书局	1994
《碧岩录》	近代汉语语法资料汇编（宋代）商务印书馆	1990
《宋人话本七种》	亚东图书馆辑　中国书店	1988
《清平山堂话本》	明·洪楩编　上海古籍出版社	1992
《刘知远诸宫调校注》	廖珣英校注　中华书局	1993
《古本董解元西厢记》	金·董解元　上海古籍出版社	1984
《宋元平话集》	丁锡根点校　上海古籍出版社	1990
《元曲选》	明·臧晋叔编　中华书局	1958
《元曲选外编》	隋树森编　中华书局	1959
《全元散曲》	隋树森编　中华书局	1964
《元刊杂剧三十种新校》	宁希元点校　兰州大学出版社	1988
《六十种曲》	明·毛晋编　中华书局	1996
《孤本元明杂剧》	王季烈校　中国戏剧出版社	1958
《西游记》	明·吴承恩　四川文艺出版社	1987
《金瓶梅词话》	明·兰陵笑笑生著　人民文学出版社	2008
《水浒传》	明·施耐庵　人民文学出版社	1976
《拍案惊奇》	明·凌濛初　上海古籍出版社	1982
《二刻拍案惊奇》	明·凌濛初　上海古籍出版社	1983
《醒世姻缘传》	清·西周生辑著　齐鲁书社	1980
《红楼梦》	清·曹雪芹　人民文学出版社	1985
《红楼复梦》	清·陈少海　北京大学出版社	1988
《红楼真梦》	清·郭则沄　北京大学出版社	1988

书名	作者	出版社	年份
《补红楼梦》	清·娜嬛山樵	北京大学出版社	1988
《儿女英雄传》	清·文康	齐鲁书社	1995
《七侠五义》	清·石玉昆	上海古籍出版社	2000
《绿野仙踪》	清·李百川	人民文学出版社	2002
《野叟曝言》	清·夏敬渠	时代文艺出版社	2002
《女仙外史》	清·吕熊	百花文艺出版社	1985
《双凤奇缘》	清·雪樵主人	华夏出版社	1985
《歧路灯》	清·李绿园	中州书画社	1980
《济公全传》	清·郭小亭	岳麓书社	2002
《花月痕》	清·魏秀仁	中华书局	1996
《海上花列传》	清·韩帮庆	人民文学出版社	1982
《官场现形记》	清·李宝嘉	人民文学出版社	1957
《二十年目睹之怪现状》	清·吴趼人	人民文学出版社	1959
《老残游记》	清·刘鹗	齐鲁书社	1985
《负曝闲谈》	清·蘧园	上海古籍出版社	1985
《七剑十三侠》	清·唐芸洲	岳麓书社	1991
《九尾龟》	清·漱六山房	《古本小说集成》 上海古籍出版社	1990
《飞花艳想》	清·樵云山人	《古本小说集成》 上海古籍出版社	1990
《海上尘天影》	清·司香旧尉	《古本小说集成》 上海古籍出版社	1990
《四世同堂》	老舍	百花文艺出版社	1979
《骆驼祥子》	老舍	人民文学出版社	1978
《生死场》	萧红	北方文艺出版社	1987
《朱自清散文选集》	蔡清富编	百花文艺出版社	1986

《李广田散文选》	李广田	云南人民出版社	1980
《坚硬的稀粥》	王蒙	长江文艺出版社	1992
《立体交叉桥》	刘心武	人民文学出版社	1986
《绿化树》	张贤亮	北京十月文艺出版社	1984
《习惯死亡》	张贤亮	山东文艺出版社	1998
《棋王》	阿城	作家出版社	1985
《汪曾祺自选集》	汪曾祺	漓江出版社	1987
《血色黄昏》	老鬼	中国工人出版社	1989
《皇城根》	陈建功、赵大年	作家出版社	1992
《雪白血红》	张正隆	中国人民解放军出版社	1989
《秋天的愤怒》	张炜	人民文学出版社	1986
《池莉作品选集》	池莉	中国青年出版社	1995
《王朔文集·纯情卷》	王朔	华艺出版社	1992
《活着》	余华	南海出版公司	2003

二、主要参考文献

1. 论著

曹广顺 1995 《近代汉语助词》,北京:语文出版社。

陈秀兰 2002 《敦煌变文词汇研究》,成都:四川民族出版社。

程湘清 1982 《先秦汉语研究》,济南:山东教育出版社。

程湘清 1985 《两汉汉语研究》,济南:山东教育出版社。

程湘清 1992a 《魏晋南北朝汉语研究》,济南:山东教育出版社。

程湘清 1992b 《隋唐汉语研究》,济南:山东教育出版社。

程湘清 1992c 《宋元明汉语研究》,济南:山东教育出版社。

戴浩一 薛凤生 1994 《功能主义与汉语语法》,北京:北京语言学院出版社。

丁邦新　1998　《丁邦新语言学论文集》，北京：商务印书馆。
董秀芳　2002　《词汇化：汉语双音词的衍生和发展》，成都：四川民族出版社。
方一新　1997　《东汉魏晋南北朝史书词语笺释》，合肥：黄山书社。
冯胜利　1997　《汉语的韵律、词法与句法》，北京：北京大学出版社。
顾学颉　王学奇　1983　《元曲释词》（四册），北京：中国社会科学出版社。
管燮初　1981　《西周金文语法研究》，北京：商务印书馆。
郭　锐　2002　《现代汉语词类研究》，北京：商务印书馆。
郭锡良　1986　《汉字古音手册》，北京：北京大学出版社。
胡明扬　1987　《北京话初探》，北京：商务印书馆。
黄伯荣　廖序东　1997　《现代汉语》（增订二版），北京：高等教育出版社。
黄丽贞　1971　《金元北曲语汇之研究》，台北：台湾商务印书馆。
江蓝生　1988　《魏晋南北朝小说词语汇释》，北京：语文出版社。
江蓝生　曹广顺　1997　《唐五代语言词典》，上海：上海教育出版社。
江蓝生　2000　《近代汉语探源》，北京：商务印书馆。
江蓝生　2008　《近代汉语研究新论》，北京：商务印书馆。
蒋冀骋　吴福祥　1997　《近代汉语纲要》，长沙：湖南教育出版社。
蒋礼鸿　1997　《敦煌变文字义通释》，上海：上海古籍出版社。
蒋绍愚　1989　《古汉语词汇纲要》，北京：北京大学出版社。
蒋绍愚　1990　《唐诗语言研究》，郑州：中州古籍出版社。
蒋绍愚　1996　《近代汉语研究概况》，北京：北京大学出版社。
黎锦熙　1924　《新著国语文法》，北京：商务印书馆，2001年。
黎锦熙　刘世儒　1959　《汉语语法教材》第二编，北京：商务印书馆。
李崇兴等　1998　《元语言词典》，上海：上海教育出版社。

李思敬　1986　《汉语"儿"[ɚ]音史研究》,北京:商务印书馆。
李小凡　1998　《苏州方言语法研究》,北京:北京大学出版社。
李宇明　2000　《汉语量范畴研究》,武汉:华中师范大学出版社。
刘　坚　蒋绍愚　1990　《近代汉语语法资料汇编》,北京:商务印书馆。
刘　坚　江蓝生　白维国　曹广顺　1992　《近代汉语虚词研究》,北京:语文出版社。
刘月华　2001　《实用现代汉语语法》,北京:商务印书馆。
龙潜庵　1985　《宋元语言词典》,上海:上海古籍出版社。
陆澹安　1981　《戏曲词语汇释》,上海:上海古籍出版社。
吕叔湘　1942　《中国文法要略》,北京:商务印书馆,1982年。
吕叔湘　1980　《现代汉语八百词》,北京:商务印书馆。
吕叔湘　1984　《汉语语法论文集》,北京:商务印书馆,1999年。
罗竹凤主编　1995　《汉语大词典》,上海:汉语大词典出版社。
马建忠　1898　《马氏文通》,北京:商务印书馆,1983年。
马幼垣　2007　《水浒论衡》,北京:生活·读书·新知三联书店。
齐如山　1991　《北京土话》,北京:北京燕山出版社。
乔治·莱科夫　1994　《女人、火与危险事物》,梁玉玲等译,台北:桂冠图书股份有限公司。
沈家煊　1999　《不对称和标记论》,南昌:江西教育出版社。
孙锡信　1992　《汉语历史语法要略》,上海:复旦大学出版社。
石毓智　2001　《肯定和否定的对称与不对称》,北京:北京语言文化大学出版社。
石毓智　李　讷　2001　《汉语语法化的历程》,北京:北京大学出版社。
孙景涛　2008　《古汉语重叠构词法研究》,上海:上海教育出版社。

孙锡信　1992　《汉语历史语法要略》,上海:复旦大学出版社。
太田辰夫　1987　《中国语历史文法》,蒋绍愚、徐昌华译,北京:北京大学出版社。
太田辰夫　1991　《汉语史通考》,江蓝生、白维国译,重庆:重庆出版社。
汪国胜　谢　明　2009　《汉语重叠问题》,武汉:华中师范大学出版社。
汪维懋　1999　《汉语重言词词典》,北京:军事谊文出版社。
王国璋等　1996　《现代汉语重叠形容词用法例释》,北京:商务印书馆。
王　力　1943　《中国现代语法》,北京:商务印书馆,1985年。
王　力　1980　《汉语史稿》,北京:中华书局,2001年。
王　力　1989　《汉语语法史》,北京:商务印书馆。
王了一　1982　《汉语语法纲要》,上海:上海教育出版社。
王启龙　2003　《现代汉语形容词计量研究》,北京:北京语言大学出版社。
王学奇　王静竹　2002　《宋金元明清曲辞通释》,北京:语文出版社。
王云路　1999　《六朝诗歌语词研究》,哈尔滨:黑龙江教育出版社。
吴福祥　1996　《敦煌变文语法研究》,长沙:岳麓书社。
向　熹　1986　《诗经词典》,成都:四川人民出版社,1997年。
向　熹　1987　《诗经语言研究》,成都:四川人民出版社。
向　熹　1993　《简明汉语史》,北京:高等教育出版社。
项梦冰　1997　《连城客家话语法研究》,北京:语文出版社。
邢福义　1980　《现代汉语语法知识》,武汉:湖北人民出版社。
邢福义　1986　《语法问题探讨集》,武汉:湖北教育出版社。
邢福义　1992　《语法问题发掘集》,武汉:湖北教育出版社。

邢福义 1995 《语法问题思索集》,北京:北京语言学院出版社。
邢福义 1997 《汉语语法学》,长春:东北师范大学出版社。
邢福义 2008 《语法问题追踪集》,北京:中国社会科学出版社。
徐嘉瑞 1956 《金元戏曲方言考》,北京:商务印书馆。
徐通锵 1996 《历史语言学》,北京:商务印书馆。
徐通锵 1997 《语言论》,长春:东北师范大学出版社。
徐振邦 1998 《联绵词概论》,北京:大众文艺出版社。
杨伯峻 何乐士 1992 《古汉语语法及其发展》,北京:语文出版社。
杨耐思 1981 《中原音韵音系》,北京:中国社会科学出版社。
俞 敏 1987 《名词、动词、形容词》,上海:上海教育出版社。
袁宾等 1997 《宋语言词典》,上海:上海教育出版社。
张伯江 方 梅 1996 《汉语功能语法研究》,南昌:江西教育出版社。
张拱贵 王聚元 1997 《汉语叠音词词典》,南京:南京大学出版社。
张国宪 2006 《现代汉语形容词功能与认知研究》,北京:商务印书馆。
张美兰 2001a 《近代汉语后缀形容词词典》,贵阳:贵州教育出版社。
张美兰 2001b 《近代汉语语言研究》,天津:天津教育出版社。
张 敏 1998 《认知语言学与汉语名词短语》,北京:中国社会科学出版社。
张寿康 1985 《构词法和构形法》,武汉:湖北教育出版社。
张永言 1993 《世说新语词典》,成都:四川人民出版社。
张玉金 2001 《甲骨文语法学》,上海:学林出版社。
赵元任 1979 《汉语口语语法》,吕叔湘译,北京:商务印书馆,2005年。

中国社会科学院语言研究所词典编辑室　2001　《现代汉语词典》,北京:商务印书馆。

周法高　1962　《中国古代语法·构词编》,中研院史语所专刊39,台北:中研院史语所。

周一民　1998　《北京口语语法》(词法卷),北京:语文出版社。

朱德熙　1982　《语法讲义》,北京:商务印书馆,2000年。

Bybee, Joan 2001 *Phonology and Language use*. Cambridge : Cambridge University Press.

Lehman, Christian 1995 *Thoughts on Grammatocalization*. Munich : Lincom Europa.

Paul J. Hopper & Elizabeth Closs Traugott 2001 *Grammaticalization* (《语法化学说》).北京:外语教学与研究出版社.

P. H. Matthews 2000 *Morphology* (《形态学》).北京:外语教学与研究出版社.

Rene Kager 1999 *Optimality Theory*. Cambridge: Cambridge University Press.

Stein, D. & S. Wright (eds) 1995 *Subjectivity and Subjectivisation*. Cambridge: Cambridge University Press.

Sun JingTao 1999 *Reduplication in Old Chinese*. Ph. D. dissertation. The University of British Columbia.

Sean Quillan Hendricks 1999 *Reduplication without Template Constraints: A Study in Bare-Consonant* [ROA-511 http//: ruccs. Rutgers.edu/roa.html].

2. 论文

白　平　1982　双声联绵词成因浅探,《山西大学学报》第1期。

白宛如　1981　广州方言的ABB式主谓结构,《方言》第2期。

白维国　1981　《小说词语汇释》误释举例,《中国语文》第 6 期。
包智明　1997　从晋语分音词看介音的不对称性,《中国语言学论从》第一辑,北京:北京语言文化大学出版社。
闭克朝　1979　横县方言单音形容词的 AxA 重叠式,《中国语文》第 5 期。
边星灿　1981　元明戏曲语词释义十三则,《杭州大学学报》第 4 期。
边星灿　1982　元明戏曲中"单音词＋非叠音单纯复音词"结构,《杭州大学学报》第 4 期。
卞觉非　1985　略论 AABB 重叠式的语义、语法、修辞和语用功能,《南京大学学报》(哲)第 2 期。
卞觉非　1988　AABB 重叠式数题,《语言研究集刊》第 2 辑,南京:江苏教育出版社。
蔡　权　1990　廉州方言形容词的特殊形式及其用法,《方言》第 4 期。
曹宝麟　1982　诗骚联绵字辨议,《语言学论丛》第九辑,北京:商务印书馆。
曹翠云　1961　黔东苗语状词初探,《中国语文》4 月号。
曹翠云　1995　再论苗语和古汉语的状词,《民族语文》第 2 期。
曹广顺　1986　《祖堂集》中的"底(地)""却(了)""著",《中国语文》第 3 期。
曹瑞芳　1995　普通话 ABB 式形容词的定量分析,《语文研究》第 3 期。
曹先擢　1980　《诗经》叠字,《语言学论丛》第六辑,北京:商务印书馆。
陈　光　1997　现代汉语双音动词和形容词的特别重叠式,《汉语学习》第 3 期。

陈鸿迈　1988　《楚辞》里的三字语,《中国语文》第 2 期。
陈克炯　1979　《左传》形容词简析,《华中师院学报》第 4 期。
陈淑静　1992　平谷方言的两种构词方式,《方言》第 4 期。
陈淑梅　1994　湖北英山方言形容词的重叠式,《方言》第 1 期。
陈小荷　1994　主观量问题初探,《世界汉语教学》第 4 期。
陈亚川　郑懿德　1990　福州方言形容词重叠式音变方式及其类型,《中国语文》第 5 期。
陈　燕　1992　《广韵》双声叠韵联绵字的语音研究,《语言学论丛》第十七辑,北京:商务印书馆。
程　娟　1999　《金瓶梅》复音形容词结构特征初探,《中国语文》第 5 期。
迟永长　1996　辽宁口语中的程度副词,《辽宁大学学报》第 6 期。
储泽祥　1996　汉语规范化中的观察、研究和语值探求,《语言文字应用》第 1 期。
崔建新　1995　可重叠为 AABB 式的形容词的范围,《世界汉语教学》第 4 期。
崔锡章　2001　十一部古医籍重言之研究,《医古文知识》第 1 期。
崔雪梅　2006　《型世言》重叠形容词考察,《成都大学学报》第 3 期。
戴　莉　1999　ABB 类形容词的构成要素及其性质,《社科纵横》第 1 期。
戴庆厦　2000　景颇语重叠式的特点及其成因,《语言研究》第 1 期。
刀承华　1984　傣语德宏方言中动词和形容词的双音节后附形式,《民族语文》第 5 期。
邓少君　1994　广州话形容词表示程度差异的方式,《语文研究》第 3 期。
邓玉荣　1995　藤县方言单音形容词的变形重叠,《方言》第 1 期。

董树人　1982　关于 AABB 式重叠的问题,《汉语教学与研究》第 3 期。
董为光　1986　汉语"异声联绵词"初探,《语言研究》第 2 期。
董性茂　贾齐华　1997　联绵词成因推源,《古汉语研究》第 1 期。
范方莲　1964　试论所谓"动词重叠",《中国语文》第 4 期。
冯成麟　1954　现代汉语形容词重叠式的感情色彩,《中国语文》5 月号。
冯　蒸　1987　古汉语同源联绵词试探,《宁夏大学学报》第 1 期。
傅国通　1961　武义话里的一些语音、语法现象,《中国语文》9 月号。
傅佐之　1962　温州方言的形容词重叠,《中国语文》3 月号。
龚继华　1981　谈谈动词和形容词的重叠,《天津师院学报》第 1 期。
顾静如　1980　略谈 xyy 式形容词,《武汉师院学报》第 1 期。
桂明超　1999　昆明方言重叠结构对词的语义和声调的影响,《语言研究》第 2 期。
郭锡良　2000　先秦汉语名词、动词、形容词的发展,《中国语文》第 3 期。
郭小武　1993　试论叠韵联绵字的统谐规律,《中国语文》第 3 期。
郭校珍　2000　山西娄烦方言的重叠式形容词,《语言研究》第 1 期。
郭志良　1987　有关"AABB"重叠式的几个问题,《语言教学与研究》第 2 期。
贺　巍　1959　中和方言中的"坏""骨""圪",《中国语文》6 月号。
贺　巍　1980　获嘉方言的表音字词头,《方言》第 1 期。
贺　巍　1984　获嘉方言形容词的后置成分,《方言》第 1 期。
贺　阳　1996　性质形容词句法成分功能统计分析,胡明扬主编,《词类问题考察》,北京:北京语言学院出版社。
洪　波　1998　论汉语实词虚化的机制,郭锡良主编《古汉语语法论文集》,北京:语文出版社。

胡斌彬 2005 宋代的 ABB 式重叠现象管窥,《贵阳金筑大学学报》第 1 期。

胡明扬 1992 普通话书面语双音节形容词重叠后的语音模式,《语文建设》第 5 期。

胡明扬 2001 形容词的再分类,范开泰、齐沪扬编,《面向二十一世纪语言问题再认识》,上海:上海教育出版社。

胡书津 1990 试析藏语 ABB 型词的义位特点,《民族语文》第 6 期。

胡行之 1957 "迭字"的综合研究,《中国语文》11 月号。

华玉明 1995 重叠的特殊句法作用,《湖南师范大学社会科学学报》第 1 期。

华玉明 2008 汉语重叠功能的多视角研究,南开大学博士学位论文。

黄 斌 2001 形容词的重叠形式 ABAB 式,《武汉交通管理干部学院学报》第 2 期。

黄国营 石毓智 1993 汉语形容词的有标记和无标记现象,《中国语文》第 6 期。

黄佩文 1983 浅谈 ABC 式形容词,《语文研究》第 4 期。

黄佩文 1988 ABC 式形容词的重叠式及其语法意义,《语文研究》第 1 期。

贾彦德 1988 汉语 xyy 型词的义位,《语文研究》第 2 期。

江蓝生 1994 《燕京妇语》所反映的清末北京话特色,《语文研究》第 4 期。

江蓝生 1999a 语法化程度的语音表现,《中国语言学的新拓展》,香港:香港城市大学出版社。

江蓝生 1999b 处所词的领格用法与结构助词"底"的由来,《中国语文》第 2 期。

江蓝生 2004 浅谈单音词的多次变形重叠,"第五届国际古汉语语法研讨会"暨"第四届海峡两岸语法史研讨会"会议论文,台北:中研院。

江蓝生 2008 变形重叠与元杂剧中的四字格状态形容词,《历史语言学研究》第一辑,北京:商务印书馆。

姜文振 1997 哈尔滨方言叠音和带叠音成分的状态词,《方言》第 4 期。

蒋 明 1957 南京话中的"A 里 AB",《中国语文》10 月号。

蒋 平 1999 形容词的重叠与变调,邢福义主编《汉语语法特点面面观》,北京:北京语言文化大学出版社。

蒋希文 1962 赣榆话儿化词的特殊作用,《中国语文》6 月号。

黎良军 1994 "A 里 AB"新论,《广西师范大学学报》第 4 期。

李崇兴 1986 宜都话的两种状态形容词,《方言》第 3 期。

李大星 1989 《水浒传》的重叠式形容词,《吉林大学社会科学学报》第 5 期。

李大忠 1984 不能重叠的双音节形容词,《语法研究和探索》(二),北京:北京大学出版社。

李鼎龙 1983 万荣县西话形容词表程度的三种形式,《语文研究》第 3 期。

李国正 1990 联绵词刍议,《厦门大学学报》第 2 期。

李海霞 1991 先秦 ABB 式形容词组,《古汉语研究》第 4 期。

李 健 1996 化州话形容词的叠音与叠词,《湛江师范学院学报》第 3 期。

李劲荣 2004a 现代汉语状态形容词的认知研究,上海师范大学博士学位论文。

李劲荣　2004b　双音节性质形容词可重叠为 AABB 式的理据,《上海师范大学学报》第 2 期。

李劲荣　范开泰　2006　状态形容词的句法语义分类,《宁夏大学学报》第 1 期。

李劲荣　2006a　形容词重叠式的量性特征,《学术交流》第 1 期。

李劲荣　2006b　状态形容词的量级等级,《广播电视大学学报》第 1 期。

李劲荣　2007　"很雪白"类结构形成的动因与基础,《汉语学习》第 3 期。

李劲荣　2008　ABB 式形容词的构成方式,《赣南师范学院学报》第 1 期。

李　蓝　2002　方言比较、区域方言史与方言分区,《方言》第 1 期。

李　泉　2001　同义单双音节形容词对比研究,《世界汉语教学》第 4 期。

李如龙　1984　闽方言和苗、壮、傣、藏诸语言的动词特式重叠,《民族语文》第 1 期。

李善熙　2003　《汉语"主观量"的表达研究》,中国社会科学院研究生院博士学位论文。

李树兰　1985　锡伯语的状词,《民族语文》第 5 期。

李熙泰　1981　厦门方言的一种构词法,《方言》第 4 期。

李小梅　2000　单音形容词叠音后缀读 55 调辩,《中国语文》第 2 期。

李小平　1997　山西临县"圪 BB 地"式形容词汇释,《方言》第 4 期。

李新建　1992　《搜神记》复音词研究——重叠式和附加式,《郑州大学学报》第 6 期。

李宇明　1996a　泌阳话性质形容词的复叠及有关的节律问题,《语言研究》第 1 期。

李宇明　1996b　双音性质形容词的 ABAB 式重叠,《汉语学习》第 4 期。

李宇明　1996c　论词语重叠的意义,《世界汉语教学》第 1 期。

李宇明　1997　论形容词的级次,《语法研究和探索》(八),北京:商务印书馆。

李宇明　1998　形容词否定的不平行性,《汉语学习》第 3 期。

李宇明　2000　汉语复叠类型综论,《汉语学报》第 1 期。

李云兵　1995　苗语川黔滇次方言的状词,《民族语文》第 4 期。

李志江　1998　ABB 式形容词中 BB 注音的声调问题,《语文建设》第 12 期。

李作南　1981　五华方言形容词的几种形态,《中国语文》第 5 期。

力　山　1952　北京话里的一个嵌入音 -li-,《中国语文》创刊号。

栗治国　1991　伊盟方言的"分音词",《方言》第 3 期。

梁明江　1989　海南话形容词 AAB 式的结构特点,《中国语文》第 1 期。

梁玉璋　1982　福州方言的"切脚词",《方言》第 1 期。

廖晓桦　1993　屈赋中的重言词和联绵词,《江西大学学报》第 1 期。

林连通　1982　永春话单音形容词表程度的几种形式,《中国语文》第 4 期。

林　廉　1992　谈形容词 ABB 重叠形式的读音,《语文建设》第 12 期。

蔺　璜　2002　状态形容词及其主要特征,《语文研究》第 2 期。

刘村汉　肖伟良　1988　广西平南白话形容词的重叠式,《方言》第 2 期。

刘丹青　1986　苏州方言重叠式研究,《语言研究》第 1 期。

刘丹青　1988　汉藏语系重叠形式的分析模式,《语言研究》第 1 期。

刘丹青　1991　从状态词看东方式思维,《东方文化》第 1 集,南京:东南大学出版社。

刘丹青　2001　语法化中的更新、强化与叠加,《语言研究》第 2 期。

刘丹青　2003　试谈汉语方言语法调查框架的现代化,戴昭铭主编,《汉语方言语法研究和探索》,哈尔滨:黑龙江人民出版社。

刘丹青　2005　形容词和形容词短语的研究框架,《民族语文》第 5 期。

刘　坚　曹广顺　吴福祥　1995　论诱发汉语词汇语法化的若干因素,《中国语文》第 1 期。

刘叔新　1996　轻声"里"属什么单位的问题,《语言教学与研究》第 1 期。

刘叔新　1997　带性状延续义的形容词性短语,《语法研究和探索》(八),北京:商务印书馆。

刘晓农　1992　唐五代词叠音初探,程湘清主编《隋唐五代汉语研究》,济南:山东教育出版社。

刘又辛　1993　古汉语复音词说质疑,《文字训诂论集》,北京:中华书局。

刘　云　2000　重叠研究索引,《汉语学报》第 2 期。

卢卓群　2000　形容词重叠式的历史发展,《湖北大学学报》(哲)第 6 期。

鲁　予　1988　风诗中的重言词及其与之相当的语言形式说略,《郑州大学学报》(哲)第 2 期。

陆俭明　1985　"多"和"少"作定语,《中国语文》第 1 期。

陆俭明　1989　说量度形容词,《语言教学与研究》第 3 期。

陆镜光　2000　重叠·指大·指小,《汉语学报》第 1 期。

陆志韦　1956　汉语的并立四字格,《语言研究》第 1 期。

吕叔湘　1963　现代汉语双音节问题初探,《中国语文》第 1 期。
吕叔湘　1965　形容词使用情况的一个考察,《中国语文》第 6 期。
吕叔湘　1966　单音形容词用法研究,《中国语文》第 2 期。
吕叔湘　1983　怎样学习语法,《吕叔湘语文论集》,北京:商务印书馆。
吕叔湘　1985　肯定·否定·疑问,《中国语文》第 4 期。
吕叔湘　饶长溶　1981　试论非谓形容词,《中国语文》第 4 期。
马重奇　1995　漳州方言的重叠式形容词,《中国语文》第 2 期。
马克前　1957　迭字词尾初步研究,《中国语文》10 月号。
马清华　1997　汉语单音形容词二叠式程度意义的制约分析,《语言研究》第 1 期。
马清华　2003　词汇语法化的动因,《汉语学习》第 2 期。
马庆株　1987　拟声词研究,《语言研究论丛》第四辑,天津:南开大学出版社。
马庆株　2000　关于重叠的若干问题:重叠(含叠用)、层次与隐喻,《汉语学报》第 1 期。
马思周　潘　慎　1982　试论元杂剧四音词的构成原则,《语文研究》第 2 期。
马兴国　1991　凉山彝语描摹词问题初探,《民族语文》第 3 期。
毛修敬　1984　北京话儿化的表义功能,《语言学论丛》第十二辑,北京:商务印书馆。
毛宗武　1989　瑶族标敏话词语重叠的语法功能和语法意义,《民族语文》第 6 期。
梅祖麟　1984　从语言史看几种元杂剧宾白的写作时期,《语言学论丛》第 13 辑。
欧阳国泰　1994　《论语》《孟子》构词法比较,《厦门大学学报》第 2 期。

潘　攀　1997　《金瓶梅词话》ABB、AABB构词格,《华中师范大学学报》(哲)第4期。

潘　攀　1998　元杂剧和《金瓶梅》中ABB词的内部组造,《武汉教育学院学报》第4期。

潘渭水　1994　建瓯话中的衍音现象,《中国语文》第3期。

潘悟云　2002　流音考,《东方语言与文化》,东方出版中心。

齐沪扬　王爱红　2001　形容词性短语与形容词的功能比较,《汉语学习》第2期。

钱曾怡　1995　论儿化,《中国语言学报》第五期,北京:商务印书馆。

覃国生　1981　壮语柳江话动词、形容词的后附成分,《民族语文》第4期。

任海波　2001　现代汉语AABB重叠式词构成基础的统计分析,《中国语文》第4期。

邵敬敏　1990　ABB式形容词动态研究,《世界汉语教学》第1期。

邵敬敏　1997　论汉语语法的语义双向选择性原则,《中国语言学报》第八期,北京:商务印书馆。

沈怀兴　2008　很难说唐代以前汉语形容词AB没有重叠式,《语言研究》第2期。

沈家煊　1994　"语法化"研究综观,《外语教学与研究》第4期。

沈家煊　1995　"有界"与"无界",《中国语文》第5期。

沈家煊　1997　形容词句法功能的标记模式,《中国语文》第4期。

沈家煊　1998　实词虚化的机制,《当代语言学》第3期。

沈家煊　2001a　《语法化学说》导读,《语法化学说》,Hopper & Traugott著,北京:外语教学与研究出版社。

沈家煊　2001b　语言的"主观性"和"主观化",《外语教学与研究》第4期。

沈家煊　2002　如何处置"处置式"——论把字句的主观性,《中国语文》第 5 期。

沈荣森　1991　敦煌变文叠字初探,《敦煌研究》第 1 期。

石定栩　2000　形容词重叠式的句法地位,《汉语学报》第 2 期。

石　锓　2004a　元曲四音状态词的构成,《湖北师范学院学报》第 2 期。

石　锓　2004b　汉语形容词重叠形式的历史发展,中国社会科学院研究生院博士学位论文。

石　锓　2004c　形容词 ABAB 重叠的种类、形成时间及其他,《广播电视大学学报》第 4 期。

石　锓　2005a　论"A 里 AB"重叠形式的历史来源,《中国语文》第 1 期。

石　锓　2005b　唐以前的 AABB 式形容词语,《三峡大学学报》第 3 期。

石　锓　2005c　ABB 式形容词语在宋代的演变,《湖北师范学院学报》第 3 期。

石　锓　2005d　汉语形容词重叠研究概述,《武汉理工大学学报》第 4 期。

石　锓　2007　从叠加到重叠:汉语形容词 AABB 重叠式的历时演变,《语言研究》第 2 期。

石　锓　2009a　从重言到重叠:汉语 AA 式形容词的历时演变,《历史语言学研究》第二辑,北京:商务印书馆。

石　锓　2009b　元明曲文中 ABC 式形容词的构成,《湖北大学学报》第 6 期。

石毓智　1991　现代汉语的肯定性形容词,《中国语文》第 3 期。

石毓智　1995　论汉语的大音节,《中国语文》第 3 期。

石毓智　1996　论汉语的句法重叠,《语言研究》第 2 期。

石毓智　2000　汉语动词重叠式产生的历史根据,《汉语学报》第 1 期。

石毓智　2003　形容词数量特征及其对句法行为的影响,《世界汉语教学》第 2 期。

时卫国　1998　"有点"与形容词重叠形,《河北大学学报》第 2 期。

史冠新　1986　山东临淄话单音节形容词的重叠用法,《中国语文》第 2 期。

史有为　1984　性质形容词和状态形容词琐议,《汉语学习》第 2 期。

孙朝奋　1994　《虚化论》评介,《国外语言学》第 4 期。

孙景涛　1998　古汉语重叠词的内部构造,郭锡良主编《古汉语语法论文集》,北京:语文出版社。

孙也平　1988　黑龙江方言附加式形容词多音后缀,《语言研究》第 2 期。

谭景春　1998　名形词类转变的语义基础及相关问题,《中国语文》第 5 期。

唐志东　1988　信宜方言前字变音重叠式,《语言研究》第 2 期。

田文玉　1987　说形容词语缀"里巴叽",《华中师范大学学报》第 2 期。

涂光禄　2000　贵阳方言的重叠式,《方言》第 4 期。

汪大昌　2000　现代汉语形容词重叠的若干问题,刘利民、周建设主编,《语言》第一卷,北京:首都师范大学出版社。

王辅世　王德光　1983　贵州威宁苗语的状词,《语言研究》第 2 期。

王红梅　2003　形容词、动词 AABB 重叠式构成的语义条件,《学术交流》第 7 期。

王洪君　1994　汉语常用的两种语音构词法,《语言研究》第 1 期。
王洪君　1996　汉语语音词的韵律类型,《中国语文》第 3 期。
王洪君　2000　汉语的韵律词与韵律短语,《中国语文》第 6 期。
王吉辉　1997　重言词语和词语中重言成分的研究,《语言研究论丛》第七集,北京:语文出版社。
王继红　2003　重言式状态词的语法化考察,《语言研究》第 2 期。
王明华　1992　论 AABB 式重叠构词法,《杭州大学学报》(哲)第 4 期。
王明华　1999　《金瓶梅》中的 AABB 式词,《浙江大学学报》第 2 期。
王邱丕　施建基　1990　程度与情状,《中国语文》第 6 期。
王　森　1994　荥阳(广武)方言的分音词和合音词,《语言研究》第 1 期。
王松茂　1980　古典诗歌中的叠音,《语言论集》第一辑,北京:中国人民大学出版社。
王素梅　1998　双音节状态形容词的 ABAB 式重叠,《汉语学习》第 2 期。
王为民　2003　《绿野仙踪》中的 AABB 式词,《徐州师范大学学报》第 1 期。
王　显　1956　诗经中跟重言作用相当的有字式、其字式、斯字式和思字式,《语言研究》第 1 期。
温端政　1994　从浙南闽南话形容词程度表示方式的演变看优势方言对劣势方言的影响,《语文研究》第 1 期。
吴福祥　2003　关于语法化的单向性问题,《当代语言学》第 4 期。
吴福祥　2004　近年来语法化的新进展,《外语教学与研究》第 1 期。
吴继章　1998　河北官话方言区形容词的几种重叠式,《河北大学学报》第 3 期。

吴为善　2003　双音化、语法化和韵律词的再分析,《汉语学习》第2期。

吴锡根　1993　形容词研究概述,《杭州师范学院学报》第4期。

吴　吟　2000　汉语重叠研究综述,《汉语学习》第3期。

伍云姬　1999　语音要素在词汇语法化进程中所担任的角色,伍云姬编《汉语方言共时与历时语法研讨论文集》,广州:暨南大学出版社。

伍宗文　2001　略论先秦汉语的AABB式,《汉语史研究集刊》第四辑,上海:上海教育出版社。

武·呼格吉勒图　1996　阿尔泰语系诸语言表示形容词加强语义的一个共同方法,《民族语文》第2期。

武自立　1981　阿细彝语形容词的几个特征,《民族语文》第3期。

向　熹　1980　《诗经》里的复音词,《语言学论丛》第六辑,北京:商务印书馆。

谢　瑛　1998　新时期汉语语法AABB重叠式刍议,《汉语学习》第1期。

谢自立　刘丹青　1995　苏州方言变形形容词研究,《中国语言学报》第五期,北京:商务印书馆。

解惠全　1987　谈实词的虚化,《语言研究论丛》第四辑,天津:南开大学出版社。

辛尚奎　周　成　1989　试论ABB式形容词,《内蒙古大学学报》(哲)第4期。

邢福义等　1993　形容词的AABB反义叠结,《中国语文》第5期。

邢公畹　1982　现代汉语形容词后附字探源,《南开学报》第1期。

邢红兵　2000　汉语词语重叠结构统计分析,《语言教学与研究》第1期。

徐　波　　2001　宁波方言形容词摹状形式,《语文研究》3 期。

徐　浩　　1998　现代汉语 ABB 词及其历史演变,《语言学论丛》第二十辑,北京:商务印书馆。

徐立芳　　1987　苏州方言形容词初探,《徐州师范学院学报》第 1 期。

徐烈炯　邵敬敏　1997　上海方言形容词重叠式研究,《语言研究》第 2 期。

徐仁甫　　1953　垫腰的形容词和副词有哪些形式?《中国语文》3 月号。

徐通锵　　1981　山西平定方言的"儿化"和晋中的所谓"嵌 L 词",《中国语文》第 6 期。

徐通锵　　1990　结构的不平衡性和语言演变的原因,《中国语文》第 1 期。

徐悉艰　　1990　景颇语的重叠式,《民族语文》第 3 期。

许惟贤　　1988　论联绵词,《南京大学学报》第 2 期。

严承钧　　1987　重言与同义联绵字"音转字变"示例,《湖北大学学报》第 2 期。

严廷德　　1989　同源词管窥,《四川大学学报》第 1 期。

阎立羽　　1983　汉语和泰语的联绵词,《民族语文》第 3 期。

颜景助　林茂灿　1988　北京话三字组重音的声学表现,《方言》第 3 期。

杨鼎夫　　1991　古汉语迭音词的产生及其发展,《暨南大学学报》(哲)第 3 期。

杨逢彬　　2001　关于殷墟甲骨刻辞的形容词,《古汉语研究》第 1 期。

杨焕典　　1984　纳西语形容词的重叠形式,《语言研究》第 2 期。

杨建国　　1979　先秦汉语的状态形容词,《中国语文》第 6 期。

杨建国　　1982　元曲中的状态形容词,《语言学论丛》第九辑,北京:商务印书馆。

杨俊芳　2008　汉语方言形容词重叠研究,复旦大学博士学位论文。

杨宽仁　1985　论非定形容词,《语言研究》弟 2 期。

杨永龙　1992　也谈北京土话形容词中的 laba,香港《语文建设通讯》35 期。

杨永龙　1994　试论元曲赘音 ABC 式形容词,《河南大学学报》第 3 期。

杨振兰　1995　形容词的重叠构形试析,《文史哲》第 3 期。

叶长荫　1984　试论能谓形容词,《北方论丛》第 3 期。

叶德书　1995　土家语三音格形容词的语音结构和义位特征,《民族语文》第 6 期。

禹和平　1998　汉语双音节形容词 AABB 重叠式的语法功能考察,《云南师范大学学报》第 4 期。

喻遂生　1982　重庆话的附缀形容词,《语言学论丛》第九辑,北京:商务印书馆。

袁毓林　1995　词类范畴的家族相似性,《中国社会科学》第 1 期。

曾晓渝　1997　汉语水语复音形容词的历史比较,《中国语文》第 5 期。

张爱民　1996　形容词重叠式作状语与作其它成分的比较,《语言教学与研究》第 2 期。

张伯江　1994　词类活用的功能解释,《中国语文》第 5 期。

张伯江　1997　性质形容词的范围和层次,《语法研究和探索》(八),北京:商务印书馆。

张　博　2000　先秦形容词后缀"如、若、尔、然、焉"考察,张博著《古汉语词汇研究》,银川:宁夏人民出版社。

张　崇　1993　"嵌 L 词"探源,《中国语文》第 3 期。

张公瑾　1979　傣族德宏方言中动词和形容词的后附形式,《民族语文》第 2 期。

张光明　1992　忻州方言形容词的重叠式,《方言》第 1 期。

张国宪　1995　现代汉语的动态形容词,《中国语文》第 3 期。

张国宪　1996　单双音节形容词的选择性差异,《汉语学习》第 3 期。

张国宪　1999　延续性形容词的续段结构及其体表现,《中国语文》第 6 期。

张国宪　2000　现代汉语形容词的典型特征,《中国语文》第 5 期。

张国宪　2005　性状的语义指向规则及句法异位的语用动机,《中国语文》第 1 期。

张国宪　2006a　性质形容词重论,《世界汉语教学》第 1 期。

张国宪　2006b　性质、状态和变化,《语言教学与研究》第 3 期。

张国宪　2007　状态形容词的界定和语法特征描述,《语言科学》第 1 期。

张家合　2007　元刊杂剧重叠构词研究,《聊城大学学报》第 3 期。

张美兰　1999　论近代汉语后缀形容词,台湾《中山人文学报》总第九集。

张　敏　1997　从类型学和认知语法的角度看重叠现象,《国外语言学》第 2 期。

张　敏　1999a　汉语方言体词重叠式语义模式的比较研究,伍云姬编《汉语方言共时与历时语法研讨论文集》,广州:暨南大学出版社。

张　敏　1999b　汉语认知语法面面观,邢福义主编《汉语语法特点面面观》,北京:北京语言文化大学出版社。

张　敏　2001　汉语方言重叠式语义模式的研究,香港《中国语文研究》第 1 期。

张盛裕 1982 潮阳方言的象声字重叠式,《方言》第3期。
张树铮 1990 山东省寿光方言的形容词,《方言》第3期。
张谊生 2000 论与汉语副词相关的虚化机制,《中国语文》第1期。
赵秉旋 1979 晋中话"嵌L词"汇释,《中国语文》第6期。
赵秉旋 1984 太原方言里的反语骈词,《语文研究》第1期。
赵建功 1982 元杂剧中的重迭词试探,《郑州大学学报》第1期。
赵金铭 1981 元人杂剧中的象声词,《中国语文》第2期。
赵金铭 1982 《诗经》中的形容词研究,程湘清主编《先秦汉语研究》,济南:山东教育出版社。
甄尚灵 1984 遂宁方言形容词的生动形式,《方言》第1期。
郑 刚 1996 古文字资料所见叠词研究,《中山大学学报》第3期。
郑娃妍 2006 现代汉语形容词量的认知模式考察,复旦大学博士学位论文。
郑懿德 1988 福州方言形容词重叠式,《方言》第4期。
郑远志 1982 "AABB"式探讨,《华中师院学报》第1期。
周法高 1953 中国语法札记·近代语中的四音状词,《史语所集刊》24本。
周正颖 1995 《尚书》重言词刍论,《古汉语研究》第4期。
朱德熙 1956 现代汉语形容词的研究,《语言研究》第1期。
朱德熙 1961 说"的",《中国语文》12月号。
朱德熙 1982 潮阳话和北京话重叠式象声词的构造,《方言》第3期。
朱德熙 1993 从方言和历史看状态形容词的名词化,《方言》第2期。
朱景松 1998 动词重叠式的语法意义,《中国语文》第5期。
竺家宁 1995 论拟声词声音结构中的边音成分,台湾《"国立"中正大学学报》第 1 期。

祝克懿 1994 论"A 里 AB"式形容词,《贵州民族学院学报》第 4 期。

祖生利 1996 《景德传灯录》的三种复音词研究,《古汉语研究》第 4 期。

McCawley,J.D.1992 Justifying Part-of-speech Assignments in Mandarin Chinese. *Journal of Chinese linguistics*.Vol.20.No.2。

Moravcsik,Edith A. 1978 Reduplicative constructions. Greenberg. (ed.) *Universals of Human Language*.Vol.3. Stanford:Stanford University Press.

Schachter,P.1985 Part-of-speech Systems. In T.Shopen ed. *Language Typology and Syntactic Description*.Vol.1.

Terry regior 1998 Reduplication and the Arbitrariness of sign. In Gernsbacher.M. and Derry.s.(eds). *proceedings of the Twentieth Annual conference of the Cognitive Science Society*.

Traugott,E.C.1989 On the rise epistemic meanings in English : An example of subjectification in semantic change. *Language*.64:31-55.

Traugott,E.C.1995. Subjectification in grammaticalization.In Stein & Wright. 31-54.

Yippo-ching & Zhang Xiangming 1995 Consecutive Reduplication in Chinese. *Journal of the Chinese Language Teachers Association*. Vol.30:3.

后　　记

　　本书是在我的博士学位论文的基础上修改而成的。本书的写作和出版得到了许多老师和朋友的帮助,包括见过面的和暂时还没有机会见面的。乘此机会,我要一一致谢。

　　首先要深深感谢我的博士导师江蓝生先生,是先生不弃愚鲁把我接进师门。2001年,自进师门的那一天起,先生就一直特别关心我的学习和研究。论文从选题到定稿,从总体框架的拟定到具体字句的修改,都是在先生的悉心指导下完成的。每当我有一点小发现时,先生总会引导我向更加深入的方向思考;每当我遇到难题时,先生总能给我许多启发。我攻读博士学位的时候,先生还是中国社会科学院的副院长,工作极其繁忙。再忙她也总能及时指导我论文的写作,再忙她也总会抽出时间为我的论文查找资料。汉语形容词重叠现象十分复杂,要调查的语料又特别浩繁,没有先生的指导和鼓励,我很难完成如此艰巨的研究。

　　我还要深深感谢我的硕士导师向熹先生,是他把我引进了语言研究的大门。1988年,我懵懵懂懂撞到了先生的门下,心猿意马,朝秦暮楚,就是没想过要从事语言研究。先生耐着性子,一点一滴地教我怎样关注语言的变化,一步一步地让我对语言研究产生兴趣,最终让我走上了研究语言的道路。硕士毕业都快二十年了,先生还一直关心我在学术上的每一小点进步。我的博士论文,他也是全篇通读,并逐字逐句地修改。最后还推荐我参加"商务印书馆语言学出版基金"的评选。

　　我同样要深深感谢我的博士后研究工作的导师邢福义先生。先生是现代汉语语法研究的大家,而我在现代汉语研究方面还是小学生。先生没有看不起我的不通,总是鼓励我脚踏实地地充分观察语言、充分描写语言、充分解释语言。读先生的文章,学会了几分敏锐;看先生的做人,懂得了什么叫大气。先生留给我们印象最深的是对语言研究的执著。

在写作过程中,沈家煊、曹广顺、刘丹青、吴福祥等老师们都提出了许多指导性意见,使我深受启发。刘丹青老师还通读了我论文的初稿,提出了十分中肯的修改意见。曹广顺老师推荐我参加了"商务印书馆语言学出版基金"的评选。论文答辩时,主席蒋绍愚老师和王洪君、赵金铭、沈家煊、刘丹青老师又多多赐教,让我收获很多。我的学位论文同行评议专家李宇明老师对重叠有非常深入的研究,他对我的论文在鼓励的同时,也提出了非常中肯的意见。李崇兴老师在我论文修改的过程中,也提过宝贵意见。同时,本课题的研究还得到了2004年度国家社科基金的资助,2008年结项为优秀。在评审与结项的过程中,该成果得到了众多评审专家的肯定与支持。本书稿也参加了2008年度"商务印书馆语言学出版基金"的评审。商务印书馆的各位评审专家和特邀匿名评审专家刘丹青老师和孙景涛老师,在对书稿鼓励性肯定的同时,也提出了许多宝贵的修改意见。在此,我对各位老师和专家的指导、鼓励与提携表示深深的感谢,感谢你们教给我真知,感谢你们借给我智慧,也感谢你们送给我自信。

在平常的交流中,胡敕瑞、董秀芳、杨永龙、赵长才、祖生利、梁银峰、李明等对我的某些观点常有一些好的建议和坦诚的批评。在华中师范大学语言与语言教育研究中心做博士后研究的日子里,得到了汪国胜老师的大力支持。徐杰、储泽祥、吴正国老师和刘云、谢晓明、匡鹏飞博士也给我提供了许多帮助。趁此机会,一并向各位师友表示衷心感谢。

感谢商务印书馆的周洪波、乔永先生为本书的出版付出的努力,感谢责任编辑何瑛博士对本书稿的耐心校改。

最后要感谢我的家人。在我求学的岁月里,我的父母一直很支持我。特别是我的父亲,在我写作本书的时候,他还在帮我照料家务。现在书即将出版的时候,他却已仙逝,思之不禁潸然……我谨以此书的出版作为对他的纪念。感谢我的妻子董伟承担了大部分的家务,让我完成了本书的写作。

2009 年 11 月 8 日于武汉沙湖

专家评审意见

刘 丹 青

重叠形式是汉语学界从未冷却过的研究主题,已有成果十分丰富,包括本书稿所关注的形容词重叠形式的研究。有些研究一直可以追溯到《文心雕龙》。本书在全面掌握已有相关文献和研究现状的基础上,对汉语形容词各种重叠形式的历时发展作了富有深度和创见的系统性研究,显著提升了这个课题的研究水准,不但厘清了众多重叠形式的来龙去脉、演变步骤,而且也加深了对这些形式本身性质的认识。

以往汉语史学界对汉语形容词重叠形式的研究,不乏某些重叠形式在不同时代的断代研究或专书研究,有的是与现代汉语的简单比较,还有些研究将现代和古代相似的形式直接挂钩,如将现代汉语中的ABB追溯到《楚辞》中的ABB。本书稿基于充足的材料基础,尤其是精细的形式和语义分析,令人信服地揭示了各重叠格式产生和演化的每一阶段和步骤及其背后的机制。例如,读了本书,读者得以了解《楚辞》中的ABB和现代汉语中的ABB,其构成成分、内部结构关系乃至整个结构的性质和功能都有很大不同。它们在历史上并不是毫无关系,但不是直接继承关系,而是中间有多个环节的渐进演化关系,每一个环节都有自身的结构特点和整体属性,又有清晰的演化脉络将不同环节串连起来。其他诸多重叠形式的发展历史都得到了类似的刻画。有些重叠式的形成过程从表面上完全看不出,需要对语料的深入挖掘和细致分析,其结果足以颠覆以往的认识,却很有说服力,很能体现作者的学术功力,如关于"A 里 AB"式历时来源和演变过程的分析。

本书的成绩，得益于作者很强的系统观念。每一种现象，都不以孤立眼光视之，而是放在当时的形态句法的系统环境中观察分析，有效避免了以今律古或相反方向的偏见。例如，本书揭示，在单音节状态形容词兴盛的时代和衰落的时代，说话人对形容词重叠形式内的各种语素的感知很不一样，进而影响到对其结构和属性的不同认知并进而影响到演化的方向。再如，很多表面形式相似的重叠式因为当时所处的语言系统的差异而被作者精确分析出其不同的结构属性。这些都体现了系统观念的强化对深化历时研究的重要作用。

本书的精细分析，一方面得益于性质形容词和状态形容词这对重要概念；另一方面更有效地拓展和完善了这对概念在形容词研究中的作用。这对概念最先由朱德熙先生提出，针对的是现代汉语，后来杨建国等学者将其应用于先秦等不同时代的形容词的研究，特别是注意到了朱先生系统中所没有的单音节状态形容词的存在。本书的重要贡献是，将这两类形容词的对立贯穿于形容词重叠式历时发展的全过程，同时揭示出两类词的联系和转化关系，通过状态形容词的消长、转化和新生，很好地解释了形容词各种重叠形式兴衰演化的背后原因。某些状态形容词向性质形容词的转化、性质语素和状态语素在同一个词里的并列、状态重叠成分在 ABB 式中由并列实义成分向附加成分和音缀的转化，这些复杂和有趣的现象都是由本书首先发现或进行精确界定的，是对语言现象进行细致深入分析的结果，本书也显示这些现象对形容词重叠式的演化起着关键的作用。系统引入重言式和重叠式（狭义）的区分，也是本书的新创，这是对性质、状态形容词理论的丰富和深化。这对概念区分了两种表面相同的重叠形式的不同形成机制，为一系列演变现象提供了一个有用的观察和解释的角度。

本书对形容词重叠式演变动因和机制的分析和解释，恰当地采用了语法化学说，特别是很好运用了重新分析、强化、叠加、类推、词汇化等当代语言学观念,适当结合认知和功能语法的观念,提出了相当合理可信的看法。这些解释,与书中严谨精当的描写分析紧密结合,了无生搬硬套之弊,也提升了全书的理论高度,体现了作者对相关理论的深入了解和科学应用。由于分析对象是富有汉语特色的形容词重叠现象,这些解释也起到了丰富拓展相关理论的作用。

本书专业基础扎实,材料丰富,逻辑严密,论述清晰,语言简洁流畅,对已有相关研究文献的引用或提及相当周全,是一部写作很规范的学术专著。

基于以上所述,本书可以视为汉语语法现象专题通史式历时研究的一部成功佳作,建议列入基金丛书出版。

从更高的要求看,本书也有一些可以改进或提高之处,我们期待作者在本书的修改或今后的后续研究中加以注意。

从语法理论上说,汉语形容词重叠式大多属于形态现象,或其中含有形态成分。形态现象中最重要的区分是构词形态(派生,derivation)和构形形态(屈折,inflection)之别。不同的汉语形容词重叠式,可能在这一问题上归属不一。具体怎么归类,要依据相关形式的语法表现。还有些形式甚至可能难以明确归入构词或构形,则这类现象本身可以用来检讨现有形态理论的合理与否与改进方向。本书在这一问题上未做明确表示,作为一本汉语现象分析的著作,这也不算出奇——事实上国内很多此类著作对此都不细究。但若要将本书纳入人类语言形态现象的成果中去,那么关于构词还是构形的讨论还是难以完全回避的。

本书在具体论述方面也有一些可以改进的地方。第四章开头指出AABB重叠式的前身AABB叠加式按语义关系有三类,即同义叠加、差义叠加和反义叠加。该章后面指出"不是所有叠加式都能发展成为重叠式的。只有同义叠加式能够发展成为准重叠式,差义叠加式不能发展为成为准重叠式"。前面提到的三类这里只交代了两类,未提"反义叠加"如何,留下照应方面的缺憾。第六章分析"A 里 AB"式憎恶义的来源和形成过程,主要采用了"主观化"的概念来解释化。但主观化可以是负面的,朝向憎恶等贬义;也可以是正面的,朝向喜爱等褒义。仅用主观化机制,仍未说透贬义的来源。

在体例方面也有个别可改进之处。引用专著类成果时,应当具体到原书的页码,以方便读者查考。

评审人:刘精

2008 年 12 月 31 日

专家评审意见

孙景涛

过去三十年间,重叠研究一直是一个热点,论著成百上千,成果层出不穷。除了重叠动因、表义共性的理论探索之外,这些研究大都着眼于共时,举凡形形色色的重叠现象,无论变形还是不变形,体词性还是谓词性,见于方言还是见于普通话,抑或见于古代,均有广泛深入的调查研究。众多学者的努力极大地丰富了有关汉语重叠的知识,对相关语法词汇的研究也起到了一定的推动作用。不过,相对于共时研究,历时研究仍显得相当薄弱,现代重叠缘何而来?先秦重叠后来怎样?我们对此知之甚少;而回答这些问题特别有助于全面认识重叠现象,因此亟需这方面的研究成果。令人欣喜的是,《汉语形容词重叠形式的历史发展》正是对形容词重叠的历时研究,尤其值得重视。

当然,这项研究值得重视并不仅仅因为填补空白之功,更重要的,是它所取得的成就,——无论是深度还是广度,无论是理论价值还是材料上的功夫,这项研究都达到了一个新的高度。

第一,本书稿对形容词重叠在各个历史时期的状貌及其发展进行了全面的调查描写,有许多重要的发现。与其他类型相比,形容词重叠也许是最为复杂的,仅格式就有 AA、AABB、ABB、A 里 AB、ABAB 等多种,此外,这些格式在先秦、两汉魏晋、唐宋、元明清等不同历史阶段又有不同表现(有的格式早期尚无),均需分类分时分别处理,调查描写之艰巨可想而知。事实上本书稿在这方面相当成功,形容词重叠格式的表意功能、形式特点、内部结构和外部结构、历时发展、不同格式的历史渊源,皆可在本书稿找到答案或者说相关讨论,我们因此得以对这些格式的面貌及演变有一个全方位的了解。

第二,本书稿旨在描写,但颇具理论价值。如此评说并不主要因为作者结合重新分析、类推等理论以说明形容词重叠的各种现象,而在于作者注重揭示形式与意义的对应关系,于细致的调查描写中显示出理论价值。例如,按照朱德熙的研究,顺向重叠变声,逆向重叠变韵。但朱先生的结论限于现代北京话和潮阳话,限于象声词,限于第二个音节是流音声母。本书作者在此基础上踵事增华,发现朱先生的变形规则可以施用于古代,可以施用于其他词类,尤有重者,声母非流音者亦可有此形变,如"各邦[kau paŋ] — 急彪各邦[ki piəu kau paŋ]"。

第三,本书稿在占有材料上做得非常出色。以前的重叠研究多集中在先秦和现代两头儿,中间两千年少有问津,研究素材基本上无人整理。本书作者在材料的搜集上下了很大的功夫,对一些反映当时语言的文献,如《论衡》《世说新语》《朱子语类》《元曲选》《醒世姻缘传》等,作者进行了穷尽式的调查。因为有丰富的第一手材料,所以多有新的发现,形容词重叠诸多类别的种种变体因此得以揭示和描述。相信以后同类研究必定会以本书作为重要的参考文献。

总之,本书稿立足于丰富的第一手材料,分析论述较为翔实,对形容词重叠的状貌及演变的描述超迈前人,具有创新价值,应该予以出版。不过疏漏之处人所难免,建议出版前再做些修订,以下意见供参考。

首先,对有些重叠式的语法语义特点应作进一步考虑。比如,先秦古汉语存在大量的 AA 式重叠,作者认为是描写情貌的状态形容词,但是,AA 式不仅可以轻易地充任谓语和状语,而且可以轻易地直接充任定语,如"芃芃黍苗(黍苗)、莫莫葛藟(旱麓)、明明天子(小明)",偶尔甚至可以充任主宾语,这与一般的状态形容词存在很大差别。语义上更是多有未安。作者认为AA式的共同特点是语义狭窄具体,但实际情形好像不是这样。例如,毛传郑笺常常用一个或数个近义词解释多个AA式,如用"盛"(包括"盛大、盛密、鲜盛、茂盛、强盛")解释了49个AA式,用"忧"解释了19个。类似的情况也见于其他训诂文献,但是性质并不相同。比如《尔雅·释诂》用"大"字解释了"坟、骏、诞"等39个单词,但这些词仍可进一步解释为"大土堆、高头大马、说大话"等。反观AA式,情况完全不同。比如"盛、盛大、盛密"一类的词语已经相当准切地概括了全部49个AA式所表达的意思,我们无法像"坟、骏、诞"那样给出进一步的确切解释。这似乎表明AA式表义并不是狭窄,而是宽泛。但如果意义宽泛,为什么适用对象又非常有限呢?而且如何才能跟作者有关性质形容词表义宽泛的认定整合在一起呢?这实在令人费解。建议作者换个角度考虑AA式,深入探讨它跟一般的词相比在语法语义上到底有什么不同?其实,作者在论述中已多少隐含了对这一问题的回答。比如作者论述ABB式曾以"圆滚滚"为例,指出"圆滚滚"是用滚动的形象来表现"圆"的状态。就是说,"滚滚"呈现的并不是滚动的动词义,而是相关的生动形象。这可能不是一般的语法义词汇义。

另外,作者的修订应重在推论论述部分,力求严谨,避免偏颇,使之更加周全。例如,作者认为重言叠加式AABB在元明清时期越来越少,证据是《元曲选》有24个,明末清初的《醒世姻缘传》有7个。只讲绝对数字,不讲统计文本的长短,这样的对比说服力不强。再如,作者在第三章以"AA式重言"和"AA式重叠"指称两种同位并列的重叠。由于"重言"与"重叠"对立,让人觉得前者不是重叠。但这并非作者原意。因此术语应有所调整更动。类似的问题亦见于第五章。其中有所谓重叠式ABB、附加式ABB、音缀式ABB,如此命名让人觉得后两种不属于重叠,但这并不是作者的本意。

作者在修订时还应该注意行文格式方面的问题。概括起来有这样几个方面。第一,语言需要进一步打磨,删繁就简,以求简明扼要。例如,在第四章第一节,作者深入讨论了"芬苾、苾芬",有证据有结论,但第二节涉及这些结论时作者又进行了一些论述,显得重复,应代之以"如前所述"之类的呼应性话语。第二,引用他人论著要紧扣自己论述的轴线,注意厘清别人的观点和自己的取舍,否则就不能很好地达到引用的目的。第三,正文称引外国学者论著应该是"姓+出版年份",本书稿有时出全名,不妥。(称引中国学者的论著应该用全名)第四,星号一般只用于上古拟音,中古音近代音不用。应删除这两类拟音前面的星号。第五,书稿参考文献似乎以拼音为序,但周在张前,郭在顾前(论著部分),不合规范。第六,改正笔误等。例如,"擦七擦"应改为"滑七擦"(149页),"金守拙(1962)"应改为"金守拙(Kennedy 1959)"(34页正文)。

评审人:孙景涛

2008年12月31日